企业进出口活动内部审计

方法与技巧

蒋海帆 · 编著

Methods and Skills of Internal
Audit for Import and Export
Activities of Enterprises

中国海关出版社有限公司
· 北京 ·

图书在版编目（CIP）数据

企业进出口活动内部审计方法与技巧/蒋海帆编著．—北京：中国海关出版社有限公司，2019.9

ISBN 978-7-5175-0371-2

Ⅰ.①企… Ⅱ.①蒋… Ⅲ.①进出口贸易—企业管理—内部审计—研究 Ⅳ.①F740.4

中国版本图书馆 CIP 数据核字（2019）第 144869 号

企业进出口活动内部审计方法与技巧

QIYE JINCHUKOU HUODONG NEIBU SHENJI FANGFA YU JIQIAO

作　　者：蒋海帆
策　　划：史　娜
责任编辑：刘白雪
出版发行：中国海关出版社有限公司
社　　址：北京市朝阳区东四环南路甲 1 号　　邮政编码：100023
网　　址：www.hgcbs.com.cn
编 辑 部：01065194242-7521（电话）　　01065194231（传真）
发 行 部：01065194221/4227/4238/4246（电话）　　01065194233（传真）
社办书店：01065195616（电话）　　01065195127（传真）
　　　　　www.customskb.com/book（网址）
印　　刷：三河市人民印务有限公司　　经　　销：新华书店
开　　本：710mm×1000mm　1/16
印　　张：19　　字　　数：370 千字
版　　次：2019 年 9 月第 1 版
印　　次：2019 年 9 月第 1 次印刷
书　　号：ISBN 978-7-5175-0371-2
定　　价：75.00 元

前　言

近年来，海关鼓励进出口企业自律管理、主动披露，对自身经营管理状况进行自查自报，发现存在不符合海关监管规定的情况，应当向海关主动披露，并及时纠正。中华人民共和国国务院令第670号《国务院关于修改〈中华人民共和国海关稽查条例〉的决定》和海关总署第230号令《〈中华人民共和国海关稽查条例〉实施办法》中明确规定：对主动披露的进出口企业、单位，违反海关监管规定的，海关应当从轻或者减轻行政处罚；违法行为轻微并及时纠正，没有造成危害后果的，不予行政处罚。对主动披露并补缴税款的进出口企业、单位，海关可以减免滞纳金。

海关总署第237号令《中华人民共和国海关企业信用管理办法》和海关总署公告2018年第177号（关于公布《海关认证企业标准》的公告）中也明确要求：企业应设立专门的内部审计机构或者岗位，或者聘请外部专职人员独立对进出口业务等实施内部审计；每年至少内审1次，建立内审书面或者电子档案。

海关总署公告2018年第178号（关于实施《中华人民共和国海关企业信用管理办法》有关事项的公告）规定：企业主动披露且被海关处以警告或者50万元以下罚款的行为，不作为海关认定企业信用状况的记录。

随着海关通关一体化改革的推进，以及前推后移的监管模式、金关二期加工贸易料号级精细化管理、以企业为单元的管理模式的实施，诚信守法便利、失信违法惩戒，将是海关监管的趋势。企业进出口业务要加强内部监督才能保障守法合规。企业如何加强内部监督、规范进出口业务管理、规避进出口业务风险，做好进出口业务内部审计是发现问题的首要环节。

笔者曾在生产制造企业从事进出口物流通关及加工贸易保税管理工作近十年，现在会计师事务所从事企业进出口业务风险审计及协助海关稽核查工作多年，对生产制造企业进出口业务合规作业与风险管控有一些个人见解，总结了一些方法，在企业加工贸易保税管理、进出口管理、风险合规管理、AEO认证、特许权使用费、海关估价等方面积累了一些经验。

本书将从进出口申报风险、加工贸易保税管理风险、减免税货物管理风险的角度，梳理海关法律法规要求，汇总进出口业务风险类型，结合海关稽查与企业风险审计案例进行分析。运用审计的手段、方法和工具，结合关务的专业知识，讲解如何开展进出口申报、加工贸易保税管理、减免税管理等业务的内部审计，引导企业建立规范的海关业务内部审计制度与程序，完善进出口业务风险管理体系。

本书在编写过程中，得到了社会各界朋友的支持和帮助，笔者在此深表谢意。感谢倪丹飚、余苗荣、徐静鸿、彭旭桂、蒋大为、邢玉平、朱岩等业内诸多好友在本书编写过程中给予的建议和帮助。

进出口活动内部审计的思路、方法有很多，因笔者工作经验及专业知识有限，未能一一详尽介绍，书中有表述不当或理解错误之处，还请广大读者批评指正，谢谢！

欢迎大家就进出口活动内部审计相关问题进一步交流探讨。

（作者邮箱：13771785003@139.com）

蒋海帆

2019 年 8 月 13 日

目　录

第一章

企业进出口活动内部审计介绍

海关或者海关委托的第三方中介机构（例如，会计师事务所、税务师事务所）对企业进出口活动开展稽查或核查，一般被称为“外部审计”。海关或者其委托的第三方中介机构主要依据《中华人民共和国海关法》（以下简称《海关法》）、《中华人民共和国海关稽查条例》（以下简称《海关稽查条例》）、《中华人民共和国海关稽查条例实施办法》《中华人民共和国海关保税核查办法》《海关常规稽查作业标准》《海关专项稽查作业标准》等法律法规要求，对相关企业、单位的会计账簿、会计凭证、报关单证以及其他有关资料和有关进出口货物实施稽查、核查，以此来监督企业相关进出口活动的真实性和合法性。

在实际工作中，若海关在稽查或核查过程中发现了企业违规或违法的问题，对广大企业而言，就失去了向海关自查自报、主动披露的机会，会比较被动。所以，企业更应该主动发现自身进出口业务中存在的问题，并及时、有效、合规地解决问题，才能降低企业进出口业务申报和管理中的风险，提高和改善企业关务管理水平。

企业主动、独立、客观、规范、及时对进出口活动内控制度是否完善、进出口业务流程是否合理、进出口信息申报是否准确、保税货物管理是否规范等情况进行自我检查的过程，被称为进出口活动的“内部审计”。

第一节　进出口活动内部审计概述

一、进出口活动内部审计定义

企业在生产经营管理过程中，随着规模的增大与业务类型的复杂，经营管理风险也随之而来。涉外贸易企业中，进出口活动的风险会直接影响企业的生产经营情况。通过对进出口活动开展内部审计，能发现企业进出口业务中存在的管理问题、评估企业海关业务潜在的风险，为改进企业进出口活动风险管理和内部控制提供咨询和建议。

1. 内部审计定义

内部审计，是一种独立、客观的确认和咨询活动，旨在增加价值和改善组织的运营。它通过应用系统的、规范的方法，评价并改善风险管理、控制和治理程序的效果，帮助企业实现其目标。

内部审计，是建立于企业内部、服务于管理部门的一种独立的检查、监督和评价活动。它既可对内部牵制制度的充分性和有效性进行检查、监督和评价，又可对会计及相关信息的真实、合法、完整，资产的安全、完整，以及企业自身经营业绩、经营合规性进行检查、监督和评价。

内部审计是外部审计的对称，是由本单位内部的独立机构和人员对本单位的财政财务收支和其他经济活动进行的事前和事后的审查和评价。这是为加强管理而进行的一项内部经济监督工作。

内部审计的灵魂是独立性和客观性；内部审计的业务包括确认业务和咨询业务；内部审计的目标是增加价值和改善企业的运营；内部审计的使命是为了满足企业的要求；内部审计的方法是采用久经考验的、系统的、规范的审计方法，从而规范审计行为，有效管理审计风险，提高审计质量；内部审计的注意力是评价并改善风险管理、控制及治理过程的效果，强调全局视野；内部审计的职能是为完成企业目标提供服务，它要求内部审计人员必须站在维护组织整体利益的立场，发现问题、分析问题、解决问题。

2. 进出口活动内部审计

本书中的进出口活动是指进出口货物、保税货物、减免税货物、其他海关监管货物等在进出口申报环节、加工贸易保税货物管理环节、减免税货物管理环节等所发生的相关业务。

进出口活动内部审计是指对企业的一般贸易、加工贸易、减免税货物和其他进出口业务等海关业务的申报、储存、加工、使用、损耗、转移、转让、处置等过程中是否有违反海关监管规定的行为进行的一项审计活动。

进出口活动内部审计旨在发现企业一般贸易进出口货物、加工贸易保税货物、减免税货物和其他进出口货物等申报、储存、加工、使用、损耗、转移、转让、处置等各项内部控制制度和作业流程是否得到遵守和有效执行，是否有缺失或管理不足的情况。

进出口活动内部审计的目标，是及时发现企业进出口货物的申报、储存、加工、使用、损耗、转移、转让、处置等过程中存在的问题，有效地改善和解决相关问题，并完善和规范相关进出口业务内部控制制度和作业流程，从而达到进出口活动合规合法的目的。

进出口活动内部审计不仅要求内部审计人员有独立、客观的职业素养，更要求内部审计人员具有进出口业务的专业知识，了解进出口业务相关风险点，熟悉和掌握海关法律法规的监管要求。

二、进出口活动内部审计作用

进出口活动内部审计在评估和改进方面可以发挥多种作用。一般来说，进出口活动内部审计可以发现企业进出口业务中存在的问题，从而有效进行风险管理；对进出口业务内部控制和作业流程设计及运行提供独立、客观的评估与建议；监督企业进出口业务内部控制制度有效执行，促进企业进出口活动合法合规，保障企业生产经营有序开展。

1. 风险管理

风险管理是管理层的主要职责之一，是公司治理的核心工作，而对公司的风险管理过程进行评估和报告通常是内部审计工作的一项重要内容。内部审计在风险管理中的职责是运用风险评估方法和控制措施，对风险管理过程的充分性和有效性进行检查和评价，提出整改意见，为管理层提供帮助。

进出口业务风险管理是指识别、评估、管理和控制潜在的进出口业务风险的过程，目的是发现企业进出口业务存在的问题，评估企业进出口业务整体风险，改善企业进出口业务内控机制，促进进出口业务合法合规。

(1) 发现问题。在企业的进出口申报中，可能会存在商品品名、规格型号、商品编号、价格、币制、数量、质量、原产地、贸易方式、成交方式、运保费等申报错误的情况，从而增加少缴、漏缴、多缴进出口环节税的风险。

在加工贸易保税货物管理中，可能会存在保税物料使用、单耗申报、外发加工、深加工结转、内销补税、保税边角料、保税残次品处置等业务申报与管理中违反海关监管规定的情形，从而增加单耗申报不实、擅自外发、擅自结转、擅自内销、擅自串料、擅自转移、擅自处置等保税货物申报与管理风险。

在减免税货物管理中，可能会因为减免税货物管理不当、使用不当、处置不当，从而增加减免税货物移作他用、擅自出租、擅自抵押、擅自变卖等管理与处置风险。

在进出口货物申报环节、加工贸易保税货物管理环节、减免税货物管理环节中，可能会出现各种各样的申报、管理或处置问题，存在违反海关监管规定的潜在风险，通过进出口业务内部审计，就是要检查出企业是否存在以上各种问题。

(2) 分析问题。通过进出口业务内部审计，发现企业进出口申报环节、加工贸易保税货物管理环节、减免税货物管理环节等存在的问题后，要分析是什么原因造成了问题的出现，找到病因之后才能对症下药，这样既能治标也能治本。

出现问题的原因，大致可以分为两种：企业内部原因、企业外部原因。

第一种，企业内部原因导致的问题，比如：

①企业在商品编号归类时，由于归类人员不够专业，造成归类错误，导致货物申报的商品编号错误；

②企业在商品价格申报时，由于制单（发票、装箱单）的单价、币制或数量错误，导致货物申报的价格错误；

③企业在商品成交方式申报时，由于相关业务人员不熟悉业务，签订了CIF的成交方式，但还需要承担国际段运费，导致申报情况与实际结算情况不

一致；

④企业在保税货物生产使用时，因国内订单增长，使用了保税料件，但未及时向海关申请内销补税；

⑤企业在保税成品单耗申报时，因生产实际单耗发生变化，相关业务部门未及时通知关务进行手册单耗变更，导致手册核销申报单耗与实际生产单耗不一致。

第二种，企业外部原因导致的问题，比如：

①企业在商品编号归类时，由于供应商提供的商品信息或相关的技术参数不准确，导致商品归类人员在商品编号归类时归类错误；

②企业在进出口货物申报时，由于供应商提供的发票、装箱单信息与实际货物不一致，导致进出口申报错误；

③企业在进出口货物申报时，由于委托的报关公司在进出口申报时将数量、金额、币制等输入错误，导致进出口申报错误；

④企业在商品运输费申报时，由于运输费用尚未结算，根据发货人提供的毛重及单位价格进行计算后申报运输费，与实际结算的运输费用不一致；

⑤企业在开展深加工结转业务时，由于供应商在办理《深加工结转申请表》手续前，就已将货物送达，导致擅自结转。

（3）解决问题。在进出口申报环节、加工贸易保税货物管理环节、减免税货物管理环节等发现问题之后，需要排除这些风险：

①进出口申报环节存在申报错误的情况，可以通过提供相关佐证资料，向海关申请改单或删单重报，来纠正之前的申报错误行为；

②加工贸易保税货物管理环节存在擅自内销、擅自外发、擅自结转等违反加工贸易监管规定的行为，在发现之日起应及时向海关补办相关手续；

③减免税货物管理环节存在擅自内销、擅自抵押、擅自处置等行为，自发现之日起应及时向海关补办相关手续；

④以上情况涉及漏税漏证的，应及时办理补税与补证手续；

⑤以上问题未能及时纠正的，可以通过向海关稽查部门主动披露的方式，对相关问题进行自查自报。

2. 内部控制

通过对企业进出口业务的内部审计，发现企业在进出口货物申报、加工贸易保税货物管理、减免税货物管理等环节存在的问题及违反海关监管规定的行为，及时处理问题和排除风险。

内部审计是对历史问题或风险的排查和处置。风险管理的目标不仅要解决历史问题和历史风险，更要进行风险预防。要从根源上解决问题，规避相关问题及风险的出现，就需要做好进出口业务内部控制体系（以下简称“内控体系”），并严格根据企业规定的流程和制度执行，做到作业规范、合法合规。

某企业的进出口业务内控体系如图 1-1 所示。

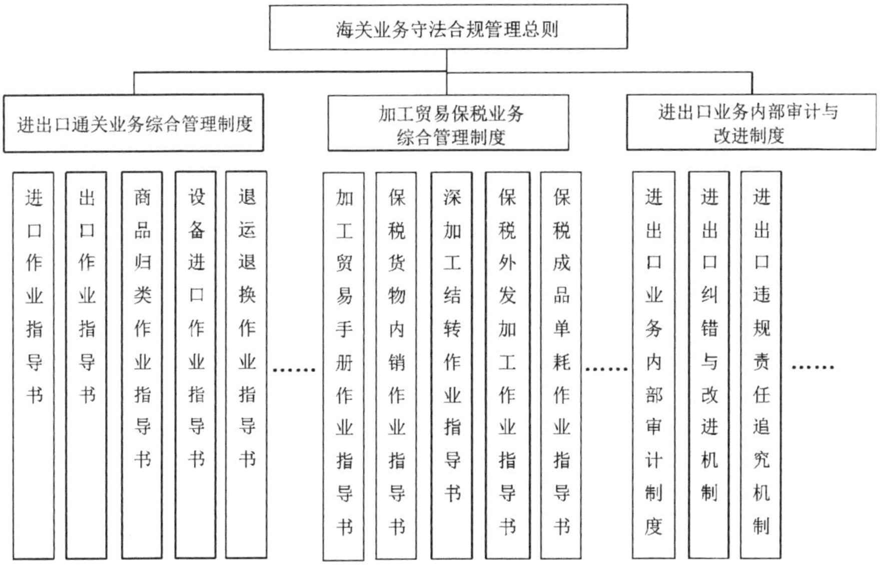

图 1-1　进出口业务内控体系

一级文件为企业海关业务守法合规管理总则。

二级文件为进出口通关业务综合管理制度、加工贸易保税业务综合管理制度、进出口业务内部审计与改进制度。

三级文件为原材料进口作业指导书、成品出口作业指导书、设备及备件进口作业指导书、成品退换作业指导书、原材料退运退换作业指导书、修理物品作业指导书、暂时进出口作业指导书、商品编号归类作业指导书、加工贸易手册备案变更核销作业指导书、保税成品单耗作业指导书、保税货物内销补税作业指导书、保税边角料管理作业指导书、保税残次品管理作业指导书、保税货物外发加工作业指导书、保税货物深加工结转作业指导书、保税货物存货盘点作业指导书、减免税货物管理文件、进出口单证复核机制、进出口业务纠错与改进机制、进出口业务违规违法责任追究机制等。

3. 内部监督

进出口业务内部审计检查的是进出口活动中存在的风险、发现问题、分析问题、解决问题。其实质是一种帮助管理层对企业进出口活动的内部监督行为。

在企业的经营和管理中，一方面要持续推进企业经营理念和战略方针，一方面要管控企业的经营成果和经营风险。内部审计既是管理控制的组成部分，也是评价其他管理控制的手段。其基本目的是帮助管理层完成其目标，为此要揭露相关风险，并提出改进建议。

内部审计人员的作用包括监控、评价和分析相关业务管理中的风险和控制，以及检查和确认对政策、程序和法律的遵循性。因此，内部审计不仅需要专业的业务知识和业务技能，更需要独立、诚信、客观、公正的职业道德。

三、进出口活动内部审计职业道德规范

进出口活动内部审计人员应当遵循内部审计相关的职业道德规范，具备进出口业务内部审计的专业能力和应有的职业审慎性，熟悉本企业的进出口经营活动和内部控制，并以应有的职业谨慎态度执行进出口内部审计业务。

职业道德规范的目的是促进内部审计职业道德文化的发展。它是内部审计对于治理、风险管理和控制做出的客观确认被信任的基础。

内部审计人员不应参与可能妨碍或被认为妨碍其公正评价的一些活动；不能接受可能妨碍或被认为妨碍其职业判断的任何财物；只能开展以他们的专业能力预计可以恰当地完成的工作。在总结和汇报其工作成果时，应揭示所有了解的重要事实。否则，有可能歪曲正在审查的审核报告或隐瞒非法的事实。

进出口活动内部审计人员应信守以下规则：立场独立、诚信正直、客观公正、专业谨慎、保守秘密。

1. 立场独立

内部审计人员开展进出口业务内部审计时应当保持实质上和形式上的独立，不得因任何利害关系影响其客观、公正的立场。

可能损害独立性的因素包括利益关系、人员关系等。

内部审计人员应当考虑经济利益对独立性的损害，可能损害独立性的情形主要包括：

（1）接受被审计对象提供的贵重礼品或超出社会礼仪的款待；

（2）接受被审计对象提供的购物卡或现金等直接经济利益；

（3）审计人员的家属接受被审计对象提供的以上情况；

（4）接受被审计对象提供的工作或生活上的重要帮助；

（5）其他审计人员获得不当得利的情况。

内部审计人员应当考虑人员关系对独立性的损害，可能损害独立性的情形主要包括：

（1）内部审计人员现在或曾经是进出口业务相关部门的职员，比如关务、财务、采购、销售、物流、仓库等相关业务部门人员；

（2）内部审计人员是被审计部门相关人员的家庭成员或亲属。

2. 诚信正直

内部审计人员在开展进出口业务内部审计时，应当诚实、守信，不应有下列行为：

（1）歪曲事实；

（2）隐瞒审计发现的问题；

（3）进行缺少证据支持的判断；

（4）做误导性的或者含糊的陈述。

内部审计人员在实施内部审计业务时，应当廉洁、正直，不应有下列行为：

（1）利用职权谋取私利；

（2）屈从于外部压力，违反原则。

3. 客观公正

内部审计人员在收集、评价和沟通有关被检查的活动或过程的信息时，应体现最高程度的职业客观性。实施内部审计业务时，应当实事求是，不受其个人喜好或他人的不适当影响，不得由于偏见、利益冲突而影响职业判断。

内部审计人员实施内部审计业务前，应当采取下列步骤对其客观性进行评估：

（1）识别可能影响客观性的因素；

（2）评估可能影响客观性因素的严重程度；

（3）向审计项目负责人或者内部审计机构负责人报告客观性受损可能造成的影响。

内部审计人员应当识别下列可能影响客观性的因素：

（1）审计本人曾经参与过的业务活动；

（2）与被审计单位存在直接利益关系；

（3）与被审计单位存在长期合作关系；

（4）与被审计单位管理层有密切的私人关系；

（5）遭受来自组织内部和外部的压力；

（6）内部审计范围受到限制；

（7）其他。

内部审计机构负责人应当采取下列措施保障内部审计的客观性：

（1）提高内部审计人员的职业道德水准；

（2）选派适当的内部审计人员参加审计项目，并进行适当分工；

（3）采用工作轮换的方式安排审计项目及审计组；

（4）建立适当、有效的激励机制；

（5）制定并实施系统、有效的内部审计质量控制制度、程序和方法；

（6）当内部审计人员的客观性受到严重影响，且无法采取适当措施降低影响时，停止实施有关业务，并及时向董事会或者最高管理层报告。

4. 专业谨慎

内部审计人员在执行内部审计业务时，有责任保证开展内部审计业务所必需的专业水平，包括专业知识、专业技能、业务经验和其他相关能力。

内部审计人员应具备下列履行职责所需的专业知识、职业技能和实践经验：

（1）审计、会计、财务、税务、关务、进出口管理、保税管理、减免税管理、内部控制、风险管理、法律和信息技术等专业知识，以及与组织业务活动相关的专业知识；

（2）语言文字表达、问题分析、审计技术应用、人际沟通、组织管理等职业技能；

（3）必要的实践经验及相关职业经历。

内部审计人员应当通过后续教育和职业实践等途径，了解、学习和掌握相关法律法规、专业知识、技术方法和审计实务的发展变化，保持和提升专业能力。

内部审计人员实施内部审计业务时，应当保持职业谨慎，合理运用职业判断。

5. 保守秘密

内部审计人员应当对实施内部审计业务所获取的信息保密，非因有效授权、法律规定或其他合法事由不得披露。

内部审计人员在社会交往中，应当履行保密义务，警惕非故意泄密的可能性。

内部审计人员不得利用其在实施内部审计业务时获取的信息牟取不正当利益，或者以有悖于法律法规、组织规定及职业道德的方式使用这些信息。

第二节　进出口活动内部审计实施准备

一、进出口活动内部审计制度建立

为保障进出口活动内部审计顺利开展，各部门职责明确、积极配合，应制定完善的内部审计制度加以规范。

以下进出口活动内部审计制度供参考：

1. 内审目的

为了保障进出口业务管理规范、发现公司海关业务管理中存在的不足与缺陷、加强公司海关业务内部管理控制、规范进出口作业流程、降低公司海关业务管理中的违规违法风险、保障公司进出口业务符合相关法律法规要求，根据《海关法》《海关稽查条例》《中华人民共和国海关进出口货物申报管理规定》《中华人民共和国海关加工贸易货物监管办法》及《中华人民共和国会计法》（以下简称《会计法》）等有关法律法规的规定，制定进出口业务审计制度和内部审计规范，完善公司内部控制制度，改善经营管理，保障公司生产经营活动健康发展。

2. 适用范围

公司所有的海关业务，包括但不限于进出口业务、加工贸易保税业务、减免税业务、其他进出口业务、企业 AEO 认证等所有海关业务。

3. 审计机构

（1）公司进出口业务内部审计由公司内审部门负责，在总经理的领导下开展审计工作，行使独立审计职权，不受其他部门和个人的干涉，并直接向总经理汇报；

（2）进出口业务审计应遵循独立性原则、依法审计原则、实事求是原则、客观公正原则、廉洁奉公原则、保守秘密原则；

（3）进出口业务内部审计岗位人员应具备审计与关务知识结构体系，掌握海关相关法律法规政策和监管要求，并进行持续研究和学习，以提高进出口业务审计能力；

（4）内部审计人员依法独立行使审计职权，受法律保护，任何部门和人员均不得以各种方式打击报复，审计人员与被审计单位或审计事项有利害关系的，应采取回避原则；

（5）内部审计人员在专业知识不足、专业能力欠缺时，可聘请第三方专业机构独立开展进出口业务内部审计，并向内部审计部门负责。

4. 部门职责

（1）内部审计部门，负责公司进出口业务的内部审计安排，制订审计计划、确定审计业务范围、时间范围，拟订审计方案、确定审计人员、审计工作实施、编制审计底稿、出具审计报告与审计档案管理等；

（2）其他部门（采购、物流、关务、仓库、制造、销售、技术、财务等），负责进出口业务内部审计过程中业务介绍、数据下载、资料提供、情况说明等配合工作。

5. 审计内容

（1）进出口内控体系审核，包括：

①进出口业务管理制度及作业流程等是否合理，是否符合海关规定并有效运行；

②保税货物及减免税货物管理制度及作业流程是否合理，是否符合海关规定并有效运行。

（2）进出口业务审核，包括：

①进出口申报方面，包括但不限于商品品名、数量、商品编号、规格型号、价格、成交方式、贸易方式、监管证件、运保费、特许权使用费等，对申报内容的真实性、准确性进行审核；

②保税货物管理方面，包括但不限于进口、存储、加工、使用、处置、出口、单耗、结转、外发、内销等，对保税货物申报的准确性、管理的合规性进行审核；

③减免税货物方面，包括但不限于进口、使用、处置、转让、销售、租赁、抵押、移动、移作他用等，对减免税货物申报和管理的合规性进行审核；

④其他贸易方式所涉及的货物或者物品。

（3）海关AEO认证标准审核，包括：

①内部控制标准，包括海关业务培训、内部组织架构、单证控制、单证保管、进出口活动、内部审计、质量管理、改进机制、信息系统、数据管理、信息安全等，对制度流程的合理性与执行情况进行符合性审核；

②财务状况标准，包括会计信息、综合财务状况等，对符合性进行审核；

③守法规范标准，包括人员违法、企业违法、注册信息、进出口记录、申报规范、传输规范、税款缴纳、管理要求、外部信用等，对符合性进行审核；

④贸易安全标准，包括场所安全、进入安全、人员安全、商业伙伴安全、货物安全、集装箱安全、运输工具安全、危机管理、安全培训等，对执行情况和符合性进行审核。

6. 审计计划

（1）内部审计部门每年年底制定下一年度进出口业务内审计划，经公司总经理决定或批准后方可实施；

（2）审计周期为上年度1月1日至12月31日，公司所有发生的海关业务均为审计对象；

（3）每年对公司进出口业务开展1~2次内部审计，可以根据实际情况和临时需求增加，至少保证每年1次；

（4）内部审计部门可以根据审计项目的难易程度，确认审计人员由内部审计部门人员担任或聘请外部第三方机构专职人员开展。

7. 审计权力

（1）内部审计部门开展审计工作时，所有被审计对象均有义务按要求予以协助，如实提供有关情况和资料；

(2) 进出口业务审计中可以行使以下权利：

①调阅和复制进出口单证和数据，包括但不限于发票、装箱单、提单、运单、报关单证及相关监管证件等；

②调阅和复制采购、销售合同和订单；

③查阅和导出仓库收发货数据和生产领用数据；

④调阅和复制相关财务凭证、财务报表、财务报告等资料文件；

⑤调阅和复制相关产品技术资料、设计图纸、工艺配方等；

⑥调阅和复制生产记录数据；

⑦其他审计所需资料。

8. 工作程序

(1) 内审部门负责制定下一年度的进出口业务审计计划和审计方案，经总经理审批后实施；

(2) 根据审计方案确定审计时间、审计范围、审计内容、审计方式、审计要求等事项；

(3) 发出审计通知，在审计项目开始前一周发出审计通知至被审计对象，告知具体审计要求、时间和需准备事项；

(4) 进出口业务相关部门负责审计过程中的资料提供、情况说明，并全力配合；

(5) 内审部门或第三方机构负责海关业务审计的具体实施，汇总审计结果、分析审核问题，并向总经理汇报，出具审核报告；

(6) 相关部门对审计问题点进行讨论并确定改善方案；

(7) 内审部门负责监督审核不符合项的纠错和整改进程；

(8) 内审部门负责审计档案的归档。

9. 奖惩措施

(1) 对忠于职守、秉公办事、客观公正、实事求是、有突出贡献的内部审计人员应予以表扬或奖励；

(2) 对提供虚假资料或信息影响审计结论，阻挠、破坏审计人员行使职权、打击报复审计人员以及拒不执行审计决定，甚至诬告陷害他人的，应对直接责任人员给予处分，必要时可以解除劳动关系；

(3) 审计人员泄露机密、以权谋私、玩忽职守、弄虚作假等造成公司损失和不良影响的，应视情节轻重和损失大小，给予批评、纪律处分或依法制裁。

10. 档案管理

在审计期间所获取的单证、文件、资料及审计报告等，由内审部门统一归档管理，并保存5年以上。

11. 附则

本制度如有与国家或政府部门颁发的法律法规相抵触的，以法律法规为准。

二、进出口活动内部审计准备

在每项进出口业务内部审计实施之前，应制定审计计划，其内容包括审计业务调研，确定审计业务内容范围、时间范围、抽查范围、实施时间、实施人员等。

1. 审计业务调研

在开展内部审计之前，充分了解被审计对象的具体情况，是内部审计的关键。由于企业经营状况复杂多样，很难进行深入了解，为了更好地熟悉和了解被审计单位的情况，在审计实施之前，内部审计人员应通过查阅、访谈、审前调查等方式初步了解被审计单位的情况，并根据不同的审计目标、审计对象，选择收集相关的信息资料，作为制定内部审计项目审计计划和业务工作方案的依据。

进出口业务内部审计需要了解以下信息：

（1）企业的基本情况。通过查阅企业营业执照等相关批文证书、会计资料等，并询问企业管理人员的方式，了解企业的基本情况，包括成立时间、统一社会信用代码、海关注册登记编号、注册资本、投资方、股权结构、法定代表人、经营范围、行业类别、经营方式、贸易方式、公司地址、经营场地、外租厂房、外租仓库、进出口总额、生产能力、主要生产产品、主要使用原材料等。

着重了解企业是否经政府主管部门批准成立，是否在海关注册登记，经营范围是哪些，法定代表人是谁，投入资本（资金、设备）是否全部到位，主管进出口业务和海关业务的负责人是谁，企业进出口业务开展是否存在违规违法记录等情况。

（2）企业的产品类型。通过询问及实地考察的方式，了解企业属于什么行业，主要生产哪些产品，需要哪些原材料、零部件，主要的生产工艺或生产流程有哪些，原材料主要是进口还是国内采购，内购比例达到多少，产品主要销往境外还是国内，内销比例是多少，进出口业务是自理报关还是代理报关，负责物流通关人员有多少人，负责关务的高级管理人员是哪位等，对企业的生产经营情况进行基本的了解。

（3）企业的业务类型。通过询问或查阅企业进出口数据申报贸易方式，了解企业进出口业务有哪些类型，是一般贸易还是加工贸易，加工贸易是进料加工还是来料加工等。

一般企业的进出口业务包括但不限于以下类型：

①进出口通关业务，主要包括一般贸易、加工贸易、进出境修理物品、退运货物、暂时进出境货物、货样、广告品、进出境展览品、其他进出口免费货物等。

②加工贸易保税业务，主要包括进料加工、来料加工、料件复出、料件退换、成品退换、深加工结转、外发加工、料件内销、边角料内销等。

了解企业每月发生的各业务类型的报关单票数及大概金额。

（4）企业的信息系统。了解企业经营管理中是否使用信息系统进行管理，使用什么信息系统进行管理，使用哪些模块进行管理，比如财务管理模块、生产管理模块、物流管理模块、采购管理模块、销售管理模块、库存管理模块等。

进出口申报数据是否在信息系统中有记录，进出口报关数据、仓库出入库数据、生产领用数据等是否能够查阅、检索和追溯。

（5）企业的内控制度。了解企业在物料采购、产品销售、进出口申报、许可证件管理、生产管理、加工贸易手册管理、保税货物管理、仓储管理、财务管理、合同管理、印章管理、单证管理等方面是否制定了相应的作业流程和管理制度。

（6）企业的档案管理。了解企业采购合同、采购订单的管理与归档情况，销售合同、销售订单的管理与归档情况，进出口报关单证、许可证件的管理与归档情况，仓库入库、出库、库存的管理与归档情况，生产工单、领料单的管理与归档情况，财务收付汇的管理与归档情况等，各类档案的归档方式、存档地点、存放时间等。

2. 确定审计业务内容范围

了解了企业业务类型和基本情况之后，需要制订进出口业务内部审计计划或内部审计方案。首先要确定内部审计业务范围，一般可以分为以下两种：

（1）全面检查，即根据企业进出口业务类型，对所有贸易方式项下的进出口数据申报和管理情况进行检查。

（2）专项检查，即根据企业进出口业务类型及预判的各种业务类型的风险等级，按照重要性原则，选择风险等级较高的业务，开展重点式检查。

3. 确定审计业务时间范围

确定了进出口内部审计的业务类型范围后，需确认进出口内部审计业务的时间范围。

一般每年对进出口业务进行内部审计一次，可按照自然年度来划分业务时间范围，比如 2019 年开展进出口业务内部审计时，对 2018 年一个自然年的进出口业务进行审核。也可以根据固定的审核周期来划分业务时间范围，比如2019年5月开展进出口业务内部审计时，对2018年5月至2019年4月的进出口业务进行审核，到2020年5月时，对2019年5月至2020年4月的进出口业务进行审核。

如果每年对进出口业务进行内部审计为多次的，可以根据季度或半年度来进行划分。

4. 确定审计业务抽查范围

实施审计程序时，可以对被审对象的整体内容进行审核，但整体内容较多时往往花费时间较多，影响审计时效和审计报告进度。故一般实施审计程序时采取抽样方式确认审计内容。获取充分、适当的审计证据，以得出合理的结论，作为形成审计意见的基础。

（1）审计抽样是指对具有审计相关性的总体中低于百分之百的项目实施审计程序，使所有抽样单元都有被选取的机会，为审计人员针对整体得出结论提供合理基础。

抽样风险是指审计人员根据样本得出的结论，可能不同于对整体实施与样本相同的审计程序得出的结论的风险。

在使用审计抽样时，审计人员的目标是为得出有关抽样总体的结论提供合理的基础。在设计审计样本时，审计人员应当考虑审计程序的目的和抽样总体的特征。应当确定足够的样本规模，以将抽样风险降至可接受的低水平。在选取样本项目时，应当使总体中的每个抽样单元都有被选取的机会。

（2）进出口业务抽样时，可以以报关单为单元，覆盖企业所有的贸易方式。根据不同的贸易方式，建议抽取5%以上的单证或单证总数不少于200票，其中一种贸易方式不足10票单证的可以全抽。

如某企业2018年进出口申报情况如表1-1所示。

表1-1　某企业2018年进出口申报情况

序号	贸易方式	进出口	报关单票数/票	抽单票数/票	抽查比例/%
1	进料对口	进口	1000	50	5
2	一般贸易	进口	600	30	5
3	深加工结转	进口	60	10	16.67
4	进料料件内销	进口	170	10	5.88
5	进料边角料内销	进口	4	4	100
6	货样广告品/免费品	进口	7	7	100
7	修理物品	进口	1	1	100

表1-1　续

序号	贸易方式	进出口	报关单票数/票	抽单票数/票	抽查比例/%
8	进料对口	出口	1450	73	5.03
9	一般贸易	出口	20	10	50
10	进料成品退换	进/出口	4	4	100
11	进料料件复出	出口	8	8	100
12	退运货物	出口	5	5	100
13	外发加工		20	10	50
合计			3349	222	6.63

在内部审计实施时，应考虑企业相关业务内控机制的完整性及有效执行情况，对相关业务无内控机制、内控机制不完善、内控机制执行不到位、审核时已发现相关风险疑点等情况，应考虑加大抽查单证的比例，抽单比例可扩大到10%~20%，必要时可以对某项业务100%审查。

5. 确定审计业务实施时间

一项审计项目要顺利展开，时间计划尤为重要，内部审计人员要与被审计部门充分沟通审计实施时间。审计时间一般包括以下要素。

（1）审计资料准备时间：确定内部审计业务范围之后，内部审计人员应提前1个月左右将审计需要的资料、文件及数据清单提供给被审计部门。被审计部门应及时准备好相应的资料、文件及数据。

（2）审计现场实施时间：内审部门与被审计部门预订好现场审计时间，一般现场审核、了解及实地察看，需要5~7天，根据准备情况和业务难度，可以适当延长。后期数据、单证复核，数据汇总分析等，需要1~2周。

（3）审计报告时间：审计结束后需要编制审计报告，对审计执行的情况、发现的问题、存在的风险、改善的建议等进行报告。一般在现场审核的1个月后，进行总结汇报。

6. 确定内部审计实施人员

在开展具体的内部审计业务前，内部审计部门必须根据每项业务的性质、复杂程度、时间限制以及可获资源进行评估，确定实现审计目标需要的资源。在制定审计计划时应：

（1）考虑需要的审计人员数量、经验水平和能力；

（2）根据审计任务的性质、复杂程度及时间限制，挑选适当的内部审计人员；

（3）考虑内部审计部门不断发展的需要，对内部审计人员进行培训；

（4）如果内部审计人员不具备开展业务的能力条件，应考虑是否需要聘请外部专家。

三、进出口活动内部审计方法介绍

做好了前期的内部审计调研，确定了内部审计业务范围、抽查范围、审计时间、审计人员之后，根据审计计划的要求，内部审计人员可以按时进驻被审计部门，开展内部审计活动。

1. 审计资料收集

相关部门根据资料清单提供，内审人员进行收集，资料包括但不限于：

（1）企业基本资料，包括企业营业执照、企业海关注册登记证书等；

（2）部门职责分工，包括公司组织机构图、各部门工作职责、重要岗位职责；

（3）企业内控资料，包括企业生产产品介绍、生产工艺流程介绍、企业仓库库位编号规则、企业物料编号规则等；材料采购管理制度、进口作业流程、商品归类管理制度、材料入库作业流程等；成品销售管理制度、出口作业流程、成品出库作业流程等；加工贸易手册申请、变更、核销作业流程等；加工贸易单耗、内销、结转、外发管理制度等；保税货物发料、领用、生产、使用、损耗管理制度等；保税货物转移、报废、处置、变卖管理制度等；财务报销、记账、收付款管理制度。

（4）企业单证资料，包括进出口资料：报关单、发票、装箱单、提单、运单、提单、监管证件等；采购或销售资料：采购合同或订单、销售合同或订单；仓库资料：入库单、出库单、退库单、转库单、报废单等；财务资料：货款收付汇资料、运保费支付资料、营业外收入、营业外支出、其他非贸支付资料等；生产资料：生产工单、领料单、产生良品、不良品、边角料单据等；技术资料：材质成分说明、功能、工作原理、用途、相关技术资料等；加工贸易资料：深加工结转资料、外发加工资料、内销补税资料、单损耗资料、生产工艺图纸等；减免税设备资料：鼓励项目确认书、减免税设备免表、减免税设备明细表、固定资产销售、出租、处置、抵押情况等；其他资料：根据审核需要，可能需要的其他资料。

（5）企业业务数据，包括报关数据，如进口料号级报关数据、出口料号级报关数据、内销补税报关数据等；仓库数据，如材料入库数据、成品出库数据、保税边角料台账、保税残次品台账等；保税手册，如料件备案表、成品备案表、单损耗表、归并关系表等；生产数据，如工单数据、材料投入、成品产出、残次品、边角料数据等；财务数据，如材料记账数据、产品销售数据、固定资产数据、收付汇数据等。

2. 符合性测试

符合性测试是指审计人员对审计业务客户的内部控制设计和执行的有效性进行了解，并对内部控制是否得到一贯遵循加以审计的过程，也称为遵循性测试。符合性测试的根本目的是确认相关业务制度流程是否真实存在，相关业务人员是否严格遵守内部控制的规定，并始终如一地执行全部要求，内控制度是否真正发挥了作用，有无失控和不完善之处。

进行符合性测试，一般可以采用追踪法、实验法和观察法。

（1）追踪法，又称检查证据法。审计人员检查与业务有关的单证、记录、账簿、报表等资料是否已按内部控制制度的规定认真贯彻执行。

（2）实验法，又称重做法。审计人员按照内部控制制度的要求，选择一笔或若干笔有代表性的具体业务，进行穿行测试，对有关业务重新执行一遍业务过程，以验证有关人员是否遵循了内部控制制度的规定。

（3）观察法，审计人员在不通知有关人员的情况下，到工作现场实地观察工作人员是否按照制度的规定进行业务处理。

符合性测试一般采用抽样的方法进行，经过初步评价，若认为被审计单位的内部控制系统较为健全，则测试的范围可较小；若认为被审计单位的内部控制系统不太健全，就应相应扩大测试的范围和抽样的数量。

通过符合性测试，对被审计单位与进出口活动有关的内部控制制度的健全性、执行度、可靠性和有效性进行抽样检查和测试，寻找薄弱环节和高风险点，以确定下一步实质性测试的重点目标。

3. 实质性测试

实质性测试是指在符合性测试的基础上，为取得直接证据而运用检查、监盘、观察、查询、函证、比对、计算、分析性复核等方法，对被审计单位的相关业务、报表等的真实性、合法性进行审查，以得出审计结论的过程。

实质性测试是审计人员做出审计结论的证据。实质性测试通常采用抽查的方式进行，抽查的样本数量可根据内部控制的评价和符合性测试的结果来确定。

实质性测试主要包括以下工作：

（1）库存盘点。在审计过程中，审计人员对有形资产账户所记载的内容进行实物盘点，包括料件、半成品、成品、边角料、残次品、副产品、不作价设备、减免税设备等，通过实地盘点，确定物资的实际情况。

（2）函证。在审计过程中，函证是审计人员为印证审计业务所载事项，向相关单位发函询证，以确认所载事项的真实性。如外发加工货物、在途货物、外租仓库、异地加工等情况。

（3）调查询问。在审计过程中，如果审计人员对有关事项或情况不熟悉、不了解或存在疑问，可以向有关当事人进行调查询问，如向关务人员了解进出口业务执行情况、向仓库了解进出口货物收发情况、向财务了解货款及运保费支付情况、向生产管理人员了解材料的生产领用情况、向技术部门了解料件产品的单损耗计算情况等。

（4）数据比对。在审计过程中，审计人员对申报数据、记账数据、原始数据等进行核对，如对报关单申报数据与发票及装箱单数据进行比对、对报关单申报数据与仓库出入库数据进行比对等，确认是否存在申报错误、记账错误等情况。

（5）计算验证。在审计过程中，审计人员对有关计算结果进行复算，以确定审计业务有无故意歪曲计算结果或计算存在差错的情况，包括合计数的复算等，如对进口数据的统计计算、对出口数据的统计计算、对单损耗数据的计算等。

（6）分析性复核。在审计过程中，审计人员要对单单一致、单货一致、单证一致，以及申报信息的合理性、逻辑性进行复核，以确定申报的准确性。审计人员需要有一定的专业知识、专业方法，并按照相关的规则，确定相关业务申报的准确性。如根据商品的材质报告、用途、功能、工作原理及查看实物，确认商品编号申报的准确性等。

通过实质性测试，对被审计单位与进出口活动有关的账簿、单证等有关数据记录的真实性、合法性、完整性、准确性进行审核，检查企业进出口申报管理、加工贸易保税货物管理、减免税货物管理中是否存在违反海关监管规定的行为。

第二章

进出口业务申报风险与内部审计

进出口企业在进出口货物通关时，进口货物的收货人、出口货物的发货人应当如实向海关申报，交验进出口许可证件和有关单证。应当按照法律、行政法规和海关规章关于商品归类、审定完税价格和原产地管理的有关规定，如实申报进出口货物的商品名称、税则号列（商品编号）、规格型号、价格、运保费及其他相关费用、原产地、数量等。进出口货物的收发货人、受委托的报关企业应当依法如实向海关申报，对申报内容的真实性、准确性、完整性和规范性承担相应的法律责任。

海关应当按照法律、行政法规和海关规章的规定，对纳税义务人申报的进出口货物商品名称、规格型号、税则号列、原产地、价格、成交条件、数量等进行审核。为审核确定进出口货物的商品归类、完税价格及原产地等，可以对进出口货物进行查验，组织化验、检验或者对相关企业进行核查。根据进出口货物的税则号列、完税价格、原产地、适用的税率和汇率计征税款。

企业在进出口申报时，可能出现商品编号申报错误、成交方式申报错误、价格申报错误、数量申报错误、运保费申报错误、贸易方式申报错误等情况。如果企业因申报错误、申报不实、甚至是恶意瞒报、故意伪报等导致企业少缴、漏缴、错缴进出口环节税，企业及相关责任人就会有违规违法的风险。

第一节　商品编号申报风险与内部审计

一、进出口商品编号概述

商品编号（又称 HS CODE）是根据《商品名称及编码协调制度》（以下简称《协调制度》）对国际贸易商品进行分类，表示其商品身份的一个代码。商品编号归类使商品相应的税率、监管条件得以确认，不仅是海关，税务局、商务部、生态环境部等都是通过商品编号对商品进行管理的，所以商品编号归类的准确性非常重要。

1. 商品编号归类概述

商品归类是指在《协调制度》商品分类目录体系下，以《中华人民共和国进出口税则》（以下简称《税则》）为基础，按照《进出口税则商品及品目注释》《中华人民共和国进出口税则本国子目注释》以及海关总署发布的关于商品归类的行政裁定、商品归类决定的要求，确定进出口货物商品编号的活动。

《协调制度》中的商品编号最多由 6 位数字组成，第一、第二位表示章节，第三、第四位表示品目，第五位表示一级子目，第六位表示二级子目。

《税则》中的商品编号在《协调制度》的基础上做了细分，由 8 到 10 位数字组成，第一、第二位表示章节，第三、第四位表示品目，第五位表示一级子目，第六位表示二级子目，第七位表示三级子目，第八位表示四级子目。

比如商品编号 3 9 2 0 6 2 0 0，其中：

第一、二位（3 和 9 ），表示第 39 章（《协调制度》章节代码）；

第三、四位（2 和 0），表示第 20 个品目（《协调制度》品目代码）；

第五位（6），表示品目 3920 下的一级子目（《协调制度》子目代码）；

第六位（2），表示品目 3920 下的二级子目（《协调制度》子目代码）；

第七位（0），表示品目 3920. 62 下的三级子目（本国子目代码）；

第八位（0），表示品目 3920. 62 下的四级子目（本国子目代码）。

2. 商品编号归类特点

（1）国际通用性：商品分类目录体系《商品名称及编码协调制度公约》是国际公约。

（2）基础性和风险性：商品编号归类是海关征税、监管、统计、缉私等各项业务的基础，商品编号与税率高低和监管条件直接相关。

（3）政策性：我国政府对进出口货物采取的关税和贸易措施大都基于《税则》商品分类目录制定并对外公布，海关则通过《税则》商品分类的编号化管理来落实这些措施。目前，我国有 19 个部、委、办、局在制定政策时都不同程度涉及《税则》商品分类技术的应用。

（4）技术性：确定商品编号需遵循特定的原则，有时与日常思维习惯不完全一致。

3. 商品编号归类规则

货品在本税则目录上的归类，应遵循以下规则：

规则一

类、章及分章的标题，仅为查找方便而设；具有法律效力的归类，应按税目条文和有关类注或章注确定，如税目、类注或章注无其他规定，按以下规则确定。

规则二

（1）税目所列货品，应视为包括该项货品的不完整品或未制成品，只要在进口或出口时该项不完整品或未制成品具有完整品或制成品的基本特征；还应视为包括该项货品的完整品或制成品（或按本款可作为完整品或制成品归类的货品）在进口或出口时的未组装件或拆散件。

（2）税目中所列材料或物质，应视为包括该种材料或物质与其他材料或物质混合或组合的物品。税目所列某种材料或物质构成的货品，应视为包括全部或部分由该种材料或物质构成的货品。由一种以上材料或物质构成的货品，应按规则三归类。

规则三

当货品按规则二（2）或由于其他原因看起来可归入两个或两个以上税目时，应按以下规则归类：

（1）列名比较具体的税目，优先于列名一般的税目。但是，如果两个或两个以上税目都仅述及混合或组合货品所含的某部分材料或物质，或零售的成套货品中的某些货品，即使其中某个税目对该货品描述得更为全面、详细，这些货品在有关税目的列名应视为同样具体。

（2）混合物、不同材料构成或不同部件组成的组合物以及零售的成套货品，如果不能按照规则三（1）归类时，在本款可适用的条件下，应按构成货品基本特征的材料或部件归类。

（3）货品不能按照规则三（1）或（2）归类时，应按号列顺序归入其可归入的最末一个税目。

规则四

根据上述规则无法归类的货品，应归入与其最相类似的货品的税目。

规则五

除上述规则外，本规则适用于下列货品的归类：

（1）制成特殊形状，适用于盛装某个或某套物品并适合长期使用的照相机套、乐器盒、枪套、绘图仪器盒、项链盒及类似容器，如果与所装物品同时进口或出口，并通常与所装物品一同出售的，应与所装物品一并归类，但本款不适用于本身构成整个货品基本特征的容器。

（2）除规则五（1）规定的以外，与所装货品同时进口或出口的包装材料或包装容器，如果通常是用来包装这类货品的，应与所装货品一并归类，但明显可重复使用的包装材料和包装容器可不受本款限制。

规则六

货品在某一税目项下各子目的法定归类，应按子目条文或有关的子目注释以及以上各条规则来确定，但子目的比较只能在同一数级上进行，除本税则目录条文另有规定的以外，有关的类注、章注也适用于本规则。

二、进出口商品编号申报要求

进出口商品编号申报应按以下法律法规的要求进行。

1.《海关法》

第二十四条规定：

进口货物的收货人、出口货物的发货人应当向海关如实申报，交验进出口许可证件和有关单证。国家限制进出口的货物，没有进出口许可证件的，不予放行，具体处理办法由国务院规定。

第四十二条规定：

进出口货物的商品归类按照国家有关商品归类的规定确定。

海关可以要求进出口货物的收发货人提供确定商品归类所需的有关资料；必要时，海关可以组织化验、检验，并将海关认定的化验、检验结果作为商品归类的依据。

2.《中华人民共和国进出口关税条例》

第三十一条规定：

纳税义务人应当按照《税则》规定的目录条文和归类总规则、类注、章注、子目注释以及其他归类注释，对其申报的进出口货物进行商品归类，并归入相应的税则号列；海关应当依法审核确定该货物的商品归类。

3.《中华人民共和国海关进出口货物征税管理办法》

第五条规定：

海关认为必要时，纳税义务人还应当提供确定商品归类、完税价格、原产地等所需的相关资料。提供的资料为外文的，海关需要时，纳税义务人应当提供中文译文并对译文内容负责。

第六条规定：

纳税义务人应当按照法律、行政法规和海关规章关于商品归类、审定完税价格和原产地管理的有关规定，如实申报进出口货物的商品名称、税则号列（商品编号）、规格型号、价格、运保费及其他相关费用、原产地、数量等。

第八条规定：

海关可以根据口岸通关和货物进出口的具体情况，在货物通关环节仅对申报内容作程序性审核，在货物放行后再进行申报价格、商品归类、原产地等是否真实、正确的实质性核查。

4.《中华人民共和国海关进出口货物商品归类管理规定》

第一条规定：

为了规范进出口货物的商品归类，保证商品归类结果的准确性和统一性，根据《海关法》《中华人民共和国进出口关税条例》（以下简称《关税条例》）及其他有关法律、行政法规的规定，制定本规定。

第二条规定：

本规定所称的商品归类是指在《商品名称及编码协调制度公约》商品分类目录体系下，以《税则》为基础，按照《进出口税则商品及品目注释》《中华人民共和国进出口税则本国子目注释》以及海关总署发布的关于商品归类的行政裁定、商品归类决定的要求，确定进出口货物商品编号的活动。

第三条规定：

进出口货物收发货人或者其代理人对进出口货物进行商品归类，以及海关依法审核确定商品归类，适用本规定。

第四条规定：

进出口货物的商品归类应当遵循客观、准确、统一的原则。

第五条规定：

进出口货物的商品归类应当按照收发货人或者其代理人向海关申报时货物的实际状态确定。

第六条规定：

收发货人或者其代理人应当按照法律、行政法规规定以及海关要求如实、准确申报其进出口货物的商品名称、规格型号等，并且对其申报的进出口货物进行商品归类，确定相应的商品编号。

第七条规定：

由同一运输工具同时运抵同一口岸并且属于同一收货人、使用同一提单的多种进口货物，按照商品归类规则应当归入同一商品编号的，该收货人或者其代理人应当将有关商品一并归入该商品编号向海关申报。

三、进出口商品编号申报风险案例

1. 商品编号常见的错误类型

（1）商品编号申报错误。企业对进出口商品进行了准确的商品编号归类，并建立了商品物料库信息，包括料号、品名、商品编号、规范申报要素等。但由于企业在制作报关资料或进出口申报时采用人工制单，可能会出现制单错误、商品编号申报错误等情况。

（2）商品编号归类错误。企业相关商品归类人员对进出口货物的材质成分、功能、用途、工作原理及商品归类知识掌握不够，导致在进出口商品编号归类时发生错误。

2. 商品编号申报风险案例分析

（1）不了解商品归类规则引发的归类风险

①案例简介：

某机械部件有限公司，成立于2010年12月，是一家高科技外商独资企业，采用国际先进的技术和设备，研究开发风能产品、可变截面涡轮增压技术、可变喷嘴涡轮增压技术等项目，生产和销售发动机进气增压器等产品。

2016年4月至7月期间，该公司以一般贸易方式向海关申报出口了五票货物，包括涡轮增压器、CHRA机芯等，其中涡轮增压器重量为5334.38千克，申报商品编号为8414909090，出口退税率15%，申报价格合计117364美元，折合人民币764589元。经海关审核，该涡轮增压器商品编号应为

8414803090，出口退税率 15%。

②违反规定：

以上出口的涡轮增压器申报商品编号与实际不符，影响海关统计准确性，其行为违反了《海关法》第二十四条第一款之规定，已构成违规。根据《中华人民共和国海关行政处罚实施条例》（以下简称《海关行政处罚实施条例》）第十五条第一款、第十六条之规定，应予以行政处罚。

③违规分析：

该公司涡轮增压器的商品编号申报与实际不符的原因是该公司关务岗位人员变动，新员工对报关业务及商品编号归类知识不熟悉，误将涡轮增压器的商品编号申报为 8414909090（品目 84.14 其他未列名零件），根据《税则》（2016 年版）规定，涡轮增压器属于具体列名商品，商品编号应为 8414803090（发动机用增压器）。

（2）未确认商品实际状态引发的归类错误

①案例简介：

某信息技术有限公司，成立于 2014 年，专注于专网通信系统核心技术的研究及开发，主要产品包括宽带无线自组网通信系统和 4G-LTE 专网通信系统。

2017 年 8 月 22 日，公司委托报关公司以一般贸易方式向海关申报进口一票货物，申报品名印刷电路板，申报数量 34 块，申报原产地为英国，申报总金额为 CIF 价 68000 英镑，申报商品编号为 8534001000（四层以上的印刷电路，最惠国关税率为 0）。

经海关现场查验，该进口货物表面安装多个电子元器件、集成模块，主要用于无线电发射设备信号的收发，与品名印刷电路板不符。根据《税则》归类总规则一及六、85 章注释六、8517707090 子目条文之规定，上述进口货物应归入商品编号 8517707090（品目 85.17 所列设备用其他天线及其零件，最惠国税率为上半年 1.5%，下半年 1%）项下。

②违反规定：

以上进口货物商品编号申报不实，影响了国家税款征收，违反了《海关法》第二十四条第一款之规定，已构成违规。根据《海关行政处罚实施条例》第十五条第四款、第十六条之规定，应予以行政处罚。

③案例分析：

经查，造成上述进口货物商品编号申报不实的原因，系该公司在进口货物过程中与国外供应商沟通不力，工作中存在疏忽，直接按照国外供应商提供的错误的商品名称进行翻译，并按照品目进行归类，未对货物实际状态进行确认，导致商品编号申报不实。

（3）不理解品目注释引发的归类错误

①案例简介：

某电子集成制造有限公司，主要从事背板、线束和通信机柜机框等电子电器零部件及系统的制造，产品广泛应用于通信、汽车、工业等领域。

2016年8月10日，公司委托报关公司以一般贸易方式向海关申报进口一票货物，申报品名为直流稳压电源，申报商品编号为85044019（其他稳压电源，关税率为0），申报数量为200个，申报价格为7300美元。

经海关现场查验，该稳压电源功率为7瓦，精度为1%，根据《税则》归类总规则一及六、《进出口税则商品及品目注释》有关注释，应归入85044014项下（其他直流稳压电源，功率小于1000瓦，精度低于万分之一，关税率为3%）。

②违反规定：

以上进口货物商品编号申报不实，影响了国家税款征收，违反了《海关法》第二十四条第一款之规定，已构成违规。根据《海关行政处罚实施条例》第十五条第四款、第十六条之规定，予以行政处罚。

③案例分析：

经调查，造成上述结果的原因是该公司相关商品归类人员对品目注释理解错误，精度数值越小，则精度越高，反之，精度值越大，则精度越低。而公司归类人员直接将精度数值进行比较，将精度低于理解为精度小于，由此导致归类错误。

在实际进出口申报过程中，企业会因为不了解商品信息、不熟悉商品知识、不掌握商品归类规则、不理解税则品目注释、未确认实际发货状态等各种情况，导致进出口商品编号申报错误，带来申报不实、漏税漏证等风险。

四、进出口商品编号内部审计方法与技巧

1. 进出口商品编号审核资料

商品编号审核时，根据抽查料号获取以下资料，包括但不限于：

（1）进出口商品编号归类作业流程；

（2）企业进出口商品编号物料库（商品编号表）；

（3）抽查报关单、发票、装箱单等；

（4）年度进出口商品申报料号级数据；

（5）抽查商品规范申报要素；

（6）抽查商品的材质报告、物料组成等资料；

（7）抽查商品的功能、用途、工作原理、技术参数等资料；

（8）抽查商品的实物图片、图纸、照片等。

2. 了解企业商品编号归类内部流程

通常，企业如果要生产一个新的机种或需要采购一个新的材料，在公司信息系统中会维护一个新的物料编号，该物料涉及进出口报关的，相关部门（采购、销售、技术等）应及时提供给关务进行商品归类的信息资料，如商品说明书、材质报告、物料组成、功能、用途、工作原理、货物样品、图纸、照片、相关技术参数文件等，必要时还需要查看实物样品。关务商品归类人员根据商品信息，依据商品归类规则及品目注释进行商品归类。当相关归类有一定难度或关务归类人员无法判定时，可请社会化预归类服务机构做预归类建议书，或向海关申请预归类决定或归类裁定。商品归类确定后，将确定后的商品编号及规范申报要素信息维护在信息系统或商品物料库中。商品进出口申报时，报关制单人员根据已确定的商品编号向海关申报。

3. 商品编号归类流程穿行测试

通过获取某一商品的采购或销售订单信息、商品材质用途信息、商品报关信息、商品实物状态等信息，对企业商品编号归类流程进行穿行测试，如表 2-1 所示。

表 2-1　商品编号归类流程穿行测试表

业务活动	测试内容	测试情况
采购/销售	物料类别（生产设备、原材料、成品、包装物料等）	
	物料料号（公司料号）	
	系统生成日期	
	订单编号	
	订单日期	
	订单是否得到审批	
	订单料号（供应商料号）	
	订单单价（是否含税）	

表2-1 续

业务活动	测试内容	测试情况
商品信息	商品中文品名	
	商品英文品名	
	商品料号	
	商品规格型号	
	商品材质资料是否齐全（材质组成、成分、含量比例等）	
	商品用途资料是否齐全（用途、功能、工作原理等）	
	商品技术资料是否齐全（规格型号、尺寸、电压、电流等技术参数）	
	商品资料信息与实物是否一致	
物料库信息	商品料号（企业料号/供应商料号/客户料号）	
	商品编号	
	商品归类依据（归类规则、品目注释、商品信息等）	
	商品规范申报信息	
	商品规范申报信息与资料信息是否一致	
报关信息	报关单号/发票号	
	报关单料号	
	报关单品名	
	报关单商品编号	
	进出口申报前，报关信息是否复核	
	报关信息与物料库信息是否一致	
实物信息	实物料号	
	实物状态	
	实物材质	
	实物信息与申报信息是否一致	

通过此穿行测试，可以了解企业商品编号归类的内控流程，内控机制是否有效执行，是否存在管理风险。

当确认商品编号确认时，如果不完整了解商品信息、不掌握商品归类规则、未确认归类商品的实物状态等，商品编号归类错误的概率就会比较高。

当向海关进行申报商品前，未对商品申报信息与商品发货信息、商品单证信息进行复核，就有可能出现申报错误的情况。

4. 商品编号申报准确性审核

(1) 数据比对。将报关单申报的商品编号与公司信息系统或商品物料库中该物料的商品编号进行比对，如图 2-1 和表 2-2 所示。

中华人民共和国海关进口货物报关单

预录入编号：000000001449***841　海关编号：223320181000***120　（浦东机场）　页码/页数：1/1

境内收货人 苏州**光学有限公司	进境关别 浦东机场	进口日期 20180614	申报日期 20180615	备案号 E2314555****
境外发货人	运输方式 航空运输	运输工具名称及航次号	提运单号 20196788993***VJP072	货物存放地点
消费使用单位 苏州**光学有限公司	监管方式 进料加工	征免性质	许可证号	启运港
合同协议号 HT00**	贸易国（地区） 日本	启运国（地区） 日本	经停港 日本	入境口岸
包装种类 纸箱	件数 5；毛重（千克）3150	净重（千克）2930；成交方式 FOB	运费 000/20000/3	保费 000/0.3/1；杂费

随附单证

随附单证 1：　随附单证 2：发票；代理报关委托协议

标记唛码及备注

项号	商品编号	商品名称及规格型号	数量及单位	单价/总价/币制	原产国（地区）	最终目的国（地区）	境内目的地	征免
1 (1)	3920620090	增光膜/背光膜组用/卷状 PET 制；宽幅 1000MM	2930.0000 千克 9693.0000 平方米	**.**/美元 ****.**	日本	中国		全免

特殊关系确认：否　价格影响确认：否　支付特许权使用费确认：否　自报自缴：是

申报人员　申报人员证号　电话　兹申明以上内容承担如实申报、依法纳税之法律责任　海关批注及签章

申报单位　申报单位（签章）

图 2-1　报关单中的商品编号

表 2-2　商品物料库中的商品编号

序号	商品料号	商品编号	商品名称	规格型号
1	UTE25	39206200	增光膜	显示器用；卷；合制；PET 膜；厚 250μm；非泡沫；无牌；UTE25 型
2	UTE33	39206200	增光膜	显示器用；卷；合制；PET 膜；厚 250μm；非泡沫；无牌；UTE33 型
3	UTE34	39206200	增光膜	显示器用；卷；合制；PET 膜；厚 250μm；非泡沫；无牌；UTE34 型
4	UTE12	39206200	扩散膜	显示器用；卷；合制；PET 膜；厚 250μm；非泡沫；无牌；UTE12 型
5	UTE23	39206200	扩散膜	显示器用；卷；合制；PET 膜；厚 250μm；非泡沫；无牌；UTE23 型
6	UTE23G	39206200	扩散膜	显示器用；卷；合制；PET 膜；厚 250μm；非泡沫；UTE23G 型
7	UTE24B	39206200	扩散膜	显示器用；卷；合制；PET 膜；厚 250μm；非泡沫；UTE24B 型
8	DNA	39205100	反射膜	显示器用；卷；合制；PMMA40% PC30% PAA30%；厚 250μm；DNA 型
9	G9000	35069190	双面胶	粘贴用；袋装；PET 制；无牌；SONY G9000 型

商品物料库中商品的信息，包含了品名、料号、规格型号、商品编号、规范申报要素、税率、监管条件等信息。

数据比对的方法是基于商品物料库中商品编号归类是准确的；通过物料库来审核进出口申报时，要注意报关单上申报的商品编号是否存在申报错误的情形。审核情况如表 2-3 所示。

表 2-3 报关单申报商品编号与物料库商品编号审核情况表

商品料号	报关单申报商品编号	物料库商品编号	审核情况
UTE23	3920620090	3920620000	不一致

（2）数据分析。通过对历史申报料号级数据进行数据分析，主要是看同一物料号是否存在申报两个或多个商品编号的情况，特别是同一料号不同贸易方式，申报不同商品编号；同一料号不同口岸，申报不同商品编号；同一料号不同时间，申报不同商品编号等情况。

例如，对某公司 2016—2017 年的进出口申报数据进行分析，发现以下情况，如表 2-4 所示。

表 2-4 某公司 2016—2017 年的进出口申报数据

料号	商品编号	品名	贸易方式	进口日期
AD-707010002	34021300	清洗机溶剂	一般贸易	20160912
	34022090	清洗机溶剂	一般贸易	20170303
AD-708-0006	39073000	树脂	加工贸易	20160714
	39140000	树脂	加工贸易	20161025
AD-DC3-0020C	85414010	发光二极管	一般贸易	20160819
	85411000	发光二极管	加工贸易	20171017
AD-IPS-0059T	85423900	集成电路	加工贸易	20160718
	85423200	集成电路	加工贸易	20170409

正常来讲，同一个物料编号的商品，应该只有唯一的商品编号，如果历史申报数据中出现同一个物料编号的商品申报的商品编号有两个或多个的，那就属于申报错误。对以上同一个物料编号的商品有两个或多个商品编号的情况进行重点审核，调取同一个物料编号申报不同商品编号的报关单、发票等单证，调取这些物料的材质报告、物料组成、功能、用途、工作原理、图纸等相关资料，并查看实物，对商品编号归类的准确性进行审核。

5. 商品编号归类准确性审核

(1) 资料审核。获取被审核物料的材质报告、物料组成、功能、用途、工作原理、货物样品、图纸、照片、相关技术参数文件等资料，详细了解被审核商品的信息。

例如，以下是一家公司出口刀片的申报信息：

申报品名：刀片；

申报商品编号：82081011；

规范要素申报信息：材质，合金钢；

用途：机器用刀片，金属加工用。

该商品相关材质、用途等信息如下：

材质：65 号锰钢；

用途：塑料破碎机用刀片，用于塑料加工。

企业申报商品编号 82081011，为金属加工用的经镀或涂层的硬质合金制的机器用刀片。经实际了解，材质为 65 号锰钢，不属于硬质合金，其用途为配合塑料破碎机器所用，不属于金属加工用。根据归类总规则一，实际商品编号应为 82089000。由于企业归类人员误将材质锰钢认为硬质合金，导致错将商品编号申报为 82081011。

(2) 实物确认。对商品相关信息资料进行审核的同时，还需要对商品实物进行确认，对商品资料表述的信息与实物的一致性进行审核。

例如，以下是一家公司进口垫圈（如图 2-2 所示）申报的信息：

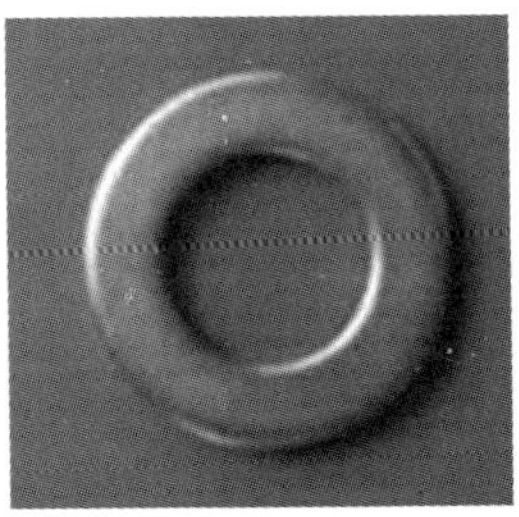

图 2-2　某公司的进口垫圈

申报品名：垫圈；

申报材质：海绵橡胶；

申报功能：密封用；

申报商品编号：40169310。

对该货物进行实物确认时，发现这个垫圈的材质并不是橡胶制的，而是钢铁制的，依据《税则》归类总规则一及六、十六类注释一（七）、十五类注释二（一）及 7318 品目注释，应该归入 73182200。

6. 商品编号归类与归类决定一致性审核

将获取的商品名称、商品材质、功能、用途、工作原理、货物样品、技术参数等相关信息与海关总署公布的有效的商品归类决定中的商品名称、商品描述进行比对，审核企业的商品信息与海关归类决定中的商品描述是否一致，2018 年商品归类决定示例如表 2-5 所示。

表 2-5 2018 年商品归类决定（Ⅰ）

序号	归类决定编号	商品税则号列	技术委员会议题编号	商品名称	英文名称	其他名称	商品描述	归类决定
6	J2018-0006	39269090	21-33-2018	塑料密封堵			该商品为黑色塑料件（TPE 热塑性弹性体），外形类似螺栓，不带螺纹，用于封堵车身上的闲置安装孔（工艺孔）。该型号商品安装位置为汽车后备箱底板。功能主要是美观，其次是密封作用，可遮挡部分灰尘，但起不到防水作用	该商品不具备零件特征，根据归类总规则一及六，该商品应按照其他塑料制品归入税则号列 39269090

通过商品信息比对，如果企业商品信息与归类决定中的商品描述一致，而商品归类不一致，就造成了商品归类错误。

审核小结

进出口货物的商品编号应当按照收发货人或者其代理人向海关申报时货物的实际状态确定。

商品成千上万，商品编号归类在关务工作中是技术难度较高的工作之一，既要了解商品的详细信息，又要掌握商品归类的方法。在商品编号归类准确的前提下，还要确保商品进出口时商品编号申报的准确性。

如何做好商品编号的审核？

1. 通过单据比对、数据比对的方式，审核商品编号是否存在输入错误、申报错误的情况，应特别关注：

（1）相同品名、相同料号、相同规格型号的商品，不同贸易方式申报不同商品编号的情况；

(2) 相同品名、相同料号、相同规格型号的商品，不同口岸申报不同商品编号的情况；

(3) 相同品名、相同料号、相同规格型号的商品，不同时间申报不同商品编号的情况；

(4) 同一加工贸易手册、相同品名、相同料号、相同规格型号的商品，申报不同手册项号、不同商品编号的情况；

(5) 不同加工贸易手册、相同品名、相同料号、相同规格型号的商品，申报不同商品编号的情况。

2. 通过获取完整的商品归类资料，包括材质报告、物料组成、功能、用途、工作原理、货物样品、图纸、照片、相关技术参数文件等资料，分批审核商品编号归类错误的情况。根据重要性原则，应特别关注：

(1) 年度进出口金额较高的商品；

(2) 年度进出口批次较多的商品；

(3) 年度进出口数量较多的商品。

3. 通过将获取的商品名称、商品材质、功能、用途、工作原理、货物样品、技术参数等相关商品信息与海关总署公布的有效的商品归类决定中的商品名称、商品描述进行比对，排除商品信息与归类决定中的商品描述一致而归类不一致的情况。

第二节　商品价格申报风险与内部审计

一、进出口商品价格概述

进出口商品价格是指主要依据国际市场价格所确定的价格。所谓国际市场价格，就是某种商品于某一时期内在国际市场上的一般成交价格。这种价格具有一定代表性，按照这一价格达成交易对买卖双方可以做到基本上公平合理。

1. 进出口商品完税价格

中华人民共和国准许进出口的货物、进境物品，除法律、行政法规另有规定外，海关依照《关税条例》规定征收进出口关税。

进口货物的完税价格，由海关以该货物的成交价格为基础审查确定，并且应当包括货物运抵中华人民共和国境内输入地点起卸前的运输及其相关费用、保险费。

出口货物的完税价格由海关以该货物的成交价格为基础审查确定，并且应当包括货物运至中华人民共和国境内输出地点装载前的运输及其相关费用、保险费。

2. 海关估价方法

（1）进口货物的成交价格，是指卖方向中华人民共和国境内销售该货物时买方为进口该货物向卖方实付、应付的，并且按照成交价格调整的规定调整后的价款总额，包括直接支付的价款和间接支付的价款。

（2）相同货物成交价格估价方法，是指海关以与进口货物同时或者大约同时向中华人民共和国境内销售的相同货物的成交价格为基础，审查确定进口货物的完税价格的估价方法。

（3）类似货物成交价格估价方法，是指海关以与进口货物同时或者大约同时向中华人民共和国境内销售的类似货物的成交价格为基础，审查确定进口货物的完税价格的估价方法。

按照相同或者类似货物成交价格估价方法的规定审查确定进口货物的完税价格时，应当使用与该货物具有相同商业水平且进口数量基本一致的相同或者类似货物的成交价格。使用上述价格时，应当以客观量化的数据资料，对该货物与相同或者类似货物之间由于运输距离和运输方式不同而在成本和其他费用方面产生的差异进行调整。

在没有前款所述的相同或者类似货物的成交价格的情况下，可以使用不同商业水平或者不同进口数量的相同或者类似货物的成交价格。使用上述价格时，应当以客观量化的数据资料，对因商业水平、进口数量、运输距离和运输方式不同而在价格、成本和其他费用方面产生的差异做出调整。

按照相同或者类似货物成交价格估价方法审查确定进口货物的完税价格时，应当首先使用同一生产商生产的相同或者类似货物的成交价格。

没有同一生产商生产的相同或者类似货物的成交价格的，可以使用同一生产国或者地区其他生产商生产的相同或者类似货物的成交价格。

如果有多个相同或者类似货物的成交价格，应当以最低的成交价格为基础审查确定进口货物的完税价格。

（4）倒扣价格估价方法，是指海关以进口货物、相同或者类似进口货物在境内的销售价格为基础，扣除境内发生的有关费用后，审查确定进口货物完税价格的估价方法。该销售价格应当同时符合下列条件：

①是在该货物进口的同时或者大约同时，该货物、相同或者类似进口货物在境内销售的价格；

②是按照货物进口时的状态销售的价格；

③是在境内第一销售环节销售的价格；

④向境内无特殊关系方销售的价格；

⑤按照该价格销售的货物合计销售总量最大的价格。

按照倒扣价格估价方法审查确定进口货物完税价格的，下列各项应当扣除：

①同等级或者同种类货物在境内第一销售环节销售时，通常的利润和一般费用（包括直接费用和间接费用）以及通常支付的佣金；

②货物运抵境内输入地点起卸后的运输及其相关费用、保险费；

③进口关税、进口环节海关代征税及其他国内税。

如果该货物、相同或者类似货物没有按照进口时的状态在境内销售，应纳税义务人要求，可以在符合《中华人民共和国海关审定进出口货物完税价格办法》第二十三条规定的其他条件的情形下，使用经进一步加工后的货物的销售价格审查确定完税价格，但是应当同时扣除加工增值额。

前款所述的加工增值额应当依据与加工成本有关的客观量化数据资料、该行业公认的标准、计算方法及其他的行业惯例计算。

按照倒扣价格估价方法的规定确定扣除的项目时，应当使用与国内公认的会计原则相一致的原则和方法。

（5）计算价格估价方法，是指海关以下列各项的总和为基础，审查确定进口货物完税价格的估价方法：

①生产该货物所使用的料件成本和加工费用；

②向境内销售同等级或者同种类货物通常的利润和一般费用（包括直接费用和间接费用）；

③该货物运抵境内输入地点起卸前的运输及相关费用、保险费。

按照计算价格估价方法的规定审查确定进口货物的完税价格时，海关在征得境外生产商同意并且提前通知有关国家或者地区相关部门后，可以在境外核实该企业提供的有关资料。

按照计算价格估价方法第一款的规定确定有关价值或者费用时，应当使用与生产国或者地区公认的会计原则相一致的原则和方法。

（6）合理方法，是指当海关不能根据成交价格估价方法、相同货物成交价格估价方法、类似货物成交价格估价方法、倒扣价格估价方法和计算价格估价方法确定完税价格时，可根据《中华人民共和国海关审定进出口货物完税价格办法》第二条规定的原则，以客观量化的数据资料为基础审查确定进口货物完税价格的估价方法。

海关在采用合理方法确定进口货物的完税价格时，不得使用以下价格：

①境内生产的货物在境内的销售价格；

②可供选择的价格中较高的价格；

③货物在出口地市场的销售价格；

④以本办法第二十五条规定之外的价值或者费用计算的相同或者类似货物的价格；

⑤出口到第三国或者地区的货物的销售价格；

⑥最低限价或者武断、虚构的价格。

二、进出口商品价格申报要求

进出口商品的价格申报应当按照以下法律法规的要求进行。

1.《海关法》

第二十四条规定：

进口货物的收货人、出口货物的发货人应当向海关如实申报，交验进出口许可证件和有关单证。国家限制进出口的货物，没有进出口许可证件的，不予放行，具体处理办法由国务院规定。

第五十五条规定：

进出口货物的完税价格，由海关以该货物的成交价格为基础审查确定。成交价格不能确定时，完税价格由海关依法估定。

进口货物的完税价格包括货物的货价、货物运抵中华人民共和国境内输入地点起卸前的运输及其相关费用、保险费；出口货物的完税价格包括货物的货价、货物运至中华人民共和国境内输出地点装载前的运输及其相关费用、保险费，但是其中包含的出口关税税额，应当予以扣除。

2.《中华人民共和国海关审定进出口货物完税价格办法》

第五条规定：

进口货物的完税价格，由海关以该货物的成交价格为基础审查确定，并且应当包括货物运抵中华人民共和国境内输入地点起卸前的运输及其相关费用、保险费。

第七条规定：

进口货物的成交价格，是指卖方向中华人民共和国境内销售该货物时买方为进口该货物向卖方实付、应付的，并且按照本章第三节的规定调整后的价款总额，包括直接支付的价款和间接支付的价款。

第八条规定：

进口货物的成交价格应当符合下列条件：

(1) 对买方处置或者使用进口货物不予限制，但是法律、行政法规规定实施的限制、对货物销售地域的限制和对货物价格无实质性影响的限制除外；

(2) 进口货物的价格不得受到使该货物成交价格无法确定的条件或者因素的影响；

(3) 卖方不得直接或者间接获得因买方销售、处置或者使用进口货物而产生的任何收益，或者虽然有收益但是能够按照本办法第十一条第一款第(四) 项的规定做出调整；

(4) 买卖双方之间没有特殊关系，或者虽然有特殊关系但是按照本办法第十七条、第十八条的规定未对成交价格产生影响。

第九条规定：

有下列情形之一的，应当视为对买方处置或者使用进口货物进行了限制：

(1) 进口货物只能用于展示或者免费赠送的；

(2) 进口货物只能销售给指定第三方的；

(3) 进口货物加工为成品后只能销售给卖方或者指定第三方的；

(4) 其他经海关审查，认定买方对进口货物的处置或者使用受到限制的。

第十条规定：

有下列情形之一的，应当视为进口货物的价格受到了使该货物成交价格无法确定的条件或者因素的影响：

(1) 进口货物的价格是以买方向卖方购买一定数量的其他货物为条件而确定的；

(2) 进口货物的价格是以买方向卖方销售其他货物为条件而确定的；

(3) 其他经海关审查，认定货物的价格受到使该货物成交价格无法确定的条件或者因素影响的。

第十一条规定：

以成交价格为基础审查确定进口货物的完税价格时，未包括在该货物实付、应付价格中的下列费用或者价值应当计入完税价格：

(1) 由买方负担的下列费用：

①除购货佣金以外的佣金和经纪费；

②与该货物视为一体的容器费用；

③包装材料费用和包装劳务费用。

(2) 与进口货物的生产和向中华人民共和国境内销售有关的，由买方以免费或者以低于成本的方式提供，并且可以按适当比例分摊的下列货物或者服务的价值：

①进口货物包含的材料、部件、零件和类似货物；

②在生产进口货物过程中使用的工具、模具和类似货物；

③在生产进口货物过程中消耗的材料；

④在境外进行的为生产进口货物所需的工程设计、技术研发、工艺及制图等相关服务。

(3) 买方需向卖方或者有关方直接或者间接支付的特许权使用费，但是符合下列情形之一的除外：

①特许权使用费与该货物无关；

②特许权使用费的支付不构成该货物向中华人民共和国境内销售的条件。

(4) 卖方直接或者间接从买方对该货物进口后销售、处置或者使用所得中获得的收益。

纳税义务人应当向海关提供本条所述费用或者价值的客观量化数据资料。纳税义务人不能提供的，海关与纳税义务人进行价格磋商后，按照本办法第六条列明的方法审查确定完税价格。

第十二条规定：

在根据本办法第十一条第一款第（二）项确定应当计入进口货物完税价格的货物价值时，应当按照下列方法计算有关费用：

(1) 由买方从与其无特殊关系的第三方购买的，应当计入的价值为购入价格；

(2) 由买方自行生产或者从有特殊关系的第三方获得的，应当计入的价值为生产成本；

(3) 由买方租赁获得的，应当计入的价值为买方承担的租赁成本；

(4) 生产进口货物过程中使用的工具、模具和类似货物的价值，应当包括其工程设计、技术研发、工艺及制图等费用。

如果货物在被提供给卖方前已经被买方使用过，应当计入的价值为根据国内公认的会计原则对其进行折旧后的价值。

第十五条规定：

进口货物的价款中单独列明的下列税收、费用，不计入该货物的完税价格：

(1) 厂房、机械或者设备等货物进口后发生的建设、安装、装配、维修或者技术援助费用，但是保修费用除外；

(2) 进口货物运抵中华人民共和国境内输入地点起卸后发生的运输及其相关费用、保险费；

(3) 进口关税、进口环节海关代征税及其他国内税；

(4) 为在境内复制进口货物而支付的费用；

(5) 境内外技术培训及境外考察费用。

同时符合下列条件的利息费用不计入完税价格：

(1) 利息费用是买方为购买进口货物而融资所产生的；

(2) 有书面的融资协议的；

(3) 利息费用单独列明的；

（4）纳税义务人可以证明有关利率不高于在融资当时当地此类交易通常应当具有的利率水平，且没有融资安排的相同或者类似进口货物的价格与进口货物的实付、应付价格非常接近的。

第三十八条规定：

出口货物的完税价格由海关以该货物的成交价格为基础审查确定，并且应当包括货物运至中华人民共和国境内输出地点装载前的运输及其相关费用、保险费。

第三十九条规定：

出口货物的成交价格，是指该货物出口销售时，卖方为出口该货物应当向买方直接收取和间接收取的价款总额。

第四十条规定：

下列税收、费用不计入出口货物的完税价格：

（1）出口关税；

（2）在货物价款中单独列明的货物运至中华人民共和国境内输出地点装载后的运输及其相关费用、保险费。

三、进出口商品价格申报风险案例

1. 商品价格申报错误的常见类型

（1）单价申报错误。商品进出口时，发票、合同的价格是正确的，进出口申报时报关单上的价格与发票及合同价格不一致，造成报关单价格申报错误，最后导致完税价格申报错误。

（2）币制申报错误。商品进出口申报时，可能会出现币制申报错误的情况，比如将 USD 报成 JPY 等，最后导致完税价格申报错误。

（3）价格申报不完整。商品进出口申报时，可能会出现价格申报不完整的情形，比如进出口申报时仅申报了发票的价格，而实际进出口中还可能存在的销售佣金、包装材料费、包装劳务费、协助费、特许权使用费、运保费、短泊费、国际运输附加费，疏港费、滞期费等却未向海关申报的情况。

2. 商品价格申报风险案例分析

（1）总价申报错误案例分析

①案例简介：

2017 年 8 月 14 日，某光电科技有限公司委托报关公司以一般贸易方式向海关申报一票进口货物，申报品名：手机镜头检测机，申报数量：1 台，申报总价：10000 日元。申报完成后，报关公司为收货人垫付了该票货物对应的进口环节增值税 102.34 元人民币（关税为 0），货物结关放行。

经查，该票货物实际价格是 CIF10000000 日元，折合人民币为 703927.87 元，应缴税款为 102382.5 元人民币，漏缴税款 102280.16 元人民币。

②违反规定：

以上进口货物申报价格与实际价格不符，造成申报不实，违反了《海关法》第十条、第二十四条第一款、《中华人民共和国海关进出口货物申报管理规定》第七条规定，根据《海关法》第八十六条第（三）项规定，已构成违反海关监管规定的行为，根据《海关行政处罚实施条例》第十七条规定，对委托的报关公司予以行政处罚。

③案例分析：

以上金额申报错误的情况，系报关人员粗心所致。光电公司将总价为 CIF10000000 日元的发票等报关单证扫描传输给报关公司，报关公司在录入输机时，将 10000000 日元输成了 10000 日元，未进行仔细核对，导致该票货物总价申报错误。

（2）币制申报错误引发的价格风险

①案例简介：

某机电股份有限公司，于 2006 年成立，主要从事通用设备、工程机械设备、交通运输设备等专用设备及零部件的生产制造。

2014 年 11 月 18 日，该公司委托报关公司以一般贸易方式向某综合保税区海关申报出口一批设备，申报总价为 FOB 554638.76 美元。经查，该批设备的实际价格为 FOB 554638.76 元人民币，造成了出口申报价格与实际不符。

②违反规定：

该公司以一般贸易方式出口货物过程中，未按规定向报关企业提供所委托报关事项的真实情况，导致币制申报错误，影响了海关统计的准确性，其行为已违反了《海关法》第二十四条第一款之规定，构成违规。根据《海关法》第八十六条第（三）项及《海关行政处罚实施条例》第十五条第（一）项、第十六条之规定，对该公司以上行为予以行政处罚。

③案例分析：

该票货物出口销售给某综合保税区内的企业，2014 年 11 月前，双方均以美元作为结算币种。2014 年 10 月，根据国家税务总局 2013 年第 65 号公告有关规定，区内企业通知该公司自 2014 年 11 月起，双方业务以人民币结算。公司接到通知后，关务在使用之前以美元币制结算的发票格式制作出口发票时，因工作疏忽，仅进行了金额数值的修改，未对币制进行修改，造成了出口金额申报错误的情况。

（3）预付款未计入完税价格的申报风险

①案例简介：

某汽车零部件有限公司，于2013年成立，营业范围为生产双离合器变速器、电控机械变速器以及上述零部件的关键零件、部件、模具；生产其他汽车零部件、模具等。

2015年4月，该公司与境外供应商签订了编号为QS20150403的采购合同，采购半自动散热器扩管机5台、半自动散热器芯子装配机6台，合同总价为586750美元，并约定先行支付50%的货款，即293375美元，作为订金，余款50%于机器交付时支付。

2015年6月5日，公司财务以购买合同的50%的货款作为订金先行支付。

2015年7月18日，以上合同设备到达上海外港，该公司委托报关公司向海关申报一般贸易进口，申报总价为293375美元，缴纳税款为419526.25元人民币。已预付订金293375美元未计入完税价格，漏缴税款为419526.25元人民币。

②违反规定：

以上进口货物申报价格与实际价格不符，违反了《海关法》第十条第三款和第二十四条第一款的规定，构成申报不实，造成违规，影响了国家的税款征收。根据《海关法》第八十六条第（三）项、《海关行政处罚实施条例》第十五条第（四）项、第十六条之规定，予以行政处罚。

③案例分析：

造成以上价格申报不实的原因，系供应商提供的发票为对应设备剩余50%货款金额的发票，公司关务收到发票、装箱单后，以发票金额制作了形式合同，并将以上报关资料提供给报关公司用于报关，造成了进口货物金额申报不实。

（4）销售佣金未计入完税价格的申报风险

①案例简介：

某科技有限公司，于2006年成立，经营范围为智能型仪器用密封垫圈及相关产品的生产、加工，销售本公司所生产的产品并提供售后服务。

2011年9月17日，该公司通过某国际贸易公司与境外供应商签订点胶机采购合同，并委托某报关公司以一般贸易方式向海关申报进口点胶机一台，申报总价为120000欧元。

经查，进口点胶机采购合同中显示，该公司除了需要支付机器货款120000欧元外，还需要支付给境外某国际贸易公司20000欧元的佣金。该佣金为境外国际贸易公司为点胶机设备制造商安排设备销售、贸易谈判等的费用。经三方协商，该费用由收货人承担。

设备进口后，该公司财务使用进口报关单向境外供应商支付了120000欧元设备款，以非贸易支付方式向国际贸易公司支付了20000欧元的佣金。

②违反规定：

以上进口点胶机价格申报不实，违反了《海关法》第十条第三款和第二十四条第一款的规定，构成申报不实违规，影响了国家的税款征收。根据《海关法》第八十六条第（三）项、《海关行政处罚实施条例》第十五条第（四）项、第十六条之规定，予以行政处罚。

③案例分析：

《中华人民共和国海关审定进出口货物完税价格办法》第十一条规定："以成交价格为基础审查确定进口货物的完税价格时，未包括在该货物实付、应付价格中的下列费用或者价值应当计入完税价格：（一）由买方负担的下列费用：1. 除购货佣金以外的佣金和经纪费；……"

以上点胶机进口时，除了支付 120000 欧元设备款外，还支付了 20000 欧元的佣金。该佣金属于设备厂商的销售佣金，应纳入进口货物完税价格。

（5）快件进口（KJ3）低报价格风险

①案例简介：

某齿轮科技有限公司，经营范围为研发、生产和组装齿轮生产机械及其他配套产品，研发和生产滚齿刀具、插齿刀具、剃齿刀具及圆锥齿轮刀具等。

2013 年 4 月 13 日至 2014 年 4 月 12 日，该公司共有 18 票报关单，以进境快件（KJ3）方式申报进口塑料夹具、工件夹具等 87 个，申报总价为 29620.7 元人民币，已缴税款 7140.82 元人民币。经查，以上 18 票货物的实际总价为 388668.76 元人民币，应缴税款 92752.91 元人民币，漏缴税款 85612.09 元人民币。

②违反规定：

以上进口货物价格申报不实行为，违反了《海关法》第二十四条第一款的规定，构成申报不实违规，影响了国家的税款征收。根据《海关法》第八十六条第（三）项、《海关行政处罚实施条例》第十五条第（四）项、第十六条之规定，予以行政处罚。

③案例分析：

公司进口生产齿轮用机床零配件，在国内进行组装后销售给国内客户使用。当公司在收货检验环节发现进口的机床零配件出现质量问题时，会要求供应商免费补偿。

以上 18 票快件进口（KJ3）均为国外供应商免费提供的货物，供应商制作的发票金额为零。公司收到发票后，以所承担的运费金额作为货价款向海关申报进口。违反了海关监管规定，漏缴国家税款。

（6）设计费未计入完税价格引发的申报风险

①案例简介：

某科技有限公司，成立于2010年，主要从事传感器芯片、集成电路芯片及相关电子产品的设计、生产、研发及销售。

2016年5月10日，该公司因研发新集成电路的需要，委托境外A公司进行设计集成电路半成品芯片，委托境外B公司进行生产集成电路半成品芯片。该公司与境外A公司签订了集成电路半成品芯片的委托设计合同，合同编号SJ-001，约定设计费50000美元。该公司与境外B公司签订MD-001号集成电路半成品芯片生产合同，生产数量100个，产品单价为1.71美元。

2016年5月18日，该公司财务向境外A支付了SJ-001合同项下设计费50000美元。

2016年5月29日，MD-001合同项下的100个集成电路半成品芯片空运进境。

2016年5月31日，该公司委托报关公司以一般贸易方式向海关申报进口，申报品名为集成电路，申报数量100个，申报单价为1.71美元，申报总价171美元，未将集成电路半成品芯片专项设计费50000美元向海关申报。

②违反规定：

以上进口货物价格申报不实行为，违反了《海关法》第二十四条的规定，构成申报不实违规，影响了国家的税款征收。根据《海关法》第八十六条第（三）项、《海关行政处罚实施条例》第十五条第（四）项、第十六条之规定，予以行政处罚。

③案例分析：

《中华人民共和国海关审定进出口货物完税价格办法》第十一条规定："以成交价格为基础审查确定进口货物的完税价格时，未包括在该货物实付、应付价格中的下列费用或者价值应当计入完税价格：……（二）与进口货物的生产和向中华人民共和国境内销售有关的，由买方以免费或者以低于成本的方式提供，并且可以按适当比例分摊的下列货物或者服务的价值：……4. 在境外进行的为生产进口货物所需的工程设计、技术研发、工艺及制图等相关服务。"

以上50000美元设计费，是为生产该公司进口的集成电路半成品芯片而发生的，并且已实际支付，但未包含在进口货物完税价格中，该设计费应计入进口货物集成电路半成品芯片的完税价格。

四、进出口商品价格内部审计方法与技巧

1. 了解企业商品价格内部管理流程

通常，一个商品需要购买或销售前，买方会对卖方关于购买商品的技术要求、质量要求、供应商的生产能力、供应链管理等进行全面评估，并对商品价格、成交方式、买卖佣金、技术费、知识产权等进行商业谈判。确定供应商后，签署采购或销售合同，根据生产计划发送需求订单。供应商根据订单需求组织生产、备货、发运。买方收到卖方的货物发运清单后，与采购订单进行核对，确定物料编号、单价、币制、成交方式等是否一致。核对无误后安排进口报关，对报关单申报信息与单证信息的物料编号、数量、重量、单价、币制、总价、成交方式等一致性、合理性进行审核，确保进口报关申报的准确性。通关放行后，物料送货入库，核对货物的单证信息与实物信息的物料编号、规格型号、数量、重量等一致性。财务根据付款周期，核对报关单申报物料、数量、单价、总价、币制等与采购合同及订单的一致性，并进行付款。

2. 商品价格管理内控穿行测试

通过获取某一商品的采购或销售信息、报关信息、出入库信息、收付汇信息等，对企业进出口商品价格管理进行穿行测试，如表 2-6 所示。

表 2-6　商品价格管理内控穿行测试表

业务活动	测试内容	测试情况
采购信息	采购申请单编号	
	采购合同编号/日期	
	采购合同是否得到审批	
	采购订单编号/日期	
	采购订单是否与采购合同信息一致	
	采购订单是否得到审批	
	采购物料料号	
	采购物料数量/重量	
	采购物料单价（是否含税）（保税/非保税）	
	采购成交方式	

表2-6 续

业务活动	测试内容	测试情况
报关信息	发票号/装箱单号	
	发票内容与采购订单是否一致，是否复核	
	报关单号	
	报关日期	
	贸易方式	
	报关品名	
	报关物料编号	
	报关数量/重量	
	报关单价/总价/币制	
	报关成交方式	
	报关信息与发票、装箱单信息是否一致，是否复核	
入库信息	入库单编号	
	入库日期	
	收货物料编号/规格型号	
	收货数量/重量	
	收货信息是否与装箱单（送货单）信息一致，是否核对签收	
付款信息	付款凭证编号	
	付款日期	
	付款申请是否得到审批签字	
	付款金额与报关金额是否一致	
	是否有国际段运保费支付	
	是否有特许权使用费支付（专利权、技术权、商标权、销售权、版权等）	
	是否欠款/补偿款扣除	
	是否有其他款项支付	

通过此穿行测试，可以了解企业商品价格的内控流程，确认内控机制是否有效执行，是否存在管理风险。

当向海关申报前，未对报关信息与发票信息、合同订单信息进行核对，就容易出现申报错误的情况。

当一票货物对外付款时，未对报关单申报价格以外的付款情况进行确认，可能就会存在报关单申报金额不完整的情况。

3. 进出口商品价格审核资料

商品价格审核时，根据抽查报关单获取以下资料，包括但不限于：

（1）企业进出口作业流程；

（2）报关单、发票、装箱单等；

（3）进出口申报料号级数据；

（4）进出口货物采购或销售合同、订单；

（5）进出口货物财务收付汇资料；

（6）财务其他收付款情况，比如订金、预付款、补偿款、欠款冲抵等。

4. 进出口商品价格申报准确性审核

（1）单单比对

将报关单上对应物料的申报单价、币制、总价与发票、合同上的单价、币制、总价进行核对，确认是否有价格、币制等申报错误的情况。

以下是企业申报过程中常见的一些错误：

①单价申报错误。某公司某票报关资料的审核情况如表 2-7 所示。

表 2-7　某公司某票报关资料的审核情况表

单证类别	料号	单价/美元	数量/个	总价/美元
报关单	DSJ084563	9.89	1000	9890
发票	DSJ084563	0.0989	1000	98.9
合同	DSJ084563	0.0989	1000	98.9

从表 2-7 看出，料号为 DSJ084563，发票单价是 0.0989 美元，数量为 1000 个，总价为 98.9 美元。报关申报单价为 9.89 美元，总价为 9890 美元，由于单价申报错误，导致商品价格多报 9791.1 美元。

②币制申报错误。某公司两票出口报关单证审核情况如表 2-8 所示。

表 2-8　某公司两票出口报关单证的审核情况表

报关单号	项号	申报品名	申报总价/美元	发票总价/元人民币
23022017 * * * * * * * * * 49	1	跳绳	7110	7110
	2	健身器材	39262. 05	39262. 05
	3	体育用品	15146. 55	15146. 55
	4	瑜伽垫	17094. 8	17094. 8
23022017 * * * * * * * * * 23	1	跳绳	3206	3206
	2	健身器材	112067. 49	112067. 49
	3	体育用品	11374	11374
	4	瑜伽垫	36663. 6	36663. 6

以上两票出口报关单证的申报总价将人民币报成了美元，造成了价格申报不实，影响国家出口退税。

③错行申报错误。某公司一票进口报关资料的审核情况如表 2-9 所示。

表 2-9　某公司一票进出口报关资料的审核情况表

单证类别	品名	料号	数量/个	单价/美元	总价单价/美元
发票	集成电路	B7865003	500	50	25000
	轴承	K5005479	100	5. 7	570
报关单	集成电路	B7865003	500	5. 7	2850
	轴承	K5005479	100	50	5000

该企业有一个进口的料号为“B7865003”的集成电路，单价应为 50 美元，但某报关单申报时将单价申报为 5. 7 美元，同时发现进口的料号为“K5005479”的轴承，单价应为 5. 7 美元，但报关申报单价为 50 美元。原因为报关行输机时录入错误，而此票货物也直接导致了货物总价少报 17720 美元。

（2）商业合同审核

从关务角度理解的合同有两种，一种是买卖双方签订的商业合同，一种是关务为进出口通关做的形式合同。

商业合同，即采购或销售合同，这类合同俗称买卖合同，由生产国出口，消费国进口，对购买商品规格型号、单价、币制、数量等进行确定，并明确规定技术要求、质量要求、成交方式、运输方式、交货周期、付款方式、违约责任等各项条款。

形式合同是指为了满足通关申报的需要而制作的体现买卖双方信息、商品信息、交易信息等的合同，这类合同是买卖双方的某一方制作的，并非与商业合同完全一致。

对合同的审核是指对商业合同的审核，而不是指关务自己制作的形式合同的审核。根据商业合同约定的商品信息、价格信息等，比对报关单申报及发票的信息是否一致。根据报关单申报信息，比对商业合同除了货物成交价格以外，是否还有其他约定款项应计入完税价格而未申报的情况。

例如，内审部门对某公司一票进口报关资料对应的商业合同的审核情况如表 2-10 和表 2-11 所示。

表 2-10　某公司一票货物的进出口报关信息表

品名	成交方式	数量/台	单价/美元	总价/美元
机器人生产设备	CIF	2	2543000	5086000

表 2-11　某公司一票货物的商业合同信息表

合同条款	合同内容
商品名称	机器人生产设备
商品数量/台	2
商品价格/（美元/台）	2543000
成交方式	CIF
设计费/美元	200000（根据购买方的要求进行设计）
安装费/美元	30000（货物到达收货人工厂后，由发货人上门安装）

《中华人民共和国海关审定进出口货物完税价格办法》第七条规定："进口货物的成交价格，是指卖方向中华人民共和国境内销售该货物时买方为进口该货物向卖方实付、应付的，并且按照本章第三节的规定调整后的价款总额，包括直接支付的价款和间接支付的价款。"

以上设计费是应买方的要求、针对购买的设备而发生的，是购买的以上设备生产环节所产生的成本之一，并由收货人承担，应计入该设备进口的完税价格。

《中华人民共和国海关审定进出口货物完税价格办法》第十五条规定：

“进口货物的价款中单独列明的下列税收、费用，不计入该货物的完税价格：（一）厂房、机械或者设备等货物进口后发生的建设、安装、装配、维修或者技术援助费用，但是保修费用除外；……”

以上安装费，是设备到达收货人工厂后发生的，故不应计入设备进口的完税价格。

（3）样品价格与正常价格比对

在商品研发或试产阶段，会要求供应商提供一些样品，用于研发、试样。在商品正常生产阶段，也会因材料品质、短装或其他原因等，要求供应商进行补偿，免费提供一些材料。以上的样品或免费品，收货人一般会以货样广告品或其他进出口免费的方式申报进口。因为是免费的，不用收汇，所以供应商在制作发票时的价格就比较随意，容易出错。

将样品进口发票信息与正常采购发票信息进行比对，比如对某公司的比对信息如表 2-12 所示。

表 2-12　某公司的样品进口发票与正常采购发票信息比对表

单证	品名	料号	单价/美元	数量/个	总价/美元
样品进口发票信息	继电器	JD8523000031	0.01	100	1
正常购采发票信息	继电器	JD8523000031	1.22	500	610

以上样品进口时，因不需要收汇，故供应商在发货时将发票总价随意做成了 1 美元，数量 100 个，单价为 0.01 美元。而在正常采购时，该商品的实际单价为 1.22 美元，导致样品进口时价格少报 121 美元。

《中华人民共和国海关审定进出口货物完税价格办法》第六条规定：“进口货物的成交价格不符合本章第二节规定的，或者成交价格不能确定的，海关经了解有关情况，并且与纳税义务人进行价格磋商后，依次以下列方法审查确定该货物的完税价格：（一）相同货物成交价格估价方法；……”第十九条规定：“相同货物成交价格估价方法，是指海关以与进口货物同时或者大约同时向中华人民共和国境内销售的相同货物的成交价格为基础，审查确定进口货物的完税价格的估价方法。”第七条规定：“进口货物的成交价格，是指卖方向中华人民共和国境内销售该货物时买方为进口该货物向卖方实付、应付的，并且按照本章第三节的规定调整后的价款总额，包括直接支付的价款和间接支付的价款。”

本案例中的样品进口，未有货款的实付和应付，不符合成交价格定义，应以相同货物成交价格方法估价，使用与该货物具有相同商业水平且进口数量基本一致的相同或者类似货物的成交价格进行申报。

5. 商品申报价格分析

通过对历史申报料号及数据进行数据分析，主要是看同一物料号不同批次进口的，是否存在价格有较大差异的情况，特别是同一料号不同贸易方式，同一料号不同口岸，同一料号不同时间的申报价格存在较大差异的情况。

比如，对某公司传感控制器 2015 年至 2016 年期间申报价格的分析情况如表 2-13 所示。

表 2-13　某公司传感控制器在 2015 年至 2016 年期间的申报价格分析表

序号	品名	料号	单价/欧元	数量/个	总价/欧元	进口时间
1	传感控制器	CG0026	4600	2	9200	20150322
2	传感控制器	CG0026	4600	1	4600	20150429
3	传感控制器	CG0026	4600	1	4600	20150609
4	传感控制器	CG0026	4600	3	13800	20150728
5	传感控制器	CG0026	4600	1	4600	20151027
6	传感控制器	CG0026	3000	2	6000	20160202
7	传感控制器	CG0026	3000	1	3000	20160305

以上传感控制器价格在 2015 年至 2016 年发生较大幅动变化，2015 年价格为 4600 欧元，2016 年价格为 3000 欧元，供应商均是同一家且均为同一型号。经调查，传感控制器价格变低的原因是，2015 年该公司与供应商是正常买卖关系，传感控制器的交易价格是 4600 欧元，供应商卖给其他客户的价格也是 4600 欧元。2015 年底，该公司的境外母公司从战略角度考虑，将这家传感控制器供应商收购了。2016 年年初，母公司决定通过降低传感控制器的采购成本进而提升该公司产品的竞争力，将传感控制器的价格市场价格由 4600 欧元降为生产成本价格 3000 欧元，卖给其他非关联企业的价格则依旧是 4600 欧元。

《中华人民共和国海关审定进出口货物完税价格办法》第八条规定："进口货物的成交价格应当符合下列条件：……（四）买卖双方之间没有特殊关系，或者虽然有特殊关系但是按照本办法第十七条、第十八条的规定未对成交价格产生影响。"

本案例中的传感控制器买卖双方，2015 年是非关联交易，2016 年属于关联交易，并且 2016 年的交易价格是供应商成本价格，该价格明显因关联关系而受到影响，不符合成交价格的定义，应根据其他估价方法确认完税价格。

6. 进出口商品货款收付审核

商品进出口通关放行之后，一般企业会在 30 天、60 天或 90 天左右以进出口报关单为依据进行该票货物的收付汇。除了进出口货物通关申报的金额以外，是否还有该票货物的其他收付汇情况？其他收付汇是否应纳入完税价格？

比如，内审人员在对某家公司出口申报价格审核时发现以下情况，如表2-14所示。

表 2-14 某公司的出口申报情况表

报关单号	品名	料号	数量/个	单价/美元	总价/美元
23052016＊＊＊＊＊＊＊＊＊＊02	绝缘零件	JY0402	156800	0.16	25088
23052016＊＊＊＊＊＊＊＊＊＊58	绝缘零件	JY0402	128500	0.18	23130

表2-14中两票货物的单价差异并不是太大，看上去并无异常。但经过与销售人员交流后，内审人员了解到，该公司在之前曾出口一票绝缘零件，客户收到货物后经品质判定有17420个货物存在质量问题，需要扣款3135.6美元，销售人员经与公司财务商量，并得到公司副总确认，在下票出口货物中进行价格调整，以弥补客户因货物品质不良造成的损失。

下一票货物计划出货156800个，单价0.18美元，总价28224美元。出货前，销售人员通知关务此票货物的总价格中需要扣除3135.6美元。关务在总价28224美元中扣除了3136美元，以25088美元作为总价制作了发票、形式合同向海关进行了申报。

《中华人民共和国海关审定进出口货物完税价格办法》第三十九条规定："出口货物的成交价格，是指该货物出口销售时，卖方为出口该货物应当向买方直接收取和间接收取的价款总额。"以上出口绝缘片156800个，实际单价0.18美元，实际总价28224美元，申报总价为25088美元，差异3136美元。差异价格用于冲抵之前一批货物因品质不良而发生的补偿款，属于间接收款，应计入出口商品的完税价格。

审核小结

进口货物的完税价格，由海关以该货物的成交价格为基础审查确定，并且应当包括货物运抵中华人民共和国境内输入地点起卸前的运输及其相关费用、保险费。

进口货物的成交价格，是指卖方向中华人民共和国境内销售该货物时买方为进口该货物向卖方实付、应付的，并且按照相关规定调整后的价款总额，包括直接支付的价款和间接支付的价款。

如何做好商品价格的审核?

1. 可以通过单单比对,报关单、发票、合同或订单等资料,审核申报价格是否存在单价、币制、总价等申报错误的情况,应特别关注:

(1) 相同品名、相同料号、相同规格型号的商品,不同贸易方式申报价格差异较大的情况;

(2) 相同品名、相同料号、相同规格型号的商品,不同口岸申报价格差异较大的情况;

(3) 相同品名、相同料号、相同规格型号的商品,不同时间申报价格差异较大的情况;

2. 可以通过报关单、发票、合同或订单等资料,查阅财务货款收付汇和非贸易支付等信息,了解国际贸易的真实交易情况及是否存在完税价格申报不完整的情况,应特别关注进口货物申报时未包括在该货物申报价格中的下列费用或价值:

(1) 购货订金或预付款等情况;

(2) 欠款冲抵的情况;

(3) 品质不良、数量短少等扣款情况;

(4) 除购货佣金以外的佣金和经纪费;

(5) 与该货物视为一体的容器费;

(6) 包装材料费和包装劳务费;

(7) 进口货物中包含买方免费或低于成本方式提供的材料或零部件;

(8) 进口货物在生产过程中使用的由买方免费提供的工具、模具或类似货物;

(9) 进口货物在生产过程中使用的由买方免费提供的消耗性材料;

(10) 在境外进行的为生产进口货物所需要的工程设计、技术研发、工艺及制图等相关服务。

3. 可以通过供应商名录清单,了解哪些企业属于关联关系企业,重点关注关联交易是否影响成交价格,可以了解以下情况:

(1) 供应商是否有自由选择的权利;

(2) 关联企业进口货物价格的定价机制;

(3) 关联企业进口货物价格是否与非关联企业进口货物价格差异较大。

第三节 运保费申报风险与内部审计

一、进出口商品运保费概述

货物的流通需要运输，运输需要使用交通工具，使用交通工具就会产生运输费和运输过程中的保险费。国际贸易中，运输费和保险费大致可以分为三段，发货人工厂至起运港装货码头、起运港至卸货港、卸货港码头至收货人工厂。

1. 国际贸易术语介绍

在国际贸易交易中，买卖双方需要就明确各自承担的责任、费用和风险而进行交易磋商和签订合同。为了简化洽谈过程、统一交易规则、减少争议和误解、消除双方分歧，一些商业团体、国际组织和学术机构研究和制定了一套贸易术语，形成了统一的解释和规则。《2010年国际贸易术语解释通则》（以下简称《2010通则》）包含了被大家普遍接受的、最具影响力、在国际贸易实践中应用较多的国际贸易惯例。

《2010通则》中的贸易术语按开头字母可分为四组，分别为E组（EXW）、F组（FCA、FAS、FOB）、C组（CPT、CIP、CFR、CIF）、D组（DAT、DAP、DDP）；根据交货地点可分为两类，一类为适用于任何单一或多种运输方式的术语，包括EXW、FCA、CPT、CIP、DAT、DAP、DDP，另一类为适用于海运和内河运输方式的术语，包括FAS、FOB、CFR、CIF。

（1）EXW（工厂交货）。

本术语英文为“EX Works（...named place）”，即“工厂交货（……指定地点）”。

它指卖方负有在其所在地即车间、工厂、仓库等把备妥的货物交付给买方的责任，但通常不负责将货物装上买方准备的车辆上或办理货物结关。买方承担自卖方的所在地将货物运至预期的目的地的全部费用和风险。

（2）FCA（货交承运人）。

本术语英文为“Free Carrier（...named place）”，即“货交承运人（……指定地点）”。

它指卖方应负责将其移交的货物，办理出关后，在指定的地点交付给买方指定的承运人照管。根据商业惯例，当卖方被要求与承运人通过签订合同进行协作时，在买方承担风险和费用的情况下，卖方可以照此办理。本术语适用于任何运输方式。

（3）FAS（船边交货）。

本术语英文为“Free Along Side（...named port of shipment）”即“船边交货（……指定装运港）”。

它指卖方在指定的装运港码头或驳船上把货物交至船边，从这时起买方须承担货物灭失或损坏的全部费用和风险，另外买方须办理出口结关手续。本术语适用于海运或内河运输。

（4）FOB（船上交货）。

本术语英文为“Free on Board（...named port of shipment）”，即“船上交货（……指定装运港）”。

它指卖方在指定的装运港把货物送过船舷后交付，货过船舷后买方须承担货物的全部费用、灭失或损坏的风险。另外，要求卖方办理货物的出口结关手续。本术语适用于海运或内河运输。

（5）CFR（成本加运费）。

本术语英文为“Cost and Freight（...named port of shipment）”，即“成本加运费（……指定目的港）”。

它指卖方必须支付把货物运至指定目的港所需的开支和运费，但从货物交至船上甲板后，货物的风险、灭失或损坏以及发生事故后造成的额外开支，在货物越过指定港的船舷后，就由卖方转向买方负担。另外，要求卖方办理货物的出口结关手续。本术语适用于海运或内河运输。

（6）CIF（成本、保险加运费）。

本术语英文为“Cost,Insurance and Freight（...named port of shipment）”，即“成本、保险加运费（……指定目的港）”。

它指卖方除负有与“成本加运费”术语相同的义务外，卖方还须办理货物在运输途中应由买方承担的货物灭失或损坏的海运保险并支付保险费。本术语适用于海运或内河运输。

（7）CPT（运费付至）。

本术语英文为“Carriage Paid to（...named place of destination）”，即“运费付至（……指定目的地）”。

它指卖方支付货物运至指定目的地的运费。关于货物灭失或损坏的风险以及货物交至承运人后发生事件所产生的任何额外费用，自货物已交付给承运人照管之时起，从卖方转由买方承担。另外，卖方须办理货物出口的结关手续。本术语适用于各种运输方式，包括多式联运。

（8）CIP（运费、保险费付至）。

本术语英文为“Carriage and Insurance Paid to（...named place of destination）”，即“运费、保险费付至（……指定目的地）”。

它指卖方除负有与“运费付至（……指定目的地）”术语相同的义务外，卖方还须办理货物在运输途中应由买方承担的货物灭失或损坏风险的海运保险并支付保险费。本术语适用于任何运输方式。

（9）DAT（运输终端交货）。

本术语英文为“Delivered At Terminal（...named place of destination），即“运输终端交货（……指定目的地）”。

它指卖方在指定的目的港或目的地的指定的终点站卸货后将货物交给买方处置即完成交货。“运输终端”包括任何地方，无论约定或者不约定，包括码头、仓库、集装箱堆场或公路、铁路或空运货站。卖方应承担将货物运至指定的目的地和卸货所产生的一切风险和费用。此规则可用于选择的各种运输方式，也适用于选择的一个以上的运输方式。

（10）DAP（目的地交货）。

本术语的英文为“Delivered At place（...named place of destination），即“目的地交货（……指定目的地）”。

它指卖方承担如下义务，将备妥的货物运至边境上的指定地点，办理货物出口结关手续，把货物运送到达买方指定的目的地后，将装在运输工具上的货物（不用卸载）交由买方处置，即完成交货。本术语主要适用于通过铁路或公路运输的货物，也可用于其他运输方式。

（11）DDP（完税后交货）。

本术语的英文为“Delivered Duty Paid（...named place of destination）”，即“完税后交货（……指定目的地）”。

它指卖方将备好的货物在进口国指定地点交付，而且承担将货物运至指定地点的一切费用和风险，并办理进口结关。本术语可适用于各种运输方式。

2. 国际贸易术语责任、费用与风险划分

国际贸易术语的责任、费用与风险划分情况如表2-15所示。

表2-15　国际贸易术语的责任、费用与风险划分情况表

国际贸易术语	交货地点	风险转移	运输办理	保险办理	运输方式
EXW	卖方所在地	交货时	买方	买方	各种运输
FCA	货交承运人	货交承运人	买方	买方	各种运输
FAS	装运港船边	货交船边	买方	买方	海运内河
FOB	装运港船上	货装船上	买方	买方	海运内河
CFR	装运港船上	货装船上	卖方	买方	海运内河
CIF	装运港船上	货装船上	卖方	卖方	海运内河

表2-15　续

国际贸易术语	交货地点	风险转移	运输办理	保险办理	运输方式
CPT	货交承运人	货交承运人	卖方	买方	各种运输
CIP	货交承运人	货交承运人	卖方	卖方	各种运输
DAT	指定目的地	交货时	卖方	卖方	各种运输
DAP	指定目的地	交货时	卖方	卖方	各种运输
DDP	指定目的地	交货时	卖方	卖方	各种运输

二、进出口商品运保费申报要求

进出口商品的运保费申报应按《中华人民共和国海关审定进出口货物完税价格办法》的规定进行，其中，第五条规定：

进口货物的完税价格，由海关以该货物的成交价格为基础审查确定，并且应当包括货物运抵中华人民共和国境内输入地点起卸前的运输及其相关费用、保险费。

第十五条规定：

进口货物的价款中单独列明的下列税收、费用，不计入该货物的完税价格：

1. 厂房、机械或者设备等货物进口后发生的建设、安装、装配、维修或者技术援助费用，但是保修费用除外；

2. 进口货物运抵中华人民共和国境内输入地点起卸后发生的运输及其相关费用、保险费；

3. 进口关税、进口环节海关代征税及其他国内税；

4. 为在境内复制进口货物而支付的费用；

5. 境内外技术培训及境外考察费用。

第三十八条规定：

出口货物的完税价格由海关以该货物的成交价格为基础审查确定，并且应当包括货物运至中华人民共和国境内输出地点装载前的运输及其相关费用、保险费。

第四十条规定：

下列税收、费用不计入出口货物的完税价格：

1. 出口关税；

2. 在货物价款中单独列明的货物运至中华人民共和国境内输出地点装载后的运输及其相关费用、保险费。

三、进出口商品运保费申报风险案例

1. 运保费申报的常见错误类型

（1）FOB 方式下申报运费与实际运费不一致。商品进出口时，运费的申报方式有三种：一是申报运费费率；二是申报运费单价；三是申报运费总价。可能会出现报关单上申报的运费与实际结算的运费不一致的情况。

（2）FOB 方式下申报保费与实际保费不一致。商品进出口时，保费的申报方式有三种：一是申报保费费率；二是申报保费单价；三是申报保费总价。可能会出现报关单上申报的保费与实际结算的保费不一致的情况。

（3）CIF 方式下有国际段运费支付。商品进出口申报时，合同、发票显示成交方式为 CIF，即报关单申报 CIF，但财务结算时有承担国际段运费。

（4）CIF 方式下有国际段保费支付。商品进出口申报时，合同、发票显示成交方式为 CIF，即报关单申报 CIF，但财务结算时有承担国际段保费。

（5）EXW 方式下有国际段运保费漏申报。商品进出口申报时，仅申报了国际段运输及保险费用，未申报发货方内陆段运输及保险费用。

2. 运保费申报错误案例分析

（1）抛货的运费申报风险

①案例简介：

某电子科技有限公司，于 1993 年成立，主营金融机具、装有计算机装置的现金出纳机、光机电设备及零配件的设计、制造、销售、维修。

2015 年 10 月 12 日，该公司以一般贸易方式向海关申报进口一台自动柜员机零件（出钞机），申报成交方式为 FOB，申报总价为 4226 欧元，申报净重 35 千克，申报毛重 40 千克，申报运费为 194 欧元。经查，该票货物的实际运费为 3970 元人民币，申报运费与实际运费不一致。

②违反规定：

该公司以一般贸易方式进口自动柜员机零件（出钞机），其申报运费与实际运费不一致，违反了《海关法》第十条第三款、第二十四条第一款之规定，已构成违反海关监管规定的行为。根据《海关法》第八十六条第（三）项及《海关行政处罚实施条例》第十五条第（四）项、第十六条之规定，对该公司以上行为予以行政处罚。

③案例分析：

以上进口自动柜员机零件（出钞机）申报运费与实际运费不一致，申报运费 194 欧元是该公司参照货运公司的基本运费报价 4.85 欧元/千克计算得出。但由于此货物属于抛货，包装尺寸为 60 厘米×80 厘米×129 厘米，承运方根据体积重量来计算运费，最终是按体积重量 99.5 千克来计费的，其国际段运费为3970元人民币。经计核，以上货物完税价格应为39081元人民币，应缴税款11444.87元人民币，已缴纳税款6692.56元人民币，漏缴税款4752.31元人民币。

（2）燃油附加费码头装卸费申报风险

①案例简介：

某合金有限公司，于2000年成立，主营稀土镁合金粉、冶金粉碎、五金产品加工、金属材料、机电产品销售。

2014年9月至2015年7月，该公司向海关以一般贸易方式申报出口硅铁等应税商品22票，该22票报关单均采用CIF成交方式，申报税则号列均为7202290010，申报运费共计9555美元，折合59320.15元人民币。经查，该22票货物共计少报运费4913.34元人民币，申报运费与实际运费不一致。

②违反规定：

以上一般贸易出口22票硅铁等货物，其申报运费与实际运费不一致，影响海关统计准确性，违反了《海关法》第二十四条第一款之规定，已构成违规。根据《海关法》第八十六条第（三）项及《海关行政处罚实施条例》第十五条第（一）项、第十六条之规定，对该公司以上行为予以行政处罚。

③案例分析：

造成以上一般贸易出口22票货物申报运费与实际运费不一致，为该公司实际支付运费中还包括EBS（紧急燃油附加费）、THC（码头装卸费）等与运费相关的费用，由于该公司相关人员对运费具体包含内容存在错误的认知，误认为EBS和THC两项费用不属于运费范围，运费申报时未将以上费用申报在内，导致申报运费与实际运费不一致。

（3）CIF成交方式下支付运保费风险

①案例简介：

某汽车部件有限公司，经营范围为设计、制造汽车盘式制动机总成及其关键部件，销售本公司所生产的产品并提供相关售后服务。

2016年5月24日，该公司向国外供货商SAM公司订购了1872个转向节接头，采购总价11550.24美元，同年6月6日，该公司委托报关公司以快件空运方式向海关申报一般贸易进口1872个转向节接头，承运人是CA公司，申报品名转向节接头，申报单价为6.17美元，申报数量1872个，申报总价11550.24美元，申报成交方式CIF。经查，实际该公司此票货物支付国际段运保费共计1395.38美元。

②违反规定：

以上一般贸易进口转向节接头，其未申报国际段运保费的行为，违反了《海关法》第二十四条第一款之规定，已构成违规。根据《海关法》第八十六条第（三）项及《海关行政处罚实施条例》第十五条第（四）项、第十六条之规定，对该公司以上行为予以行政处罚。

③案例分析：

造成该批货物运保费未申报的原因为，国外供货商SAM公司所提供的发票显示成交方式为CIF，该批货物通关放行后，收到SAM公司提供的该批货物的国际段运保费发票，发票金额为1395.38美元，供货商SAM公司要求该公司支付国际段运保费，于是该公司于同年6月28日将上述运保费通过TT方式汇至承运人CA公司。以上另外支付运保费1395.38美元的有关情况，公司也未事后向海关补充申报，致使发生货物完税价格申报不实，从而漏缴税款2466.42元人民币。

四、进出口商品运保费内部审计方法与技巧

1. 了解企业运保费内部管理流程

确定一个买卖合同，除了对商品质量、技术要求、商品价格等进行确认外，还需要对成交方式、运输方式、商业保险等进行协商。合同签订后，发货人根据约定的物流方式安排发货，收货人根据约定的成交方式进行报关。报关前，收货人除了将核对无误的提单、发票、装箱单、合同提供给报关公司之外，还需对运费、保费进行确认，并将确认无误的信息提供给报关公司向海关申报，确保报关的准确性。通关放行后，财务根据付款周期，核对货款发票、物流发票、保险发票的信息，并进行付款。

2. 进出口商品运保费管理流程穿行测试

通过获取某一票货物的采购或销售信息、运输费用、保险费用、提单信息、报关信息、运保费对账单及付汇信息，对企业进出口商品运保费管理进行穿行测试，如表2-16所示。

表2-16　进出口商品运保费管理流程穿行测试表

业务活动	测试内容	测试情况
采购信息	采购合同编号/日期	
	采购物料料号	
	采购单价/币制	
	采购合同约定的成交方式	
	采购合同约定的运输方式	

表2-16　续1

业务活动	测试内容	测试情况
运输合同	运输合同编号	
	运输费报价	
	运输报价是否得到审批	
保险合同	保险合同编号	
	保险费用报价	
	保险报价是否得到审批	
发票装箱单信息	发票编号	
	发票物料料号	
	发票物料单价/币制	
	发票成交方式	
	装箱单净重/毛重	
	发票成交方式与合同成交方式是否一致	
提运单信息	提运单编号	
	提单净重/毛重	
	提运单显示的运费预付/到付	
	提运单显示的运费金额/币制	
	提运单运费与运费报价是否一致	
报关信息	报关单号	
	报关日期	
	报关物料编号	
	报关净重/毛重	
	报关单价/总价/币制	
	报关成交方式	
	报关申报运费金额/币制	
	报关申报运费与实际运费是否一致	
	报关申报保险费	
	报关申报保险费与实际保险费是否一致	

表2-16 续2

业务活动	测试内容	测试情况
付款信息	运费付款凭证编号/运费发票号	
	运费付款日期	
	运费付款申请是否得到审批签字	
	运费付款金额与运费报关金额是否一致	
	保险费付款凭证编号/保险费发票号	
	保险费付款日期	
	保险费付款申请是否得到审批签字	
	保险费付款金额与保险费报关金额是否一致	
	THC（换单费）中除了运费还有哪些费用	
	除了支付货款和运费外还支付了哪些费用	

通过该穿行测试，可以了解企业商品进出口运保费的内控流程，确认内控机制是否有效执行，是否存在管理风险。

当一票货物向海关申报前，如果未对成交方式、运保费计费重量及实际运保费进行确认，则容易出现成交方式、运保费申报错误的情况。

除了国际段运输费、保险费以外，还有供应商内陆运输费、境外货物包装材料费、包装劳务费、货物捆包费、境外仓库理货费、装箱费、短泊费、码头操作费等，这些费用可以理解为整个供应链中与物流运输相关的费用，如需收货人承担，则也应计入完税价格之中。

3. 进出口商品运保费审核资料

进出口商品运保费审核时，根据抽查报关单获取以下资料，包括但不限于：

（1）企业进出口作业流程；

（2）报关单、发票、装箱单等；

（3）进出口货物运单、提单；

（4）进出口货物运输合同；

（5）进出口货物保险合同；

（6）进出口货物运输费用对账单、运费发票；

（7）进出口货物保险费用对账单、保险费发票；

（8）财务其他费用付款情况，比如货物包装材料费、包装劳务费、货物捆包费、境外仓库理货费等。

4. 进出口商品运输费申报准确性审核

运输费的结算依据，依据双方确认的报价单、合同，根据实际运输货物的重量或体积，计算国际运输中的运输费用。

运输费的结算方式，有票结和月结，票结即根据每一票实际发生的费用进行核对结算；月结即每个月多票一起结算。

一般进出口货物的运输费申报在前，结算在后，故比较容易出现申报错误的情况。审核进出口商品运输费申报的准确性，就是将申报运输费与实际结算的运输费进行核对。

比如某企业 2015 年 1 月至 12 月进口货物国际段运输费申报情况检查结果为：抽查一般贸易进口 20 票，成交方式为 FOB，其中有 3 票报关单存在申报运费与实际运费不一致的情况，如表 2-17 所示。

表 2-17　某企业报关单申报运费与实际运费不一致情况表

报关单号	申报运费/元人民币	实际运费/元人民币	申报日期
22482015＊＊＊＊＊＊＊＊＊91	2212	3238. 5	20150514
22022015＊＊＊＊＊＊＊＊＊58	575. 31	879. 65	20150728
22482015＊＊＊＊＊＊＊＊＊89	1175. 58	2233. 81	20151030

《中华人民共和国海关审定进出口货物完税价格办法》第五条规定：进口货物的完税价格，由海关以该货物的成交价格为基础审查确定，并且应当包括货物运抵中华人民共和国境内输入地点起卸前的运输及其相关费用、保险费。

以上根据报关单申报运输费与物流费用对账单及财务实际支付运费进行比对，发现企业存在国际段运输费用低报的情况，影响完税价格的申报，造成进口环节税少缴。

5. 进出口商品保险费支付情况审核

保险费的结算依据为双方确认的报价单、合同与实际运输货物的价格。

保险费的结算方式有票结和年度结算两种，票结即根据每一票实际发生的费用进行核对结算；年度结算即上一年度购买下一年度的保险费。

进出口商品保险费申报准确性审核，即对企业报关单上该票货物保险费申报金额或保费率与保险合同签订的保费率及财务保险费实际支付金额进行比对。

比如某企业 2015 年 11 月至 2016 年 10 月一般贸易进口货物保险费申报情况检查结果为：抽查一般贸易进口 10 票，成交方式为 FOB，均存在申报保险费率与实际保险费率不一致的情况，如表 2-18 所示。

表 2-18　某企业申报保险费率与实际保险费率不一致情况表

报关单号	申报日期	商品名称	申报保费率/%	实际保费率/%
22092015＊＊＊＊＊＊＊＊01	20151114	未硫化复合橡胶	0.3	0.05
22012015＊＊＊＊＊＊＊＊02	20151228	未硫化复合橡胶	0.3	0.05
22482016＊＊＊＊＊＊＊＊03	20160218	未硫化复合橡胶	0.3	0.05
22332016＊＊＊＊＊＊＊＊04	20160302	马达	0.3	0.11
22022016＊＊＊＊＊＊＊＊05	20160426	未硫化复合橡胶	0.3	0.05
22052016＊＊＊＊＊＊＊＊06	20160512	天然橡胶烟胶片	0.3	0.05
22332016＊＊＊＊＊＊＊＊07	20160624	天然橡胶烟胶片	0.3	0.05
22062016＊＊＊＊＊＊＊＊08	20160711	天然橡胶烟胶片	0.3	0.05
22132016＊＊＊＊＊＊＊＊09	20160821	未硫化复合橡胶	0.3	0.05
22022016＊＊＊＊＊＊＊＊10	20160917	未硫化复合橡胶	0.3	0.05

以上抽查报关单，申报成交方式均为 FOB，申报保费率均为 0.3%，经与保单和财务实际支付保费核对，实际保险费率，除了进口马达为 0.11%，其他均为 0.05%。企业关务在办理上述货物进口时，因工作失误，内部采购、财务、关务等部门之间沟通不畅，未将实际保险费用情况告知关务人员，关务均按 0.3%申报，导致申报保费与实际不符。

6. 进出口成交方式申报准确性审核

《中华人民共和国海关审定进出口货物完税价格办法》第五条规定：进口货物的完税价格，由海关以该货物的成交价格为基础审查确定，并且应当包括货物运抵中华人民共和国境内输入地点起卸前的运输及其相关费用、保险费。第三十八条规定：出口货物的完税价格由海关以该货物的成交价格为基础审查确定，并且应当包括货物运至中华人民共和国境内输出地点装载前的运输及其相关费用、保险费。

即进口货物完税价格为 CIF 价，出口货物完税价格为 FOB 价。

进出口货物申报时成交方式申报错误，可能会导致运保费漏报或多报。

进出口成交方式申报准确性审核，即核对报关单申报成交方式与发票、合同或订单的成交方式的一致性、合理性。

比如对某企业的进口货物抽查了 10 票，其中 3 票以一般贸易方式从泰国进口货物的成交方式申报情况如表 2-19 所示。

表 2-19　某企业进口货物的成交方式申报情况表

报关单号	申报日期	报关单成交方式	发票成交方式	合同成交方式
22252014＊＊＊＊＊＊＊＊＊49	20141008	C&F	C&F	EXW
22252015＊＊＊＊＊＊＊＊＊83	20150108	C&F	C&F	EXW
22252015＊＊＊＊＊＊＊＊＊91	20150302	C&F	C&F	EXW

经比对，报关申报的成交方式为 C&F，即成本加运费，而合同的成交方式为 EXW，即卖方工厂交货。

经核对运费发票及物流费用对账单，以上货物从泰国工厂运至泰国港口的提货费、泰国港口产生的相关费用、泰国至中国的国际段运费等，共计 26511.2 元，实际是由收货人承担，因采购人员对成交方式不够了解，并未与关务及时沟通，造成该部分费用未向海关申报，漏缴进口税款 7781.65 元人民币。

7. 运输及其相关费用审核

进口货物的完税价格包括货物的成交价格、运输及其相关费用、保险费。

运费，可以分为广义和狭义两种。广义的运费，即通常意义上的运杂费，按《辞海》解释，运费指运输部门承运货物所收取的运费和杂费的合称。其中杂费指与货物运输有关的费用，即通常所称的“运输的相关费用”，如货物装卸费、货物保管费、货车篷布延期使用费、联运换装包干费、包装材料费、包装劳务费、仓储费、理货费等。这些费用与运输过程相关的，发生在运抵进口港或进口地之前的，应计入完税价格。

运输及其相关费用的审核，即对报关单申报的运费、保费、杂费，与物流费用发票及物流费用对账单，以及财务实际支付情况进行审核。

比如对某公司 2014 年 10 月至 2015 年 9 月期间，以一般贸易方式进口的 45 票报关单中抽查了 10 票以 FOB 方式进口单证，发现以下情况：

（1）以上 10 票报关单均采用 FOB 成交方式申报进口，申报运费共计 78392.5 元人民币。

（2）经查阅以上 10 票货物的物流费用对账单及物流发票，除了支付正常海运费用，还以换单形式实际支付紧急燃油附加费和货币调节附加费。

（3）紧急燃油附加费和货币调节附加费共计 59703.5 元人民币。

以上紧急燃油附加费和货币调节附加费都由船公司收取，系为防止燃油价格波动和货币汇率波动，属于运费的附加费用，在进口申报时应当纳入运费中进行申报。

审核小结

进口货物的完税价格，由海关以该货物的成交价格为基础审查确定，并且应当包括货物运抵中华人民共和国境内输入地点起卸前的运输及其相关费用、保险费。

运抵中华人民共和国境内输入地点起卸前的运输和保险费，不仅指国际段的运输和保险费，还应包括发货人内陆段的运输和保险费。

除了国际段、发货人内陆段运输和保险费以外，还有诸如境外货物包装材料费、包装劳务费、货物捆包费、境外仓库理货费、装箱费、短泊费、码头操作费等，这些费用有可能不是直接的运输工具发生的费用，其可能为物流运输提供服务的相关费用，故属于运输及其相关费用中的相关费用，如需收货人承担该费用，则均应计入完税价格之中。

如何做好商品运输及其相关费用、保险费的审核?

1. 可以通过单单比对，获取报关单、发票、装箱单、物流费用对账单、物流费用发票、保险费合同、保险费发票等，审核运输费、保险费是否有申报错误的情况，应特别关注：

(1) FOB 方式下，报关单申报运费与实际支付运费不一致的情况；

(2) EXW 方式下，报关单申报运费仅申报了国际段运费，未申报发货方内陆运输费；

(3) CIF 方式下，企业支付了国际段运费，未向海关申报。

2. 可以通过对物流费用对账单、物流运输合同等的分析，审核运输及其相关费用中是否有相关费用漏报的情况，应特别关注：

(1) 境外发货时产生的包装材料费、包装劳务费；

(2) 境外工厂至码头的运输费；

(3) 境外仓库存储费、理货费；

(4) 境外码头装箱费、操作费；

(5) 国际段运输燃油附加费；

(6) 疏港费、滞期费等；

(7) 其他由收货人承担的运输及其相关费用。

第四节　特许权使用费申报风险与内部审计

一、特许权使用费概述

特许权使用费，是指进口货物的买方为取得知识产权权利人及权利人有效授权人关于专利权、专有技术、商标权、著作权、销售权或者分销权的许可或者转让而支付的费用。

特许权属于知识产权范畴，特许权使用费是有关知识产权许可或者转让而支付的对价。

知识产权是人们对自己的智力活动创造的成果和经营管理活动中的标记、信誉，依法享有的权利。知识产权是有别于财产所有权的无形财产权。

在实际生产经营活动中，除了商品买卖本身的交易外，还需要供应商或商业合作伙伴提供产品设计，比如产品图纸设计、生产模具开发、产品生产配方、生产程序软件、品质检测方法等一些方法、经验、诀窍等，这些属于技术服务贸易，有些可能跟进口商品有关，有些可能跟进口商品无关。

专利权指专利权人对发明创造享有的专利权，即国家依法在一定时期内授予发明创造者或者其权利继受者独占使用其发明创造的权利，这里强调的是权利。专利权是一种专有权，这种权利具有独占的排他性。非专利权人要想使用他人的专利技术，必须依法征得专利权人的授权或许可。

专有技术指从事生产、管理和财务等活动领域中，以图纸、模型、技术资料和规范等形式体现的，尚未公开尚未申请专利的工艺流程、技术规范、公式、配方、产品设计、质量控制、质量检测以及营销管理等方面的知识、经验、方法和诀窍等。

商标权是商标专用权的简称，是指商标主管机关依法授予商标所有人对其注册商标受国家法律保护的专有权。商标注册人拥有依法支配其注册商标并禁止他人侵害的权利，包括商标注册人对其注册商标的排他使用权、收益权、处分权、续展权和禁止他人侵害的权利。商标是用以区别商品和服务不同来源的商业性标志，由文字、图形、字母、数字、三维标志、颜色组合、声音或者上述要素的组合构成。

著作权指文学、艺术和自然科学、社会科学、工程技术等作品的作者享有作品的发表权、署名权、修改权、保护作品完整权、复制权、发行权、出租权、展览权、表演权、放映权、广播权、信息网络传播权、摄制权、改编权、翻译权、汇编权和应当由著作权人享有的其他权利。

销售权指专利权人享有的独自销售专利产品，或依照专利方法直接获得的产品的权利。

分销权指商品批发或零售的经营权，以及辅助分销和服务的经营权，包括存货管理、整批拆零、包装送货、商品促销以及店内广告、促销、营销和广告、安装及包括维修和培训服务在内的售后服务等。

二、特许权使用费申报要求

特许权使用费申报应按《中华人民共和国海关审定进出口货物完税价格

办法》的规定进行。

《中华人民共和国海关审定进出口货物完税价格办法》第七条规定：进口货物的成交价格，是指卖方向中华人民共和国境内销售该货物时买方为进口该货物向卖方实付、应付的，并且按照本章第三节的规定调整后的价款总额，包括直接支付的价款和间接支付的价款。

第十一条规定：以成交价格为基础审查确定进口货物的完税价格时，未包括在该货物实付、应付价格中的下列费用或者价值应当计入完税价格：

……

3. 买方需向卖方或者有关方直接或者间接支付的特许权使用费，但是符合下列情形之一的除外：

（1）特许权使用费与该货物无关；

（2）特许权使用费的支付不构成该货物向中华人民共和国境内销售的条件。

第十三条规定：符合下列条件之一的特许权使用费，应当视为与进口货物有关：

1. 特许权使用费是用于支付专利权或者专有技术使用权，且进口货物属于下列情形之一的：

（1）含有专利或者专有技术的；

（2）用专利方法或者专有技术生产的；

（3）为实施专利或者专有技术而专门设计或者制造的。

2. 特许权使用费是用于支付商标权，且进口货物属于下列情形之一的：

（1）附有商标的；

（2）进口后附上商标直接可以销售的；

（3）进口时已含有商标权，经过轻度加工后附上商标即可以销售的。

3. 特许权使用费是用于支付著作权，且进口货物属于下列情形之一的：

（1）含有软件、文字、乐曲、图片、图像或者其他类似内容的进口货物，包括磁带、磁盘、光盘或者其他类似载体的形式；

（2）含有其他享有著作权内容的进口货物。

4. 特许权使用费是用于支付分销权、销售权或者其他类似权利，且进口货物属于下列情形之一的：

（1）进口后可以直接销售的；

（2）经过轻度加工即可以销售的。

第十四条规定：买方不支付特许权使用费则不能购得进口货物，或者买方不支付特许权使用费则该货物不能以合同议定的条件成交的，应当视为特许权使用费的支付构成进口货物向中华人民共和国境内销售的条件。

三、特许权使用费申报风险案例

1. 技术使用费

（1）案例简介：

海关对某风电科技有限公司开展特许权使用费专项稽查过程中，发现公司除了进口风力发电机设备零部件外，还向国外支付了技术使用许可费，实际支付了118.5万欧元，根据进一步的审核，认定该公司向境外德国母公司支付的技术使用许可费部分符合计入完税价格的条件，经合理分摊，最终补征税款78.6万元人民币。

（2）交易各方情况：

进口商：某风电科技有限公司是2006年注册成立的外商投资企业，是德国某公司在华投资的子公司，主要组装生产风力发电机用的变桨系统，是海关的A类企业。

供应商：德国母公司，是电动变桨控制系统的创始者，拥有20年风电领域的经验，自1992年进入风电领域以来，该公司一直是变桨控制系统的主要供应商和技术领导者。公司为了保证全球产品质量的稳定性和一致性，对生存组装变桨系统的重要部件实行全球统一的研发、设计和管理。

（3）特许权使用费情况：

海关通过调阅两家公司签订的技术使用许可协议发现，德国母公司统一研发设计变桨系统专用的驱动和控制方案，风电科技有限公司根据外方提供的专有设计方案来组织采购。采购分为国内采购与国外采购，国外采购商品主要是德国公司提供风力发电机专用的电感器和滤波器，约占整个成本的40%，并依据变桨控制系统的销售额，依照协议规定的比例向外方支付技术使用许可费。

（4）特许权使用费的审核和认定：

风电科技有限公司向境外支付的“技术使用许可费”与进口货物有关。

在这个案例中，风电科技有限公司根据设计方案的技术要求，从德国母公司进口为该设计方案专门制造的电感器和滤波器。双方签订的《技术使用许可协议》中规定，德国母公司提供的技术资料包括“与专门技术有关的可用于被许可产品生产的图纸、产品样本、零件信息、操作技术、技术文档和其他文档。文档可以包括但不限于专利技术及专门技术”。经过与企业技术人员对零件信息进行核实，资料中包括零件的外观设计、独特功能发明设计、质量检测控制等方面的资料尚未公开、未申请专利，应认定为专有技术。根据以上情况，海关判定国内风电科技公司向境外支付的“技术使用许可费”与进口货物有关。

风电科技有限公司向境外支付的“技术使用许可费”是构成进口销售的必要条件。

在本案例中，根据双方签订的协议，风电科技有限公司生产必须按照德国母公司设计的方案来采购零件，而且只能采购德国母公司指定的零件，同时向德国母公司支付特许权使用费。并且在协议中规定“若接收方违反许可费支付协议，可终止本协议”，就是说如果买方不支付许可费用，则协议将会终止，意味着买方将不能再按照设计方案购买进口的货物。根据以上情况，海关判定风电科技有限公司向境外支付的“技术使用许可费”构成了货物进口销售的条件。

（5）专有技术使用费补征进口环节税：

依据双方技术使用许可协议的规定，风电科技有限公司根据生产成品在国内的销售额，按比例向境外德国母公司支付技术使用许可费，而成品是由国外进口货物和国内采购货物组装而成的，计入进口货物完税价格的特许权使用费应该是与进口货物相关的技术使用许可费，经海关与企业多次沟通协商后，最终按照进口货物所占成品的比例对技术使用许可费进行分摊和计征进口环节税。

2. 商标使用费

（1）案例简介：

某国内化妆品生产工厂向海关申报进口眼线笔和唇线笔半成品一批，申报进口眼线笔 54000 个和唇线笔 6190 个，申报总价 FOB 32382. 22 美元。该批眼线笔和唇线笔经查验均为半成品，由该化妆品工厂进口后简单加工、包装并贴上某商标即制成了成品。

海关经审核企业提供的单证发现，该批货物申报的价格偏低，与市场上销售的同品牌的眼线笔和唇线笔价格差异较大。海关相关人员怀疑有两种可能，一种是可能存在侵权行为，另一种是可能存在特许权使用费未申报，于是制发价格质疑通知书，要求企业提供相关的授权书和合同等详细资料。审价关员对取得的授权书和合同进行审核，结合查验结果，排除了第一种可能，最终确认该货物存在未向海关申报特许权使用费的情况，补征税款 32. 98 万元人民币。

（2）案情分析：

该批半成品是由某品牌（中国）化妆品有限公司委托国内某化妆品工厂从某品牌国外总公司采购，由该工厂经过包装、贴商标等步骤制成成品后，再转售给某品牌（中国）化妆品有限公司，最后由某品牌（中国）化妆品有限公司在国内销售。

海关审核该化妆品工厂提供的合同时，未发现有需要对外支付特许权使用费的条款。审价关员怀疑可能是由某品牌（中国）化妆品有限公司根据产品的销售情况统一对外支付特许权使用费，因此要求某品牌（中国）化妆品有限公司提供与国外总公司签订的授权经销协议。

经海关审核，某品牌（中国）化妆品有限公司提供的授权经销协议和补充条款，其中有以下条款“经销商应向供应商支付特许权使用费，其金额为经销商所收取的特许权使用费净销售基数的8%。‘特许权使用费净销售基数’指的是经销商销售被授权的第三方所生产的并供应给供应商的某品牌产品所获得的收入总额，减去经销商因此类销售而支出的增值税、销售税及付给第三方的采购佣金等”。由此可以判断，这批半成品确实含有特许权使用费。而根据《中华人民共和国海关审定进出口货物完税价格办法》规定，进口时已含有商标权，经过轻度加工后附上商标即可销售的规定，该特许权使用费与进口货物有关，应当征收税款。

最终，通过海关与某品牌（中国）化妆品有限公司的磋商，该公司对特许权使用费进行补缴税款。

四、特许权使用费内部审计方法与技巧

1. 了解企业特许权使用费实付、应付情况

进口货物的成交价格，是指卖方向中华人民共和国境内销售该货物时买方为进口该货物向卖方实付、应付的，并且按照相关规定调整后的价款总额，包括直接支付的价款和间接支付的价款。

通过获取企业财务报表年度审计报告或财务报表、特许权使用费发票、特许权使用费支付凭证、特许权使用费计算方法等资料，确认特许权使用费的实付、应付情况。

企业财务报表年度审计报告的关联方及其交易中一般会列明专利使用费、技术使用费、商品使用费等。

特许权使用费支付时，收款方会开具发票，此发票金额是应付金额，而实际支付时会代扣10%的所得税。

特许权使用费的计算，一般有以下几种情况：

（1）一次性费用，比如获得某技术的授权或许可，需一次性支付1000万美元特许权使用费。

（2）根据购买料件的数量或金额比例，支付一定的对价，比如每进口一个料件，需支付5美元特许权使用费。

（3）根据销售成品的数量或金额比例，支付一定的对价，比如根据成品销售额的3%支付特许权使用费。

通过企业的财务年度审计报告、会计报表、特许权使用费发票、特许权

使用费支付凭证、特许权使用费记账凭证等资料，审核企业特许权使用费的实付、应付情况。

2. 了解特许权许可合同的授权范围

特许权（专利权、商标权、专有技术、著作权、分销权或者销售权等）的授权双方会签署一份授权协议，授权内容（以专有技术许可协议为例）一般包含以下方面：

（1）合同双方，甲方（被授权方），乙方（授权方）。

（2）合同产品，指乙方授权甲方在甲方所在工厂可以生产和销售的产品种类和范围。

（3）技术资料，合同产品的设计图纸、组装工艺、质量控制、技术数据、技术资料、制造标准、设备图纸、设备安装、设备管理、材料图纸、材料技术资料、材料规范、零件目录等技术资料。

（4）支付对价，技术提成费的金额，为合同产品净销售价的5%作为技术使用费。

（5）支付期限，技术使用费的计算周期为1月1日至12月31日，支付时间为下年度第一季度。

（6）合同保密，被许可方应对所有资料以及任何从许可方获得的资讯，不管是书面的、口头的或其他形式，均予以保密，不得在未事先获得许可的情况下透露给任何第三方。

（7）合同期限，在双方签字后合同生效，合同生效后有效期为10年。

（8）合同终止，任何一方，如违反本合同规定的条款，对方应要求违约方改正。从提出改正要求起30日内，如违约方仍未改正的，守约方可以解除本合同。合同解除后，被授权方应立即归还授权方提供的所有技术资料以及复印件，并不得继续使用授权技术。

（9）合同到期，本合同到期后一方不再续约的，被授权方应立即归还授权方提供的所有技术资料以及复印件，并不得继续使用授权技术。

特许权许可合同核心是要了解授权的范围，比如技术使用权，需要了解授权技术的范围，既包含被授权单位生产产品所需的相关料件、零件的生产技术，又包括被授权单位生产产品的生产技术，还是仅包含被授权单位生产产品的生产技术。

3. 了解特许权授权产品的生产实质

除了了解特许权许可合同的授权产品范围、技术使用范围、费用计算方法、合同有效期等信息以外，还应了解相关产品设计、物料采购、技术使用、生产流程以及为满足生产要求而专门设计的模具、设备等实际情况。

（1）授权技术是以何种方式体现，比如设计图纸、技术参数、工艺流程、制造方法、生产配方、生产模具、生产设备、采购标准、质量规范等。

（2）了解授权产品的生产工艺流程，哪些生产流程是在被授权方工厂完成的，哪些流程是在供应商工厂完成的。

（3）了解被授权方工厂的生产工艺中使用了哪些授权的技术、模具、设备等，供应商的生产工艺流程中使用了哪些授权的技术、模具、设备等。

4. 了解授权产品生产所需物料的购买情况

（1）哪些材料、零件、部件是境外进口的，哪些材料、零件、部件是国内购买的。

（2）哪些模具、设备等生产工具是境外进口的，哪些模具、设备等生产工具是国内采购的。

（3）哪些产品是境外直接进口的，哪些产品是国内工厂生产的。

5. 特许权使用费与进口货物有关的判定

海关对特许权使用费征收进口环节税的首要条件是所支付的特许权使用费与进口货物有关，故了解授权产品的原材料、零部件、模具、生产设备等技术使用情况和进出口情况后，需根据《中华人民共和国海关审定进出口货物完税价格办法》中的相关规定进行分析：

（1）特许权使用费是用于支付专利权或者专有技术使用权，且进口货物属于下列情形之一的，所支付的特许权使用费，应当视为与进口货物有关：

①含有专利或者专有技术的；

②用专利方法或者专有技术生产的；

③为实施专利或者专有技术而专门设计或者制造的。

（2）特许权使用费是用于支付商标权，且进口货物属于下列情形之一的，所支付的特许权使用费，应当视为与进口货物有关：

①附有商标的；

②进口后附上商标直接可以销售的；

③进口时已含有商标权，经过轻度加工后附上商标即可以销售的。

（3）特许权使用费是用于支付著作权，且进口货物属于下列情形之一的，所支付的特许权使用费，应当视为与进口货物有关：

①含有软件、文字、乐曲、图片、图像或者其他类似内容的进口货物，包括磁带、磁盘、光盘或者其他类似载体的形式；

②含有其他享有著作权内容的进口货物。

（4）特许权使用费是用于支付分销权、销售权或者其他类似权利，且进口货物属于下列情形之一的，所支付的特许权使用费，应当视为与进口货物有关：

①进口后可以直接销售的；

②经过轻度加工即可以销售的。

6. 轻度加工的理解

轻度加工，是指稀释、混合、分类、简单装配、再包装或者其他类似加工。

稀释，如进口的是浓缩液，进口之后根据一定比例进行稀释，稀释后进行分装出售；

混合，如将A、B两种材料进行混合，就形成了一个产品；

分类，如进口的商品有多种规格的，进口时不分规格，以数量为单位，进口后根据规格或者大小进行区分后就可以销售的；

简单装配，通过一道或两道工序进行简单加工后即可以出售的，且加工过程没有使产品本身发生化学或物理形态变化；

再包装，就是进行分装、分包等。

7. 特许权使用费构成向中国境内销售的判定

海关对特许权使用费征收进口环节税的第二个条件是所支付的特许权使用费构成该货物向中国境内销售。买方不支付特许权使用费则不能购得进口货物，或者买方不支付特许权使用费则该货物不能以合同议定的条件成交的，应当视为特许权使用费的支付构成进口货物向中华人民共和国境内销售的条件。

8. 特许权使用费应税的分摊与计算

哪些特许权使用费需要征收进口环节税，哪些特许权使用费无需征收进口环节税，根据上述所支付的特许权使用费与进口货物有关，所支付的特许权使用费构成该货物向中国境内销售的判定之后，需要对实付、应付的特许权使用进行分摊。

现实情况中，不同企业的特许权授权情况、被授权方的实际使用情况及货物的进口情况等各不相同，故特许权使用费的分摊方法也各有不同，分摊的基本原则是符合客观事实。

通常，有以下几种方式（以技术使用费为例）：

（1）授权的技术仅与原材料有关，与产品的生产没有关系：

$$\text{应税特许权使用费}=\frac{\text{进口专有技术料件金额}}{\text{所有专有技术料件金额}}\times\text{实付、应付的特许权使用费}$$

（2）授权的技术不仅与原材料有关，还与国内生产组装等技术有关：

$$\text{应税特许权使用费}=\frac{\text{进口专有技术料件金额}}{\text{总生产装配成本}}\times\text{实付、应付的特许权使用费}$$

（3）特许权使用费进口关税计算：

专有技术使用费应补关税=应税专有技术使用费×进口专有技术料加权平均关税率

审核小结

买方向卖方或者有关方直接或者间接支付的特许权使用费，符合下列情形的，应调整进口货物的货款总价：

1. 特许权使用费与该货物有关；

2. 特许权使用费的支付构成该货物向中华人民共和国境内销售的条件。

如何做好特许权使用费的审核？

1. 可以通过财务账，审核企业是否存在特许权使用费实付、应付，包括直接支付的和间接支付的情况。

2. 可以通过特许权授权合同或许可协议，审核授权方给企业授权的专有技术、专利、商标、著作、销售等权利的范围。

3. 可以通过技术、工程、采购等部门，了解专有技术、专利在原材料、成品、设备、模具等在研发、设计、生产环节中的使用情况。

4. 可以通过实地查看，了解进口货物的商标使用情况。

5. 可以通过关务部门，了解原材料、设备、模具等的进口情况。

6. 可以通过财务部门，了解产品的生产成本情况。

第五节　数量申报风险与内部审计

一、商品数量概述

数量表示有多少个计量单位。其中，“数”表示数字、数值，“量”表示计量单位。

表示数量的计量单位有：个、片、块、粒、支、台、件、根、张、千个、千只、千块等；表示重量的有：克、千克、吨、斤、两、磅、担、盎司等；表示长度或面积的有：寸、英寸、尺、英尺、米、千米、平方尺、平方米等；表示容积的有：升、毫升、英加仑等①。

计量单位代码及名称如表 2-20 所示。

---

① 有些计量单位为非法定计量单位，如斤、英寸等。但在海关申报等工作中仍大量使用。读者需要时可根据 GB 3100-3102《量和单位》进行换算。

表 2-20　计量单位代码及名称表

计量单位代码	计量单位名称	计量单位代码	计量单位名称	计量单位代码	计量单位名称
1	台	43	百个	96	毫升
2	座	44	百片	97	英加仑
3	辆	45	刀	98	美加仑
4	艘	46	疋	99	立方英尺
5	架	47	公担	101	立方尺
6	套	48	扇	110	平方码
7	个	49	百枝	111	平方英尺
8	只	50	千只	112	平方尺
9	头	51	千块	115	英制马力
10	张	52	千盒	116	公制马力
11	件	53	千枝	118	令
12	支	54	千个	120	箱
13	枝	55	亿支	121	批
14	根	56	亿个	122	罐
15	条	57	万套	123	桶
16	把	58	千张	124	扎
17	块	59	万张	125	包
18	卷	60	千伏安	126	箩
19	副	61	千瓦	127	打
20	片	62	千瓦时	128	筐
21	组	63	千升	129	罗
22	份	67	英尺	130	匹
23	幅	70	吨	131	册
25	双	71	长吨	132	本
26	对	72	短吨	133	发
27	棵	73	司马担	134	枚
28	株	74	司马斤	135	捆

表2-20 续

计量单位代码	计量单位名称	计量单位代码	计量单位名称	计量单位代码	计量单位名称
29	井	75	斤	136	袋
30	米	76	磅	139	粒
31	盘	77	担	140	盒
32	平方米	78	英担	141	合
33	立方米	79	短担	142	瓶
34	筒	80	两	143	千支
35	千克	81	市担	144	万双
36	克	83	盎司	145	万粒
37	盆	84	克拉	146	千粒
38	万个	85	市尺	147	千米
39	具	86	码	148	千英尺
40	百副	88	英寸	149	百万贝可
41	百支	89	寸	163	部
42	百把	95	升		

商品总价=商品单价×商品数量，故商品数量申报的准确性将直接影响商品价格申报的准确性。

二、商品数量申报要求

商品数量的申报应按以下法律法规的规定进行。

1.《中华人民共和国海关进出口货物申报管理规定》

第七条规定：

进出口货物的收发货人、受委托的报关企业应当依法如实向海关申报，对申报内容的真实性、准确性、完整性和规范性承担相应的法律责任。

2.《中华人民共和国海关进出口货物征税管理办法》

第六条规定：

纳税义务人应当按照法律、行政法规和海关规章关于商品归类、审定完税价格和原产地管理的有关规定，如实申报进出口货物的商品名称、税则号列（商品编号）、规格型号、价格、运保费及其他相关费用、原产地、数量等。

第八条规定：

海关应当按照法律、行政法规和海关规章的规定，对纳税义务人申报的进出口货物商品名称、规格型号、税则号列、原产地、价格、成交条件、数量等进行审核。

第十七条规定：

海关应当按照《关税条例》的规定，以从价、从量或者国家规定的其他方式对进出口货物征收关税。

海关应当按照有关法律、行政法规规定的适用税种、税目、税率和计算公式对进口货物计征进口环节海关代征税。

除另有规定外，关税和进口环节海关代征税按照下述计算公式计征：

从价计征关税的计算公式为：

应纳税额=完税价格×关税税率

从量计征关税的计算公式为：

应纳税额=货物数量×单位关税税额

计征进口环节增值税的计算公式为：

应纳税额=（完税价格+实征关税税额+实征消费税税额）×增值税税率

从价计征进口环节消费税的计算公式为：

应纳税额=［（完税价格+实征关税税额）/（1-消费税税率）］×消费税税率

从量计征进口环节消费税的计算公式为：

应纳税额=货物数量×单位消费税税额

三、商品数量申报风险案例

1. 数量申报的常见错误类型

（1）数量申报错误。商品进出口申报时，发票、装箱单上的数量与实物一致，报关单申报时将数量申报错误，比如进口数量是1000个，申报时少输了一个0，申报为100个。

（2）计量单位申报错误。商品进出口申报时，发票、装箱单上的数量与实物一致，报关单申报时将计量单位申报错误，比如进口数量是1000克，报关申报成1000千克。

（3）短溢装。商品进出口申报数量与发票、装箱单数量一致，但实际收到货物时，与申报数量有差异，比如申报数量是100个，实际收到105个；申报数量是1000千克，实际收到980千克等。

2. 数量申报风险案例分析

（1）错拿单证导致数量申报错误的风险

①案例简介：

某精密组件有限公司，成立于 1999 年，生产经营自动化设备及其零配件、精密模具及其零件、各类印刷电路板、电子信息产品板卡；从事电子信息产品及其板卡的批发、进出口及相关配套业务。

2016 年 6 月 12 日，该公司以一般贸易方式从某综合保税区申报进口一票软质线路连接器，申报数量为 41700 块，报关单号为 2373201617＊＊＊＊＊＊47。经海关查验，该票货物实际数量为 52200 块。

经计核，该票货物数量申报不实，导致漏缴税款 53432.41 元人民币。

②违反规定：

该公司未向报关企业提供所委托报关事项的真实情况，导致向海关申报的数量与实际进口数量不符，违反了《海关法》第十条第三款、第二十四条第一款之规定，构成了申报不实违规行为，影响国家税款征收。根据《海关行政处罚实施条例》第十五条第（四）项、第十六条之规定，予以行政处罚。

③案例分析：

经查，该公司原定当日从某综合保税区申报进口 2 票软质线路连接器，1 票数量为 41700 块，1 票数量为 52200 块，该 2 票货物由国内供货商出口至某综合保税区，再由该公司从某综合保税区申报进口。其中，1 票货物（41700 块）因标签问题，供货商决定暂缓出货，因此当日该公司仅进口 1 票货物（52200 块），因该公司业务人员工作疏忽，错将暂缓出货货物（41700 块）对应的报关单资料提供给报关企业，导致该票货物在申报进口过程中数量申报不实。

（2）计量单位申报错误导致的数量申报风险

①案例简介：

某电子公司，2009 年 9 月 10 日注册成立，注册资本 400 万美元。主要经营范围为 TFT-LCD 平板显示器用 LED 导光板、LED 光源组件、LED 背光源组件和液晶面板模组的生产；销售自产产品。

2015 年 2 月至 2016 年 4 月，该公司在 C2323545＊＊＊5 号加工贸易手册项下进口增光片、导光板、胶带、反射片等料件，其中有 50 票进口货物报关单共申报进口“胶带”32060 千克，“增光片”83359.5 千克。经查，实际重量为“胶带”32.06 千克，“增光片”83.595 千克，重量申报错误。

②违反规定：

该公司未向报关企业提供所委托报关事项的真实情况，导致向海关申报的进口货物重量与实际不符，违反了《海关法》第十条第三款、第二十四条第一款之规定，构成了申报不实的违规行为，影响了海关统计的准确性。根据《海关法》第八十六条第（三）项，《海关行政处罚实施条例》第十五条第（一）项、第十六条之规定，予以行政处罚。

③案例分析：

经查，因供货商在制作出口单证时，将“胶带”和“增光片”的计量单位“克”误写为“千克”，而该公司在申报前未查明上述料件的真实重量，根据供货商提供的数据制作相应单据，委托报关公司向海关申报进口，造成了重量申报不实。

（3）供应商发货混乱导致进口货物数量申报风险

①案例简介：

某工业设备制造有限公司，成立于2003年7月30日，主要经营范围为食品和水产品的贮藏、保鲜、运输设备，制冷、制热、空调设备，运输用发电机组，非公路用观光车，压缩机，干燥机及其后处理设备，及上述产品相关零部件的研发、设计、自动化控制集成、装配、加工、生产，本公司自产产品的销售和提供售后服务等。

经查，该公司在2016年1月至2016年9月期间，以一般贸易方式向海关申报进口的15票货物中，进口货物申报数量与实际不符，共有进口的2个显示模块、8个推力轴承、10个维修阀、30个传动轴、180个端盖、64个压缩机储油槽、40个电路板、200个速度调节传动杆、150个轴封、11个报警装置、399个塑料保护壳、3000个端子、24个熔断器、1626个塑料管、50个压力开关、100个温度传感器、2个密封垫、2个过滤板、2个智能控制模块未向海关申报。

上述未申报的货物进口后，该公司以补签订单的形式与境外供应商确定货物成交价格与数量，并对外付汇。

经计核，上述货物完税价格为129801.83元人民币，漏缴税款32461.09元人民币。

②违反规定：

该公司进口货物数量申报与实际不符的行为，违反《海关法》第二十四条第一款之规定，已构成违反海关监管规定的行为。根据《海关法》第八十六条第（三）项，《海关行政处罚实施条例》第十五条第（四）项、第十六条之规定，予以行政处罚。

③案例分析：

该公司发生上述行为的原因是供应商发货管理混乱，经常出现实际发货与订单、发票、装箱单载明货物及数量不一致的情况，导致该公司根据供应商提供的单证向海关申报进口时申报数量与实际不符。

四、商品数量内部审计方法与技巧

1. 了解企业货物申报数量内部管理流程

客户给工厂下产品的购买订单，工厂根据产品订单的数量需求及自身的生产能力、产品不良率、原材料耗用、原材料最小购买量等情况，计算原材料的需求数量，给原材料供应商下单。收到原材料供应商的货物发运清单后，同采购订单核对物料编号、单价、数量等是否一致。核对无误后安排进口报关，对报关单申报信息与单证信息的物料编号、数量、重量、单价、币制、总价、成交方式等一致性、合理性进行审核，确保进口报关申报的准确性。通关放行后，物料送货入库，核对货物的单证信息与实物信息的物料编号、规格型号、数量、重量等的一致性。财务根据付款周期，核对报关单申报物料、数量、单价、总价、币制等与采购合同及订单的一致性，并进行付款。

2. 进出口商品数量管理穿行测试

通过获取某一票货物的采购或销售信息、报关信息、出入库信息、收付汇信息，对企业进出口商品数量管理进行穿行测试，如表2-21所示。

表 2-21　进出口商品数量管理穿行测试表

业务活动	测试内容	测试情况
采购信息	采购申请单编号	
	采购合同编号/日期	
	采购合同是否得到审批	
	采购订单编号/日期	
	采购订单是否与采购合同信息一致	
	采购订单是否得到审批	
	采购物料料号	
	采购物料数量/重量	

表2-21 续

业务活动	测试内容	测试情况
报关信息	发票号/装箱单号	
	发票内容与采购订单是否一致，是否复核	
	报关单号	
	报关日期	
	贸易方式	
	报关品名	
	报关物料编号	
	报关数量/重量	
	报关信息与发票、装箱单信息是否一致，是否复核	
入库信息	入库单编号	
	入库日期	
	收货物料编号/规格型号	
	收货数量/重量	
	收货信息是否与装箱单（送货单）信息一致，是否核对签收	
付款信息	付款凭证编号	
	付款日期	
	付款申请是否得到审批签字	
	付款金额与报关金额是否一致	
	付款发票数量与报关数量是否一致	
	是否有其他款项支付	

通过该穿行测试，可以了解企业商品数量的内控流程、内控机制是否效执行，是否有存在管理风险。

当货物发运时，如果未向供应商要求单货一致及向海关如实申报，供应商可能会出现发错、多发、少发的情况。

当货物向海关申报前，未对报关信息与发票信息、装箱单信息进行核对，容易出现申报错误的情况。

3. 进出口商品数量审核资料

审核进出口商品数量时，根据抽查报关单获取以下资料，包括但不限于：

（1）报关单、发票、装箱单等；

（2）采购订单、销售订单；

（3）材料仓库入库单、成品仓库出库单；

（4）ERP 系统材料入库数据、成品出库数据。

4. 进出口商品数量申报准确性审核

（1）数量申报

将报关单上对应物料的申报数量与发票、装箱单上的数量进行核对，确认是否有数量申报错误的情况。

以下是企业申报过程中常见的一些错误：

①数量申报错误类型一。比如，某公司某票报关资料的审核情况如表2-22所示。

表 2-22　某公司某票报关资料的审核情况表

单证类别	料号	单价/美元	数量/个	总价/美元
报关单	AS56001	3.85	100	385
发票	AS56001	3.85	1000	3850

以上料号：AS56001，发票单价是 3.85 美元，数量 1000 个，总价 3850 美元。报关申报时，误将数量报成 100 个，少输了一个“0”，单价是 3.85 美元，总价报成了 385 美元，由于数量申报错误，导致商品价格少报 3465 美元。

②数量申报错误类型二。比如，某公司某票报关资料的审核情况如表2-23所示。

表 2-23　某公司某票报关资料的审核情况表

单证类别	料号	单价/美元	数量/个	总价/美元
报关单	AB1234	12.5	989	12362.5
发票	AB1234	12.5	998	12475

以上料号：AB1234，发票单价是 12.5 美元，数量 998 个，总价 12475 美元。报关申报时，误将数量报成 989 个，单价是 12.5 美元，总价为 12362.5 美元，由于数量申报错误，导致商品价格少报 112.5 美元。

（2）计量单位申报

将报关单上对应物料的申报数量对应的计量单位与发票、装箱单上的计量单位进行核对，确认是否有计量单位申报错误导致数量错误的情况。

①计量单位申报错误类型一。如某公司某票报关资料的审核情况如表

2-24所示。

表 2-24 某公司某票报关资料的审核情况表

单证类别	料号	规格型号	单价/美元	数量	单位	总价/美元
报关单	1105998	0.05T×1200MM×1000M	3.8/m^2	1000	米	3800
发票	1105998	0.05T×1200MM×1000M	3.8/m^2	1200	平方米	4560

以上料号：1105998，品名为：胶带，规格型号为：0.05T×1200MM×1000M，发票单价是3.8美元/平方米，数量1200个，总价4560美元。报关申报时，误将数量1200平方米报成1000米，单价3.8美元/平方米，总价报成了3800美元，由于数量申报错误，导致商品价格少报760美元。

②计量单位申报错误类型二。如某公司某票报关资料的审核情况如表2-25所示。

表 2-25 某公司某票报关资料的审核情况表

单证类别	料号	品名	单价/美元/千克	数量	单位	总价/美元
报关单	S-10	PET 胶片	12.6	1588	克	20.0088
发票	S-10	PET 胶片	12.6	1588	千克	20008.8

以上料号：S-10，品名为：PET胶片，发票单价是12.6美元/千克，数量1588千克，总价20008.8美元。报关申报时，误将计量单位“千克”报成了“克”，单价还是申报12.6美元/千克，总价报成了20.0088美元，由于计量单位申报错误，导致商品价格少报19988.7912美元。

5. 收发货数量与单证数量一致性审核

收发货数量与单证数量一致性审核就是将报关单申报数据与仓库出入库数据进行比对，根据料号、规格型号，审核是否有短装、溢装、错装或未申报等情况。

（1）短溢装

例如，某公司某票报关资料的审核情况如表2-26所示。

表 2-26 某公司某票报关资料的审核情况表

序号	品名	料号	报关数量/个	收货数量/个	差异/个
1	绝缘注塑件	11072200	18000	17780	220
2	钢铁构件	22431500	58	60	-2

经抽查某报关单报关申报数量与仓库入库数量，其中品名：绝缘注塑件，报关数量：18000个，经查，仓库入库数量：17780个，短装220个；品名：钢铁构件，报关数量：58个，经查，仓库入库数量：60个，溢装2个。

（2）申报不实

①数量申报不实。如某公司某票报关资料的审核情况如表2-27所示。

表2-27　某公司某票据报关资料的审核情况表

品名	报关数量/个	收货数量/个	单价/欧元	总价/欧元
机械工装	32	16	50	1600

经查，该票货物：机械工装，发票、装箱单的数量均为32个，报关数量也是32个，经与仓库入库数量进行比对，仓库实际收货只有16个，造成该票货物数量申报不实的原因系相关工作人员工作疏忽，在申报前，未对实际货物情况进行核实，就直接根据外商提供的单证等信息向海关申报，导致数量申报不实。

②商品漏申报。如某公司某票报关资料的审核情况如表2-28和表2-29所示。

表2-28　某公司某票货物的报关申报情况表

品名	报关数量/个	金额/欧元
减震器	8	2296
伺服电机	1	1195
转换连接头	20	50
横跨连接头	20	62

表2-29　某公司某票货物的实际到货情况表

品名	报关数量/个
减震器	8
伺服电机	1
转换连接头	20
横跨连接头	20

表2-29 续

品名	报关数量/个
弹簧	100
螺钉	400
橡胶垫	100
碳刷刀轮	10
支架	9

经核对该票货物的报关信息与仓库的收货信息，报关信息为减震器 8 个、伺服电机 1 台、转换连接头 20 个、横跨连接头 20 个，而实际到货除了报关申报的货物和数量外，还多出了弹簧 100 个、螺钉 400 个、橡胶垫 100 个、碳刷刀轮 10 个、支架 9 个，造成以上货物漏申报的原因为境外发货方认为以上货物为零件、附件，故未将其制作在单证中，而收货方也未对实际货物情况进行核实，就直接根据发货方提供的单证等信息向海关申报，导致部分货物漏申报。

审核小结

进出口货物的收发货人、受委托的报关企业应当依法如实向海关申报进出口货物的商品名称、税则号列（商品编号）、规格型号、价格、运保费及其他相关费用、原产地、数量等。对申报内容的真实性、准确性、完整性和规范性承担相应的法律责任。

从价计征关税的计算公式为：

应纳税额=完税价格×关税税率

从量计征关税的计算公式为：

应纳税额=货物数量×单位关税税额

商品总价=商品单价×商品数量，故商品数量申报的准确性，将直接影响商品总价申报的准确性。

如何做好商品数量的审核？

1. 可以通过单单比对，对报关单、发票、装箱单等单证进行比对，审核申报数据是否存在数量、计量单位申报错误的情况。

2. 确认企业申报数据有单位换算的情况，审核是否存在单位换算申报错误的情形。

3. 可以通过单货比对，对报关单申报信息，包括料号、规格型号、数量、计量单位等与仓库实际收货信息进行比对，是否存在申报数据与实际收发货数据不一致的情况。

第六节 商品原产地申报风险与内部审计

一、商品原产地概述

原产地的原意是指来源地、由来的地方。因此，商品的原产地是指货物或产品的最初来源，即产品的生产地。进出口商品的原产地是指作为商品而进入国际贸易流通的货物的来源，即商品的产生地、生产地、制造或产生实质改变的加工地。

二、商品原产地法律法规规定

涉及商品原产地的法律法规有以下几方面。

1.《中华人民共和国进出口货物原产地条例》

第二条规定：

本条例适用于实施最惠国待遇、反倾销和反补贴、保障措施、原产地标记管理、国别数量限制、关税配额等非优惠性贸易措施以及进行政府采购、贸易统计等活动对进出口货物原产地的确定。

实施优惠性贸易措施对进出口货物原产地的确定，不适用本条例。具体办法依照中华人民共和国缔结或者参加的国际条约、协定的有关规定另行制定。

第三条规定：

完全在一个国家（地区）获得的货物，以该国（地区）为原产地；两个以上国家（地区）参与生产的货物，以最后完成实质性改变的国家（地区）为原产地。

第四条规定：

本条例第三条所称完全在一个国家（地区）获得的货物，是指：

（1）在该国（地区）出生并饲养的活的动物；

（2）在该国（地区）野外捕捉、捕捞、搜集的动物；

（3）从该国（地区）的活的动物获得的未经加工的物品；

（4）在该国（地区）收获的植物和植物产品；

（5）在该国（地区）采掘的矿物；

（6）在该国（地区）获得的除本条第（1）项至第（5）项范围之外的其他天然生成的物品；

（7）在该国（地区）生产过程中产生的只能弃置或者回收用作材料的废碎料；

（8）在该国（地区）收集的不能修复或者修理的物品，或者从该物品中回收的零件或者材料；

（9）由合法悬挂该国旗帜的船舶从其领海以外海域获得的海洋捕捞物和其他物品；

（10）在合法悬挂该国旗帜的加工船上加工本条第（9）项所列物品获得的产品；

（11）从该国领海以外享有专有开采权的海床或者海床底土获得的物品；

（12）在该国（地区）完全从本条第（1）项至第（11）项所列物品中生产的产品。

第五条规定：

在确定货物是否在一个国家（地区）完全获得时，不考虑下列微小加工或者处理：

（1）为运输、贮存期间保存货物而作的加工或者处理；

（2）为货物便于装卸而作的加工或者处理；

（3）为货物销售而作的包装等加工或者处理。

第六条规定：

本条例第三条规定的实质性改变的确定标准，以税则归类改变为基本标准；税则归类改变不能反映实质性改变的，以从价百分比、制造或者加工工序等为补充标准。具体标准由海关总署会同商务部、国家质量监督检验检疫总局制定。

本条第一款所称税则归类改变，是指在某一国家（地区）对非该国（地区）原产材料进行制造、加工后，所得货物在《税则》中某一级的税目归类发生了变化。

本条第一款所称从价百分比，是指在某一国家（地区）对非该国（地区）原产材料进行制造、加工后的增值部分，超过所得货物价值一定的百分比。

本条第一款所称制造或者加工工序，是指在某一国家（地区）进行的赋予制造、加工后所得货物基本特征的主要工序。

世界贸易组织《协调非优惠原产地规则》实施前，确定进出口货物原产地实质性改变的具体标准，由海关总署会同商务部、国家质量监督检验检疫总局根据实际情况另行制定。

第七条规定：

货物生产过程中使用的能源、厂房、设备、机器和工具的原产地，以及未构成货物物质成分或者组成部件的材料的原产地，不影响该货物原产地的确定。

第八条规定：

随所装货物进出口的包装、包装材料和容器，在《税则》中与该货物一并归类的，该包装、包装材料和容器的原产地不影响所装货物原产地的确定；对该包装、包装材料和容器的原产地不再单独确定，所装货物的原产地即为该包装、包装材料和容器的原产地。

随所装货物进出口的包装、包装材料和容器，在《税则》中与该货物不一并归类的，依照本条例的规定确定该包装、包装材料和容器的原产地。

第九条规定：

按正常配备的种类和数量随货物进出口的附件、备件、工具和介绍说明性资料，在《税则》中与该货物一并归类的，该附件、备件、工具和介绍说明性资料的原产地不影响该货物原产地的确定；对该附件、备件、工具和介绍说明性资料的原产地不再单独确定，该货物的原产地即为该附件、备件、工具和介绍说明性资料的原产地。

随货物进出口的附件、备件、工具和介绍说明性资料在《税则》中虽与该货物一并归类，但超出正常配备的种类和数量的，以及在《税则》中与该货物不一并归类的，依照本条例的规定确定该附件、备件、工具和介绍说明性资料的原产地。

第十条规定：

对货物所进行的任何加工或者处理，是为了规避中华人民共和国关于反倾销、反补贴和保障措施等有关规定的，海关在确定该货物的原产地时可以不考虑这类加工和处理。

第十一条规定：

进口货物的收货人按照《海关法》及有关规定办理进口货物的海关申报手续时，应当依照本条例规定的原产地确定标准如实申报进口货物的原产地；同一批货物的原产地不同的，应当分别申报原产地。

第十七条规定：

出口货物发货人可以向国家质量监督检验检疫总局①所属的各地出入境检验检疫机构、中国国际贸易促进委员会及其地方分会（以下简称签证机构），申请领取出口货物原产地证书。

第二十二条规定：

---

① 本条例所有条款中提及的国家质量监督检验检疫管理总局的名称及职能以机构改革后的为准。

违反本条例规定申报进口货物原产地的，依照《中华人民共和国对外贸易法》《海关法》和《海关行政处罚实施条例》的有关规定进行处罚。

2.《中华人民共和国进出口关税条例》

第九条规定：

进口关税设置最惠国税率、协定税率、特惠税率、普通税率、关税配额税率等税率。对进口货物在一定期限内可以实行暂定税率。

出口关税设置出口税率。对出口货物在一定期限内可以实行暂定税率。

第十条规定：

原产于共同适用最惠国待遇条款的世界贸易组织成员的进口货物，原产于与中华人民共和国签订含有相互给予最惠国待遇条款的双边贸易协定的国家或者地区的进口货物，以及原产于中华人民共和国境内的进口货物，适用最惠国税率。

原产于与中华人民共和国签订含有关税优惠条款的区域性贸易协定的国家或者地区的进口货物，适用协定税率。

原产于与中华人民共和国签订含有特殊关税优惠条款的贸易协定的国家或者地区的进口货物，适用特惠税率。

原产于本条第一款、第二款和第三款所列以外国家或者地区的进口货物，以及原产地不明的进口货物，适用普通税率。

第三十条规定：

纳税义务人应当依法如实向海关申报，并按照海关的规定提供有关确定完税价格、进行商品归类、确定原产地以及采取反倾销、反补贴或者保障措施等所需的资料；必要时，海关可以要求纳税义务人补充申报。

3.《中华人民共和国海关进出口货物征税管理办法》

第五条规定：

纳税义务人进出口货物时应当依法向海关办理申报手续，按照规定提交有关单证。海关认为必要时，纳税义务人还应当提供确定商品归类、完税价格、原产地等所需的相关资料。提供的资料为外文的，海关需要时，纳税义务人应当提供中文译文并且对译文内容负责。

第六条规定：

纳税义务人应当按照法律、行政法规和海关规章关于商品归类、审定完税价格和原产地管理的有关规定，如实申报进出口货物的商品名称、税则号列（商品编号）、规格型号、价格、运保费及其他相关费用、原产地、数量等。

第七条规定：

为审核确定进出口货物的商品归类、完税价格、原产地等，海关可以要求纳税义务人按照有关规定进行补充申报。纳税义务人认为必要时，也可以主动要求进行补充申报。

第八条规定：

海关应当按照法律、行政法规和海关规章的规定，对纳税义务人申报的进出口货物商品名称、规格型号、税则号列、原产地、价格、成交条件、数量等进行审核。

海关可以根据口岸通关和货物进出口的具体情况，在货物通关环节仅对申报内容作程序性审核，在货物放行后再进行申报价格、商品归类、原产地等是否真实、正确的实质性核查。

第九条规定：

海关为审核确定进出口货物的商品归类、完税价格及原产地等，可以对进出口货物进行查验，组织化验、检验或者对相关企业进行核查。

经审核，海关发现纳税义务人申报的进出口货物原产地有误的，应当通过审核纳税义务人提供的原产地证明、对货物进行实际查验或者审核其他相关单证等方法，按照海关原产地管理的有关规定予以确定。

纳税义务人违反海关规定，涉嫌伪报、瞒报的，应当按照规定移交海关调查或者缉私部门处理。

第十一条规定：

海关应当根据进出口货物的税则号列、完税价格、原产地、适用的税率和汇率计征税款。

第十二条规定：

海关应当按照《关税条例》有关适用最惠国税率、协定税率、特惠税率、普通税率、出口税率、关税配额税率或者暂定税率，以及实施反倾销措施、反补贴措施、保障措施或者征收报复性关税等适用税率的规定，确定进出口货物适用的税率。

三、商品原产地申报风险案例

1. 申报原产地与实际原产地不一致

（1）案例简介：

某医疗设备有限公司，于 2013 年 1 月 17 日成立，注册资本为 400 万美元，主要经营二类 6840 临床检验分析仪器、6821 医用电子仪器设备（无创监护仪器）、6823 医用超声仪器及有关设备的生产和销售；二类 6841 医用化验和基础设备器具的销售，美容雾化器、家用雾化器、健康管理软件、健康资讯传输适配器的生产和销售，提供本公司同类产品的相关技术咨询和维修服务。

2016 年 3 月 22 日，该公司以一般贸易方式向海关申报进口一批医疗仪器设备，报关单编号为 232620161266＊＊＊＊28，第一项货物为彩色超声波探头，商品编号 9018129190，数量 18 个，总价 58249.98 美元，第二项到第五项货物均为平板电脑，商品编号 84713010，数量共计 40 台，总价合计 197000 美元，第六项货物为平板电脑底座，商品编号 84733090，数量 40 个，总价 40000 美元。以上货物申报原产地均为美国。

经海关查验，认定第一项货物原产地不详，第二项到第六项货物的原产地为中国台湾。经进一步调查，第一项货物彩色超声波探头的生产厂商为上海某公司，原产地应为中国。

（2）违规处罚：

该公司进口货物原产地申报不实，未影响海关税款征收，仅影响海关统计准确性。根据《海关法》第八十六条第（三）项、《海关行政处罚实施条例》第十五条第（一）项、第十六条规定，对其申报不实行为进行行政处罚。

2. 原产地申报错误

（1）案例简介：

某物流有限公司，于 2016 年 8 月至 12 月接受收发货人的委托，以一般贸易方式在 230220161023＊＊＊＊01 报关单项下申报进口壬烯 1000296 千克，申报价格为 1495442.52 美元，在 230220161023＊＊＊＊02 报关单项下申报进口壬烯 1500444 千克，申报价格为 2243163.78 美元，在 230220161023＊＊＊＊03 报关单项下申报进口壬烯 2038681 千克，申报价格为 2772606.16 美元。3 票报关单税则号列均申报为 2710129101。

因工作人员理解错误，将 3 票货物原产地“库腊索岛”（适用普通关税税率 20%）申报为“荷兰”（适用最惠国关税税率 4%），导致申报不实行为发生。

经计核，涉案货物价值合计 56275142.04 元人民币，漏缴税款合计 7503352.27 元人民币。

（2）违规处罚：

该公司作为报关企业，因工作疏忽，导致 3 票进口货物原产地申报不实，影响了国家税款征收。根据《中华人民共和国海关行政处罚法》《海关行政处罚实施条例》的相关规定予以处罚。

3. 提供虚假原产地证申报

（1）案例简介：

某生物技术有限公司，于 2010 年 8 月成立，主要经营海洋生物相关技术研发、技术转让、技术咨询、技术服务；批发、零售：化工产品、海藻酸钠等；货物及技术进出口。

2015 年 9 月至 10 月，该公司委托报关企业向海关申报进口 2 票马尾藻，申报的税则号列均为 1212290000，成交方式均为 CIF；申报数量分别为 14760 千克、48030 千克，2 票共计 62790 千克；申报总价分别为 4428 美元、12007.5 美元，2 票合计 16435.5 美元，申报的原产国均为菲律宾。

该公司在申报进口上述 2 票马尾藻时，向海关提交了编号为 09720、09920 的“中国—东盟自由贸易区项下菲律宾原产地证书”，海关通关部门审单后分别对这 2 份证书的真实性进行核实。经海关总署原产地管理办公室致函菲律宾签证机构对上述证书实施境外行政互助核查，确认编号 09720 的“中国—东盟自由贸易区项下菲律宾原产地证书”不是菲律宾授权机构签发的；确认编号 09920 的“中国—东盟自由贸易区项下菲律宾原产地证书”上的签证官员的签名系伪造，证书是通过不正当方式获得的。

经查，该公司向海关提交的 2 份“中国—东盟自由贸易区项下菲律宾原产地证书”均为境外供货商提供。该公司未对其真实性进行核实，就直接交给代理报关公司报关，致使申报错误发生。依据《中国—东盟自贸协定》，税则号列 1212290000，协定税率为零。因证书是虚假的，实际进口货物应按暂定进口关税率 2%缴纳关税，经计核，漏缴税款 20660.39 元人民币。

（2）违规处罚：

该公司作为进口货物的经营单位，报关时提交虚假的“中国—东盟自由贸易区项下菲律宾原产地证书”，导致向海关申报的原产地与实际不符，违反了《海关法》第十条第三款、第二十四条第一款之规定，已构成申报不实、违反海关监管规定的行为，影响了国家税款征收。根据《海关行政处罚实施条例》第十五条第（四）项、第十六条之规定予以行政处罚。

四、商品原产地内部审计方法与技巧

1. 了解企业货物原产地内部管理流程

选择物料供应商时，需了解这个供应商是生产型企业还是贸易公司，供应商的生产能力、技术能力、供货能力等，同时也需了解对应采购物料的原产地或原产国信息，确定商品编号归类后，需要了解采购物料进口时能享受哪些优惠税率，是否涉及反倾销税或其他惩罚性税收，是否需要办理相关的监管证件等。

2. 原产地申报管理穿行测试

通过获取某一项货物的生产企业信息、原产地证信息、报关信息、实物信息等，对企业进口商品原产地管理进行穿行测试，如表 2-30 所示。

表 2-30　企业进口商品原产地管理穿行测试表

业务活动	测试内容	测试情况
采购信息	采购订单编号/日期	
	供应商名称	
	供应商地址	
	供应商类型（生产型/贸易型）	
	采购物料料号	
	采购物料数量/重量	
	采购物料是供应商生产料还是贸易料	
原产地信息	是否有原产地证	
	原产地证编号	
	原产地证发货人信息	
	原产地证收货人信息	
	原产地证货物信息	
报关信息	发票/装箱单号	
	提运单号	
	报关单号	
	报关日期	
	报关品名/料号	
	申报原产地	
	报关品名	
	报关物料编号	
	报关单、发票、原产地证等信息是否一致	
实物信息	入库单编号	
	入库日期	
	收货物料编号/规格型号	
	实物上生产企业名称	
	实物上生产企业地点	
	实物上原产地信息	
	原产地申报信息与实物信息是否一致	

通过此穿行测试，可以了解企业商品原产地申报的内控流程，是否存在管理风险。

货物采购时，如果未对供应商物料的原产地信息进行确认，将无法确认所适用税率。

向海关申报时，如果未对报关单信息、发票信息、原产地证信息、实物信息等进行核对，会容易出现申报错误的情况。

3. 单单一致性审核

通过将报关单申报的原产地信息与发票上的原产地信息及原产地证上的原产地信息进行比对，确认原产地申报的准确性。

比如，某公司某票报关资料的审核情况如表 2-31 所示。

表 2-31 某公司某票报关资料的审核情况表

单证类别	商品信息	原产地信息
报关单	AA11072200	原产国（地区）：突尼斯
发票	AA11072200	MADE IN TUNISIA
原产地证	AA11072200	Country of origin Tunisia

以上单单申报一致。

4. 单货一致性审核

通过将报关单申报的原产地信息与实物上的原产地信息进行比对，确认确认原产地申报的准确性。

如某公司某票报关信息实物查看情况如表 2-32 所示。

表 2-32 某公司某票报关信息实物查看情况表

状态	商品信息	原产地信息
报关申报	AA11072200	原产国（地区）：突尼斯
实物标签信息	AA11072200	MADE IN TUNISIA
实物外包装信息	AA11072200	MADE IN TUNISIA

以上申报信息与实物信息一致。

5. 原产地证书真假确认

通过登录原产地证发证机关的网站，查询原产地证书的真实性。

例如，中国国际贸易促进委员会的网上认证中心，网址：http：//check. ccpiteco. net，如图 2-3 所示。

图 2-3　中国国际贸易促进委员会网上认证中心界面

例如，海关签发的原产地证书联网核查，网址：http：//origin. customs. gov. cn，如图 2-4 所示。

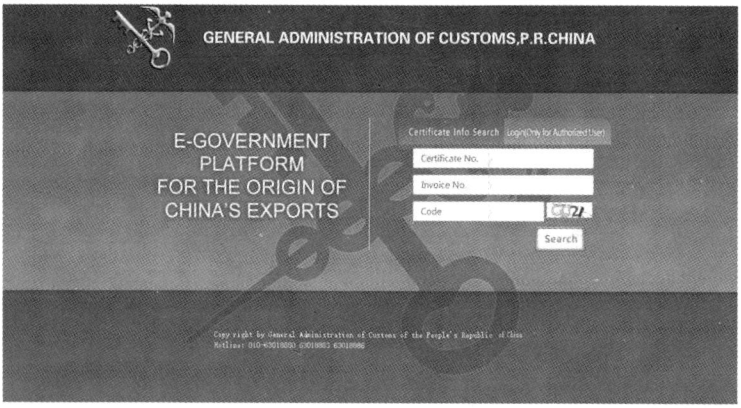

图 2-4　海关签发的原产地证书联网核查界面

第七节　其他进出口业务申报风险与内部审计

一、暂时进出口货物管理

1. 暂时进出口海关法律法规要求

暂时进出口货物管理应按以下法律法规的要求进行。

(1)《海关法》第三十一条规定：

经海关批准暂时进口或者暂时出口的货物，应当在六个月内复运出境或者复运进境；在特殊情况下，经海关同意，可以延期。

(2)《中华人民共和国海关暂时进出境货物管理办法》第三条规定：

本办法所称暂时进出境货物包括：

①在展览会、交易会、会议以及类似活动中展示或者使用的货物；

②文化、体育交流活动中使用的表演、比赛用品；

③进行新闻报道或者摄制电影、电视节目使用的仪器、设备以及用品；

④开展科研、教学、医疗活动使用的仪器、设备和用品；

⑤在本款第①项至第④项所列活动中使用的交通工具以及特种车辆；

⑥货样；

⑦慈善活动使用的仪器、设备以及用品；

⑧供安装、调试、检测、修理设备时使用的仪器以及工具；

⑨盛装货物的包装材料；

⑩旅游用自驾交通工具及其用品；

⑪工程施工中使用的设备、仪器以及用品；

⑫测试用产品、设备、车辆；

⑬海关总署规定的其他暂时进出境货物。

第六条规定：

暂时进出境货物除因正常使用而产生的折旧或者损耗外，应当按照原状复运出境、复运进境。

第七条规定：

暂时进出境货物应当在进出境之日起六个月内复运出境或者复运进境。

第九条规定：

ATA 单证册项下暂时出境货物，由中国国际贸易促进委员会（中国国际商会）向海关总署提供总担保。

除另有规定外，非 ATA 单证册项下暂时进出境货物收发货人应当按照有关规定向主管地海关提供担保。

第十条规定：

暂时进出境货物应当在进出境之日起六个月内复运出境或者复运进境。

因特殊情况需要延长期限的，持证人、收发货人应当向主管地海关办理延期手续，延期最多不超过 3 次，每次延长期限不超过六个月。延长期届满应当复运出境、复运进境或者办理进出口手续。

国家重点工程、国家科研项目使用的暂时进出境货物以及参加展期在 24 个月以上展览会的展览品，在前款所规定的延长期届满后仍需要延期的，由主管地直属海关批准。

（3）《关税条例》第四十二条规定：

海关批准暂时进境或者暂时出境的下列货物，在进境或者出境时纳税义务人向海关缴纳相当于应纳税款的保证金或者提供其他担保的，可以暂不缴纳关税，并应当自进境或者出境之日起六个月内复运出境或者复运进境；经纳税义务人申请，海关可以根据海关总署的规定延长复运出境或者复运进境的期限：

①在展览会、交易会、会议及类似活动中展示或者使用的货物；

②文化、体育交流活动中使用的表演、比赛用品；

③进行新闻报道或者摄制电影、电视节目使用的仪器、设备及用品；

④开展科研、教学、医疗活动使用的仪器、设备及用品；

⑤在本款第①项至第④项所列活动中使用的交通工具及特种车辆 ；

⑥货样；

⑦供安装、调试、检测设备时使用的仪器、工具；

⑧盛装货物的容器；

⑨其他用于非商业目的的货物。

（4）《中华人民共和国海关进出口货物征税管理办法》第四十一条规定：

《关税条例》第四十二条第一款所列的暂时进出境货物，在海关规定期限内，可以暂不缴纳税款。

前款所述暂时进出境货物在规定期限届满后不再复运出境或者复运进境的，纳税义务人应当在规定期限届满前向海关申报办理进出口及纳税手续。海关按照有关规定征收税款。

第四十二条规定：

《关税条例》第四十二条第一款所列范围以外的其他暂时进出境货物，海关按照审定进出口货物完税价格的有关规定和海关接受该货物申报进出境之日适用的计征汇率、税率，审核确定其完税价格、按月征收税款，或者在规定期限内货物复运出境或者复运进境时征收税款。

计征税款的期限为 60 个月。不足一个月但超过 15 天的，按一个月计征；不超过 15 天的，免予计征。计征税款的期限自货物放行之日起计算。

按月征收税款的计算公式为：

每月关税税额=关税总额×（1/60）

每月进口环节代征税税额=进口环节代征税总额×（1/60）

本条第一款所述暂时进出境货物在规定期限届满后不再复运出境或者复运进境的，纳税义务人应当在规定期限届满前向海关申报办理进出口及纳税手续，缴纳剩余税款。

第四十三条规定：

暂时进出境货物未在规定期限内复运出境或者复运进境，且纳税义务人未在规定期限届满前向海关申报办理进出口及纳税手续的，海关除按照规定征收应缴纳的税款外，还应当自规定期限届满之日起至纳税义务人申报纳税之日止按日加收应缴纳税款万分之五的滞纳金。

2. 暂时进出口申报风险案例分析

（1）暂时出口货物未按规定办理复进口：

案例：某玻璃器皿有限公司，2001年9月成立，注册资本为6252万美元，经营范围为开发、制造、加工各类玻璃产品。

2015年7月15日，该公司与境外某公司签署关于28套模具整模借给境外公司用于生产线调试的协议，借用期限6个月。该公司向海关申办了《中华人民共和国海关货物暂时进/出境申请审批决定书》，载明模具的复运进境期限为2016年1月8日。2015年7月22日，该公司将28套模具申报出境，模具出境后，因境外公司的需要，与该公司商定将模具的使用期限再延长6个月。但因该公司业务经办人员工作疏忽，致使模具未能在海关核准的暂时出境期限内复运进境，也没有按照规定办理相关海关手续。

分析：该公司未按照规定期限将暂时出口货物复运进境，违反了《海关法》第三十一条和《中华人民共和国海关暂时进出境货物管理办法》第七条之规定，构成违规。应根据《中华人民共和国行政处罚法》予以行政处罚。

（2）暂时进口货物未按规定办理复出口：

案例：某科技实业有限公司，2006年10月成立，注册资本为300万美元，经营范围为生产电脑控制雕刻机系列产品和其他电子产品、机电一体化设备，研制计算机辅助设计CAD、辅助制造系统CAM等软件产品，销售自产产品。

2016年11月3日，该公司持有效期至2017年10月2日的ATA单证向海关申报进口二氧化碳激光器1台，用于国内展览和调试，暂时进口期限为2017年5月4日。设备进境后，因外方公司技术调试延误，该公司与外方商定延至2017年6月再复出境。但由于该公司经办人员工作疏忽，导致涉案货物未在海关核准的暂时进境期限内复运出境，也没有按照规定办理海关手续。2017年7月29日，该公司将上述货物复运出境。

分析：该公司未按照规定期限将暂时进口货物复运出境，违反了《海关法》第三十一条和《中华人民共和国海关暂时进出境货物管理办法》第七条之规定，构成违规。应根据《中华人民共和国行政处罚法》予以行政处罚。

3. 暂时进出口申报风险内部审计思路

在企业实际申报过程中，使用“暂时进出口”方式申报的，除了一些货样、展品，以及为安装、调试、检测设备时使用的仪器、工具等，还有一些循环使用的盛装货物的容器。

（1）暂时进出口一致性审核。通过比对入库记录和出库记录，审核进出口报关信息，比对品名、料号、规格型号等，查看进和出是否为同一货物，海关要求暂时进出境货物除因正常使用而产生的折旧或者损耗外，应当按照原状复运出境、复运进境。

（2）暂时进出口时效审核。通过审核暂时进出口的申报时间与复运进出境的时间，确认复运进出境的时间与暂时进出口申报时间是否有超出六个月的情况，或者存在暂时进出口后超过六个月尚未复运进出境的情况。海关要求经海关批准暂时进口或者暂时出口的货物，应当在六个月内复运出境或者复运进境；在特殊情况下，经海关同意，可以延期。

二、进出口货物未申报风险管理

1. 货物进出口申报海关法律法规要求

货物进出口申报应按《海关法》的要求进行。

第二十四条规定：

进口货物的收货人、出口货物的发货人应当向海关如实申报，交验进出口许可证件和有关单证。国家限制进出口的货物，没有进出口许可证件的，不予放行，具体处理办法由国务院规定。

进口货物的收货人应当自运输工具申报进境之日起十四日内，出口货物的发货人除海关特准的外应当在货物运抵海关监管区后、装货的二十四小时以前，向海关申报。

进口货物的收货人超过前款规定期限向海关申报的，由海关征收滞报金。

第三十五条规定：

进口货物应当由收货人在货物的进境地海关办理海关手续，出口货物应当由发货人在货物的出境地海关办理海关手续。

第三十六条规定：

过境、转运和通运货物，运输工具负责人应当向进境地海关如实申报，并应当在规定期限内运输出境。

海关认为必要时，可以查验过境、转运和通运货物。

第三十七条规定：

海关监管货物，未经海关许可，不得开拆、提取、交付、发运、调换、改装、抵押、质押、留置、转让、更换标记、移作他用或者进行其他处置。

2. 进出口货物未申报风险案例分析

（1）货物携带入境未按规定办理申报手续。

案例：某食品公司，在2012年1月至2013年12月期间，通过内部出差人员从日本携带入境12种食品原料，逃避海关监管，偷逃应纳税款。其中添加剂140千克、脱脂奶粉2千克、海带粉28千克、竹笋粉30千克、酵素173千克、淀粉酶4.2千克。以上货物均已投入生产成半成品或成品。经核定，货物完税价格284858.18元人民币，漏缴税款68515.05元人民币。

分析：以上行为涉嫌逃避海关监管、偷逃应纳税款，携带依法应当缴纳税款的货物进境，构成了《海关法》第八十二条第一款第（一）项、《海关行政处罚实施条例》第七条第（二）项规定的走私行为。

根据《海关法》第八十二条第二款以及《海关行政处罚实施条例》第九条第一款第（三）条之规定，决定没收走私货物，因涉案货物均已投入生产半成品或成品，无法没收，根据《海关行政处罚实施条例》第五十六条之规定，决定追缴货物等值 284858.18 元人民币。

（2）货物邮递进口未申报案例分析。

案例：某空气净化技术有限公司，于 2016 年 9 月 22 日通过邮递物品的方式从境外供应商处进口用于热熔胶设备的零部件模块 10 个、针 20 个、密封垫 100 个、喷嘴 150 个，邮递运单申报品名为“PARTS FOR HOT MELT APPLICATOR”，申报总价为 7256.5 美元。2016 年 10 月 28 日，该公司通过电汇支付了上述零部件的货款 7156.5 美元及运费 100 美元，合计 7256.5 美元。

分析：由于该公司负责采购的相关人员未及时与关务沟通到货情况，导致关务部门未通知报关公司准备报关手续。邮件送达公司后，关务由于对海关法律法规了解不够，也未再办理该批货物一般贸易进口手续。上述货物进口后均用于该公司的热熔胶设备的日常生产。

经计核，上述进口申报不实的模块 10 个、针 20 个、密封垫 100 个、喷嘴 150 个，货物价值 55598.75 元人民币，漏缴税款 8861.05 元人民币。根据《海关法》第八十六第三项、《海关行政处罚实施条例》第十五条第（四）项之规定进行行政处罚。

3. 进出口货物未申报风险内部审计思路

（1）出入库数据核对。比对报关数据与出入库数据。比如，仓库某个期间段的进口报关数据和该期间段的仓库入库数据比对情况，如表 2-33 所示。

表 2-33　某仓库进口报关数据与仓库入库数据比对情况表

序号	料号	审核期间	进口报关数量/个	仓库入库数量/个
1	A01	2018 年 8 月 1 日至 9 月 30 日	1000	1000
2	B02	2018 年 8 月 1 日至 9 月 30 日	500	500
3	C03	2018 年 8 月 1 日至 9 月 30 日	3700	3700
4	D04	2018 年 8 月 1 日至 9 月 30 日	5200	5200
5	E05	2018 年 8 月 1 日至 9 月 30 日	280	280
6	F06	2018 年 8 月 1 日至 9 月 30 日	0	100
7	G07	2018 年 8 月 1 日至 9 月 30 日	0	120

以上数据显示，F06 和 G07 两个物料在审核时间段内无进口申报记录，经进一步了解，F06 为供应商免费提供的物料，通过国际快递直接邮寄过来，相关人员认为是供应商免费提供的，无须付汇，故未向海关申报；G07 为公司外籍人员以行李的方式从境外随身带入境内，未向海关申报。

（2）收付汇信息核对。比对财务支付和收取货款的收付汇信息与报关信息。比如，财务某个期间段的付汇信息和该期间段的进口报关信息比对情况如表 2-34 所示。

表 2-34　进口报关信息与财务付汇信息比对情况表

序号	料号	报关单号	进口报关金额/美元	财务付汇金额/美元
1	A01	23092018＊＊＊＊＊＊＊＊＊＊49	2000	2000
2	B02	23092018＊＊＊＊＊＊＊＊＊＊49	800	800
3	C03	23092018＊＊＊＊＊＊＊＊＊＊49	12100	12100
4	D04	23092018＊＊＊＊＊＊＊＊＊＊49	20800	20800
5	E05	23092018＊＊＊＊＊＊＊＊＊＊49	280	280
7	G07		0	600

以上数据显示，G07 没有进口报关记录，但财务有支付货款记录，支付金额 600 美元，经审核，完税价格为 3920 元人民币，根据其对应的税则，漏缴关税 254.8 元人民币，漏缴增值税 709.72 元人民币。

三、修理物品申报风险管理

1. 修理物品申报管理法律法规要求

修理物品申报管理应按以下法律法规的要求进行。

（1）《关税条例》第二十五条规定：

运往境外修理的机械器具、运输工具或者其他货物，出境时已向海关报明并在海关规定的期限内复运进境的，应当以境外修理费和料件费审查确定完税价格。

（2）《中华人民共和国海关进出口货物征税管理办法》第四十五条规定：

纳税义务人在办理进境修理货物的进口申报手续时，应当向海关提交该货物的维修合同（或者含有保修条款的原出口合同），并且向海关提供进口税款担保或者由海关按照保税货物实施管理。进境修理货物应当在海关规定的期限内复运出境。

进境修理货物需要进口原材料、零部件的，纳税义务人在办理原材料、零部件进口申报手续时，应当向海关提交进境修理货物的维修合同（或者含有保修条款的原出口合同）、进境修理货物的进口报关单（与进境修理货物同时申报进口的除外），并且向海关提供进口税款担保或者由海关按照保税货物实施管理。进口原材料、零部件只限用于进境修理货物的修理，修理剩余的原材料、零部件应当随进境修理货物一同复运出境。

第四十六条规定：

纳税义务人在办理进境修理货物及剩余进境原材料、零部件复运出境的出口申报手续时，应当向海关提交该货物及进境原材料、零部件的原进口报关单和维修合同（或者含有保修条款的原出口合同）等单证。海关凭此办理解除修理货物及原材料、零部件进境时纳税义务人提供税款担保的相关手续；由海关按照保税货物实施管理的，按照有关保税货物的管理规定办理。

因正当理由不能在海关规定期限内将进境修理货物复运出境的，纳税义务人应当在规定期限届满前向海关说明情况，申请延期复运出境。

第四十七条规定：

进境修理货物未在海关允许期限（包括延长期，下同）内复运出境的，海关对其按照一般进出口货物的征税管理规定实施管理，将该货物进境时纳税义务人提供的税款担保转为税款。

第四十八条规定：

纳税义务人在办理出境修理货物的出口申报手续时，应当向海关提交该货物的维修合同（或者含有保修条款的原进口合同）。出境修理货物应当在海关规定的期限内复运进境。

第四十九条规定：

纳税义务人在办理出境修理货物复运进境的进口申报手续时，应当向海关提交该货物的原出口报关单和维修合同（或者含有保修条款的原进口合同）、维修发票等单证。

海关按照审定进口货物完税价格的有关规定和海关接受该货物申报复运进境之日适用的计征汇率、税率，审核确定其完税价格、计征进口税款。

因正当理由不能在海关规定期限内将出境修理货物复运进境的，纳税义务人应当在规定期限届满前向海关说明情况，申请延期复运进境。

第五十条规定：

出境修理货物超过海关允许期限复运进境的，海关对其按照一般进口货物的征税管理规定征收进口税款。

第五十四条规定：

本办法第四十五条至第五十三条中所称“海关规定期限”和“海关允许期限”，由海关根据进出境修理货物、出境加工货物的有关合同规定以及具体实际情况予以确定。

2. 修理物品申报风险案例分析

（1）修理物品超期退回：

案例：某电子产品公司，于2016年3月15日将一台产品质量检查机器向属地海关申请出口至日本机器生产工厂进行维修，且在2年的保修期内，海关审批维修期限为6个月，该机器的复运进境期限为2016年9月14日。

2016年3月17日，该公司将这台质量检查机器以“修理物品”的贸易方式申报出境，并与外方签订了含有保修条款的维修合同，维修期限为半年。机器出境后，因该机器为定制设备，相关维修配件也需要定制生产，至2016年9月10日该机器维修完成，维修工厂对该机器进行清洁后于2016年9月15日发运出港，9月18日货物到港，该电子产品公司向海关申报进口。

分析：经海关确认，该公司未能按照规定期限将出口货物复运进境，且未办理延期手续，违反了海关关于修理物品的相关管理规定，构成违规。应根据《中华人民共和国行政处罚法》予以行政处罚。

事后，该公司与外方维修工厂进行交涉，维修时间超过了合同约定的半年，但外方认为，其收到需维修的机器为2016年3月21日，机器修理好后于2106年9月15日发运，并未超过半年。但对出口方而言，该机器的复运进境期限为2016年9月14日，公司于2016年9月18日向海关申报复运进口，已超出了规定的期限。

（2）修理物品漏报维修费用：

案例：某公司为半导体生产企业，于2017年4月10日决定将一台老化测试机运送至境外维修，4月15日，与外方达成了维修协议，维修费用为12000美元，并预先支付。

2017年4月18日，公司财务将维修费用12000美元付至维修工厂。

2017年4月19日，公司将老化测试机以“修理物品”方式向海关申请出境维修，海关审批维修期限为6个月，该机器的复运进境期限为2017年10月18日。

2017年4月20日，公司将老化测试机以“修理物品”方式申报出口。

2017年6月10日，该老化测试机维修完毕，公司向海关申报进口时误以为是在保修期内的无偿维修，未申报维修费用。

分析：经海关确认，该公司维修合同明确维修费用为12000美元，有维修费用发票，并已实际支付，因此该行为造成维修费用漏报，违反了海关关于修理物品的相关管理规定，构成违规。应根据《中华人民共和国行政处罚法》予以行政处罚。

3. 修理物品申报风险内部审计思路

（1）修理物品进出一致性审核。通过对修理物品进出口报关资料及原进出口报关资料进行审核，包括申报品名、商品编号、料号、规格型号等，确认修理物品进出口与原进出口信息一致，如表 2-35 所示。

表 2-35　修理物品进出口报关资料与原进出口信息审核情况表

修理物品出口报关单	2322201802820＊＊＊88	修理物品进口报关单	2322201810820＊＊＊77
出口品名	X 线检查装置	进口品名	X 线检查装置
出口商品编号	9022199090	进口商品编号	9022199090
出口料号/规格型号	FTH-FXI	进口料号/规格型号	FTH-FXI
出口数量	1 台	进口数量	1 台

（2）修理物品进出口时限审核。通过对修理物品进出口报关资料的日期、原进出口报关资料的日期、海关批准的维修期限进行审核，确认修理物品是否存在超期未复运进出口的情况，如表 2-36 所示。

表 2-36　修理物品进出口时限审核情况表

原进口报关单	2322201712820＊＊＊22
进口日期	2017 年 5 月 16 日
进口品名	X 线检查装置
进口商品编号	9022199090
进口料号/规格型号	FTH-FXI
进口数量	1 台
修理物品出口报关单	2322201802820＊＊＊88
修理物品出口日期	2018 年 2 月 19 日
海关批准维修期限	6 个月
修理物品进口报关单	2322201810820＊＊＊77
修理物品进口日期	2018 年 6 月 22 日

（3）修理物品维修费用审核。通过对修理物品报关申报信息、维修合同、维修发票、维修费用付款凭证等进行审核，确认报关申报的维修费用与实际支付的维修费用是否一致，如表 2-37 所示。

表 2-37　修理物品维修费用审核情况表

修理物品进口报关单	2322201810820＊＊＊77
修理物品进口日期	2018 年 6 月 22 日
申报修理费用/美元	12500
维修发票金额/美元	12500
财务付汇金额/美元	12500

四、退运货物申报风险管理

1. 退运货物申报法律法规要求

退运货物的申报应按以下法律法规的要求进行。

（1）《关税条例》第四十三条规定：

因品质或者规格原因，出口货物自出口之日起 1 年内原状复运进境的，不征收进口关税。

因品质或者规格原因，进口货物自进口之日起 1 年内原状复运出境的，不征收出口关税。

第四十四条规定：

因残损、短少、品质不良或者规格不符原因，由进出口货物的发货人、承运人或者保险公司免费补偿或者更换的相同货物，进出口时不征收关税。被免费更换的原进口货物不退运出境或者原出口货物不退运进境的，海关应当对原进出口货物重新按照规定征收关税。

（2）《中华人民共和国海关进出口货物征税管理办法》第三十一条规定：

纳税义务人申报进出口的无代价抵偿货物，与退运出境或者退运进境的原货物不完全相同或者与合同规定不完全相符的，应当向海关说明原因。

海关经审核认为理由正当，且其税则号列未发生改变的，应当按照审定进出口货物完税价格的有关规定和原进出口货物适用的计征汇率、税率，审核确定其完税价格、计算应征税款。应征税款高于原进出口货物已征税款的，应当补征税款的差额部分。应征税款低于原进出口货物已征税款，且原进出口货物的发货人、承运人或者保险公司同时补偿货款的，海关应当退还补偿货款部分的相应税款；未补偿货款的，税款的差额部分不予退还。

纳税义务人申报进出口的免费补偿或者更换的货物，其税则号列与原货物的税则号列不一致的，不适用无代价抵偿货物的有关规定，海关应当按照一般进出口货物的有关规定征收税款。

第三十三条规定：

被更换的原进口货物退运出境时不征收出口关税。

被更换的原出口货物退运进境时不征收进口关税和进口环节海关代征税。

第五十五条规定：

因品质或者规格原因，出口货物自出口放行之日起 1 年内原状退货复运进境的，纳税义务人在办理进口申报手续时，应当按照规定提交有关单证和证明文件。经海关确认后，对复运进境的原出口货物不予征收进口关税和进口环节海关代征税。

第五十六条规定：

因品质或者规格原因，进口货物自进口放行之日起 1 年内原状退货复运出境的，纳税义务人在办理出口申报手续时，应当按照规定提交有关单证和证明文件。经海关确认后，对复运出境的原进口货物不予征收出口关税。

2. 退运货物申报风险案例分析

（1）退运货物超过 1 年。

案例：某半导体有限公司于 2017 年 9 月 6 日委托报关公司以“退运货物”的监管方式向海关申报进口了 89635 个底座，货物申报总价为 668813 日元，申报征免性质为“其他法定”，申报征免税方式为“全免”。

经查，该退运货物的原出口时间为 2016 年 8 月 15 日，距进口之日已超过 1 年。根据《关税条例》第四十三条第一款的规定，“因品质或者规格原因，出口货物自出口之日起 1 年内原状复运进境的，不征收进口关税”。故该票货物实际的征免性质应为“一般征税”，实际征免税方式应为“照章征税”。

经了解，由于该公司相关人员不了解海关关于货物退运的相关法律法规规定，发生了工作疏忽，导致以上申报不实情况的发生。经计核，货物价值 50584. 18 元人民币，漏缴税款 7350. 80 元人民币。

分析：该公司进口货物征免性质、征免方式申报不实，影响国家税款征收的行为，违反了《海关法》第十条第三款、第二十四条第一款、《中华人民共和国海关进出口货物申报管理规定》第七条之规定，根据《海关法》第八十六条第（三）项之规定，已构成违反海关监管规定的行为，根据《中华人民共和国行政处罚法》予以行政处罚。

（2）退运进口货物与原出口报关不一致。

案例：某手套生产企业，2018 年 11 月 5 日，委托报关公司以退运货物监管方式向海关申报进口两项货物，其中第 1 项商品丁腈浸胶手套，申报品牌为 WA，数量为 17495 双；第 2 项商品丁腈浸胶手套，申报品牌为 WB，数量为 20520 双。

经查，该企业申报退运进口的第 1 项商品的品名、品牌、数量与实际相符，对应的原出口报关单为23282018079829＊＊＊8；申报的第2项商品与实际不符，实际进口品牌为LW的超纤手套20520双，无法确认对应的出口报关单。

11月20日，该企业进行删单重报，以退运货物监管方式申报进口第1项商品，以一般贸易监管方式申报进口另一项商品。经计核，该企业贸易方式等申报不实导致漏缴税款64623.10元人民币。

分析：该公司进口货物贸易方式等申报不实，影响国家税款征收，其行为已违反了《海关法》第十条第三款、第二十四条第一款之规定，构成违规。根据《中华人民共和国行政处罚法》《海关行政处罚实施条例》的相关规定予以行政处罚。

3. 退运货物申报风险内部审计思路

（1）退运货物与原进出口货物的一致性审核。通过比对退运报关数据与原进出口报关数据，包括品名、商品编号、料号、规格型号、价格等相关信息，确认退运货物与原进出口货物是否为同一货物，数量、成交方式等信息是否合理。

通过比对退运货物出入库数据与报关数据，包括料号、规格型号、数量等，确认申报信息的准确性，如表2-38所示。

表2-38 退运货物与原出口货物的一致性审核情况表

货物信息	退运进口	原出口	仓库
品名	集成电路	集成电路	
商品编号	8542339000	8542339000	
料号	IC2305	IC2305	IC2305
单价	USD2.65	USD2.65	
数量	200	10000	200

以上申报品名、商品编号、料号、价格等信息一致，退运进口数量合理。

（2）退运时间审核。通过退运进口报关单日期与原出口报关单日期进行比对，海关规定出口货物自出口放行之日起1年内原状退货复运进境的，纳税义务人在办理进口申报手续时，应当按照规定提交有关单证和证明文件，经海关确认后，对复运进境的原出口货物不予征收进口关税和进口环节海关代征税。

如果退运进口报关日期与原出口报关日期超过1年，应申报一般贸易征税进口。

五、进出口货物许可证管理

1. 进出口货物许可证管理法律法规要求

进出口货物许可证的管理应按以下法律法规的要求进行。

(1)《海关法》第二十四条规定:

进口货物的收货人、出口货物的发货人应当向海关如实申报,交验进出口许可证件和有关单证。国家限制进出口的货物,没有进出口许可证件的,不予放行,具体处理办法由国务院规定。

(2)《中华人民共和国货物进出口管理条例》第八条规定:

有对外贸易法第十七条规定情形之一的货物,禁止进口。其他法律、行政法规规定禁止进口的,依照其规定。

第十条规定:

有对外贸易法第十六条第(一)、(四)、(五)、(六)、(七)项规定情形之一的货物,限制进口。其他法律、行政法规规定限制进口的,依照其规定。

第十一条规定:

国家规定有数量限制的限制进口货物,实行配额管理;其他限制进口货物,实行许可证管理。

第二十四条规定:

进口属于自动进口许可管理的货物,进口经营者应当在办理海关报关手续前,向国务院外经贸主管部门或者国务院有关经济管理部门提交自动进口许可申请。

第三十三条规定:

有对外贸易法第十七条规定情形之一的货物,禁止出口。其他法律、行政法规规定禁止出口的,依照其规定。

第三十五条规定:

有对外贸易法第十六条第(一)、(二)、(三)、(七)项规定情形之一的货物,限制出口。其他法律、行政法规规定限制出口的,依照其规定。

第三十六条规定:

国家规定有数量限制的限制出口货物,实行配额管理;其他限制出口货物,实行许可证管理。

第四十三条规定:

实行许可证管理的限制出口货物,出口经营者应当向国务院外经贸主管部门或者国务院有关部门(以下统称出口许可证管理部门)提出申请,出口许可证管理部门应当自收到申请之日起30天内决定是否许可。

2. 进出口货物许可证申报风险案例分析

（1）进口禁止进口货物风险。

案例：2015 年 7 月 31 日，某贸易公司委托报关公司以一般贸易方式向海关申报进口 41.2 吨对苯二甲酸（副牌），原产地泰国，成交方式为成本加运费，申报总价 12360 美元。该批货物经海关查验并取样送中国环境科学研究院固体废物污染控制技术研究所进行化验，结论为不是对苯二甲酸产品，是来自对苯二甲酸生产中的报废品或精制产生的残余物，属于我国禁止进口的固体废物。

分析：该公司作为进口货物的经营单位，进口国家禁止进口固体废物的行为违反了《中华人民共和国固体废物污染环境防治法》第二十五条第三款，《固体废物进口管理办法》第十一条第一款之规定，构成进口国家禁止进口固体废物违规。应根据《中华人民共和国行政处罚法》第二十七条第一款第（四）项，《中华人民共和国固体废物污染环境防治法》第七十八条第一款之规定进行行政处罚。

（2）进口限制进口货物风险。

案例：某食品公司，于 2016 年 5 月 25 日委托报关公司向海关一般贸易方式申报进口一批货物，其中品名为面团搅拌机（旧），数量 1 台，商品编号为 8438100010，总价为 7.5 万美元；品名为饼干成型机（旧），数量 2 台，商品编号为 8438100010，总价为 13.75 万美元。

分析：经查，该公司为拓展研发能力从境外进口了上述面团搅拌机（旧）和饼干成型机（旧），进口货物属于糕点生产线机电产品，且属于国家限制进口货物，该公司在进口时须提交进口许可证。在上述货物进口中，该公司与委托的报关公司仅参阅了《税则》等对应进口货物的监管条件，却都忽视了商务部、海关总署、质检总局 2015 年第 75 号联合公告《2016 年进口许可证管理货物目录》的内容，导致该公司违反了国家进出口管理规定，在进口国家限制进口的货物向海关申报时不能提交许可证件。经计核，以上涉案货物价格 1699417.75 元人民币。

以上情况违反国家进出口管理规定，在进口国家限制进口的货物向海关申报时不能提交许可证件的行为，违反了《海关法》第二十四条第一款、《中华人民共和国货物进出口管理条例》第十九条第二款之规定，已构成违反海关监管规定的行为。应根据《海关行政处罚实施条例》第十四条第一款之规定予以行政处罚。

（3）进口两用物项商品的风险。

案例：P2017 年 8 月 16 日，某电子公司委托报关公司以一般贸易方式申报进口胶水 1 票，申报数量 20 桶，申报总价为 FOB 价 700 美元，申报税号为

3506100090，申报成分含量为乙酸丙酯10%、甲乙酮70%、其他20%。

分析：经查，根据《易制毒化学品进出口管理目录》之规定，甲乙酮即为丁酮，属于第三类易制毒化学品。该企业申报进口的胶水中甲乙酮（丁酮）含量已超过40%，根据《易制毒化学品进出口管理规定》以及商务部2007年第23号公告之规定，进口时需要提供《两用物项和技术进口证明》。但该公司在进口时没有向海关申报相关许可证明文件，影响国家许可证件管理，违反了《海关法》第十条第三款、第二十四条第一款之规定。根据《海关法》第八十六条第（三）项的规定，以上行为已构成违反海关监管规定的行为。应根据《海关行政处罚实施条例》第十五条第（三）项、第十六条之规定对以上行为进行行政处罚。

3. 进出口货物许可证管理内部审计思路

（1）进出口货物品名和商品编号审核。通过对申报的进出口货物品名和商品编号进行确认，确认其申报信息与实物是否一致，如果对进出口货物认知不够、对进出口货物归类不准确，可能会出现漏办理相关许可证件的情形，如表2-39所示。

表2-39 漏办相关许可证情况表

料号	品名	正确编号	监管条件	错误编号	监管条件	审核情况
ALD031	端子	85369019	A	73269019	无	漏办入境货物通关单

以上ALD031商品为端子，工作电压为200伏，商品编号为85369019，企业错误归类成73269019，导致漏办入境货物通关单的情况。

（2）单证一致性审核。核对申报进出口货物的发票、装箱单等商品信息与相关监管证书的商品信息，包括品名、商品编号、料号、规格型号等，确认申报信息与监管证件信息的一致性。

（3）证货一致性审核。核对仓库出入库信息及实物，包括品名、料号、规格型号等，确认实物信息与监管证件信息的一致性。

第三章

加工贸易保税业务管理风险与内部审计

企业从事加工贸易，应当按照海关相关规定向海关备案。加工贸易经营企业、加工企业、承揽者应当按照《中华人民共和国海关加工贸易货物监管办法》的规定接受海关监管。

加工贸易是指经营企业进口全部或者部分原辅材料、零部件、元器件、包装物料（以下统称料件），经过加工或者装配后，将制成品复出口的经营活动，包括来料加工和进料加工。

加工贸易保税货物是指在加工贸易项下的进口料件、出口成品及加工过程中产生的边角料、残次品、副产品等。

加工贸易企业应当根据《会计法》以及海关有关规定，设置符合海关监管要求的账簿、报表以及其他有关单证，记录与本企业加工贸易货物有关的进口、贮存、转让、转移、销售、加工、使用、损耗和出口等情况，凭合法、有效凭证记账并且进行核算。

加工贸易企业应当将加工贸易货物与非加工贸易货物分开管理。加工贸易货物应当存放在经海关备案的场所，实行专料专放。企业变更加工贸易货物存放场所的，应当事先通知海关，并办理备案变更手续。加工贸易货物应当专料专用。

经营企业应当在规定的期限内将进口料件加工复出口，并且自加工贸易手册项下最后一批成品出口或者加工贸易手册到期之日起 30 日内向海关报核。

经营企业报核时应当向海关如实申报进口料件、出口成品、边角料、剩余料件、残次品、副产品以及单耗等情况，并且按照规定提交相关单证。

加工贸易保税货物进口、存储、转让、转移、销售、加工、使用、损耗、处置、出口等环节中，违反《中华人民共和国海关加工贸易货物监管办法》，构成走私行为、违反海关监管规定行为或者其他违反《海关法》行为的，由海关依照《海关法》和《海关行政处罚实施条例》的有关规定予以处理；构成犯罪的，依法追究刑事责任。

第一节　保税成品单耗申报风险与内部审计

一、保税成品单耗概述

单耗反映了成品对应料件的组成关系和耗用量。加工贸易项下进口料件实行保税监管的，加工成品出口后，海关根据核定的实际加工复出口的数量予以核销。在核算过程中单位成品耗用多少保税料件，是加工贸易保税管理中的核心要素。

1. 单耗的概述

单耗是指加工贸易企业在正常加工条件下加工单位成品所耗用的料件量，包括净耗和工艺损耗。

净耗是指在加工后，料件通过物理变化或者化学反应存在或者转化到单位成品中的量。

工艺损耗是指因加工工艺原因，料件在正常加工过程中除净耗外所必需耗用、但不能存在或者转化到成品中的量，包括有形损耗和无形损耗。

工艺损耗率是指工艺损耗占所耗用料件的百分比，以下列公式表示。

单耗=净耗/（1-工艺损耗率）

下列情况不列入工艺损耗范围：

（1）因突发停电、停水、停气或者其他人为原因造成保税料件、半成品、成品的损耗；

（2）因丢失、破损等原因造成的保税料件、半成品、成品的损耗；

（3）因不可抗力造成保税料件、半成品、成品灭失、损毁或者短少的损耗；

（4）因进口保税料件和出口成品的品质、规格不符合合同要求，造成用料量增加的损耗；

（5）因工艺性配料所用的非保税料件所产生的损耗；

（6）加工过程中消耗性材料的损耗。

2. 单耗的核算方法

技术分析方法是指海关通过对成品的结构、成分、配方、工艺要求等影响单耗的各种因素进行分析和计算，核定成品单耗的方法。

实际测定方法是指海关运用称量和计算等方法，对加工过程中单耗进行测定，通过综合分析核定成品单耗的方法。

成本核算方法是指海关根据会计账册、加工记录、仓库账册等原料消耗的统计资料，进行对比和分析，计算核定成品单耗的方法。

3. 单耗标准

单耗标准是指供通用或者重复使用的加工贸易单位成品耗料量的准则。由海关根据有关规定会同相关部门制定，并以海关公告形式对外发布。单耗标准设定最高上限值，其中出口应税成品单耗标准增设最低下限值。

单耗标准适用于海关特殊监管区域、保税监管场所外的加工贸易企业，海关特殊监管区域、保税监管场所内的加工贸易企业不适用单耗标准。

海关特殊监管区域、保税监管场所外的加工贸易企业应当在单耗标准内向海关进行单耗备案或者单耗申报。

海关特殊监管区域、保税监管场所外的加工贸易企业申报的单耗在单耗标准内的，海关按照申报的单耗对保税料件进行核销；申报的单耗超出单耗标准的，海关按照单耗标准的最高上限值或者最低下限值对保税料件进行核销；尚未公布单耗标准的，加工贸易企业应当如实向海关申报单耗，海关按照加工贸易企业的实际单耗对保税料件进行核销。

二、保税成品单耗申报要求

保税成品单耗的申报应按《中华人民共和国海关加工贸易单耗管理办法》的要求进行，其中：

第五条规定：

单耗管理应当遵循如实申报、据实核销的原则。

第十四条规定：

加工贸易企业应当在成品出口、深加工结转或者内销前如实向海关申报单耗。

加工贸易企业确有正当理由无法按期申报单耗的，应当留存成品样品以及相关单证，并在成品出口、深加工结转或者内销前提出书面申请，经主管海关批准的，加工贸易企业可以在报核前申报单耗。

第十五条规定：

加工贸易企业申报单耗应当包括以下内容：

1. 加工贸易项下料件和成品的商品名称、商品编号、计量单位、规格型号和品质；
2. 加工贸易项下成品的单耗；
3. 加工贸易同一料件有保税和非保税料件的，应当申报非保料件的比例、商品名称、计量单位、规格型号和品质。

第十八条规定：

加工贸易企业可以向海关申请办理单耗变更或者撤销手续，但下列情形除外：

1. 保税成品已经申报出口的；
2. 保税成品已经办理深加工结转的；
3. 保税成品已经申请内销的；
4. 海关已经对单耗进行核定的；
5. 海关已经对加工贸易企业立案调查的。

第十九条规定：

单耗审核是指海关依据本办法审查核实加工贸易企业申报的单耗是否符合有关规定、是否与加工实际相符的行为。

第二十条规定：

海关为核查单耗的真实性和准确性，可以行使下列职权：

1. 查阅、复制加工贸易项下料件、成品的样品、影像、图片、图样、品质、成分、规格型号以及加工合同、订单、加工计划、加工报表、成本核算等账册和资料；

2. 查阅、复制工艺流程图、排料图、工料单、配料表、质量检测标准等能反映成品的技术要求、加工工艺过程以及相应耗料的有关资料；

3. 要求加工贸易企业提供核定单耗的计算方法、计算公式；

4. 对保税料件和成品进行查验或者提取货样进行检验或者化验；

5. 询问加工贸易企业的法定代表人、主要负责人和其他有关人员涉及单耗的有关情况和问题；

6. 进入加工贸易企业的货物存放场所、加工场所，检查与单耗有关的货物以及加工情况；

7. 对加工产品的单耗情况进行现场测定，必要时，可以留取样品。

第二十一条规定：

海关对加工贸易企业申报的单耗进行审核，符合规定的，接受加工贸易企业的申报。

第二十二条规定：

海关对加工贸易企业申报单耗的真实性、准确性有疑问的，应当制发中华人民共和国海关加工贸易单耗质疑通知书，将质疑理由书面告知加工贸易企业的法定代表人或者其代理人。

第二十三条规定：

加工贸易企业的法定代表人或者其代理人应当自收到中华人民共和国海关加工贸易单耗质疑通知书之日起10个工作日内，以书面形式向海关提供有关资料。

第二十九条规定：

违反本办法，构成走私或者违反海关监管规定行为的，由海关依照《海关法》和《海关行政处罚实施条例》的有关规定予以处理；构成犯罪的，依法追究刑事责任。

三、保税成品单耗申报风险案例分析

1. 保税成品单耗常见风险类型

（1）申报单耗与企业单耗不一致。海关规定企业在手册备案时、成品出口前或手册核销前要向海关申报单耗，如果申报的单耗与企业实际的单耗不一致，就存在申报错误的情况。

（2）材料变更未及时变更单耗。企业在产品生产过程中使用的保税料件料号或规格型号发生了变化，比如手册成品 A，原来使用 a、b、c 三种原材料，现在使用 a、b、d 三种原材料，而企业单耗申报时还是按照原来的单损耗 BOM 表来申报，就造成了产品单耗变更后所申报出口的产品单耗申报错误。

（3）工艺变更未及时变更单耗。企业在产品生产过程中使用的保税料件数量发生了变化，比如手册成品 A，原来使用 1 个保税料件 a、2 个保税料件 b、1 个保税料件 c，现在因为工艺改进了，使用 1 个保税料件 a、1 个保税料件 b、1 个保税料件 c，其中保税料件 b 减少了一个，而企业单耗申报时还是按照原来的单损耗 BOM 来申报，就造成了产品单耗变更后所申报出口的产品单耗申报错误。

2. 保税成品单耗申报风险案例分析

（1）技术改进未及时变更单耗

①案例简介：

某光电有限公司于 2014 年 7 月向海关申领了 C2357415＊＊＊＊的加工贸易手册，备案及口料件 LED 芯片，备案出口成品 LED 芯片。手册备案单耗为 0. 001640 平方英尺。

2014 年 8 月至 9 月，该公司使用上述手册项下进口 LED 芯片共计 167. 4717 平方英尺，价值 546225. 26 美元。经加工后，从该手册项下出口制成品 LED 芯片，价值共计 628559. 72 美元。

2015 年 6 月，该手册向海关申报核销，申报单耗与备案单耗一致，为 0. 001640 平方英尺。

经查，实际单耗为 0. 001537 平方英尺，实际单耗与核销单耗不一致。

②违反规定：

该公司作为加工贸易企业，向海关申报的加工贸易制成品单耗与实际不符，违反了《中华人民共和国海关加工贸易单耗管理办法》第十四条的规定，构成单耗申报不实违规。

根据《海关行政处罚实施条例》第十八条第一款第（五）项之规定，予以行政处罚。

③案例分析：

经了解，该公司在生产过程因技术改进，原来单耗为 0. 001640 平方英尺，技术改进后实际单耗为 0. 001537 平方英尺。由于公司各部门之间未及时沟通，关务部门没有及时掌握单耗的变化情况，在手册报核时申报的单耗与实际不符，造成了单耗申报不实，导致多核保税料件、漏缴税款。

（2）误将单耗申报为净耗

①案例简介：

某塑胶制品有限公司于2014年10月向海关申领了一本C2327445＊＊＊＊的进料加工贸易手册，该手册备案进口料件为聚氯乙烯、安定剂、钛白粉、色粉等保税原料，经配料、混合、制粒、压出成型、加工装配等加工工序，出口成品为百叶窗、叶片、下梁等。

经查，该手册保税料件项号二为原材料安定剂，对应保税成品第二项百叶窗的实际单耗为0.02826千克，对应保税成品第七项叶片的实际单耗为0.07766千克。该公司在手册报核时将保税成品第二项百叶窗耗用安定剂的净耗申报为0.02826千克，将保税成品第七项叶片耗用安定剂的净耗为0.07766千克。按照申报净耗，该两项成品申报核销安定剂140454.56千克，比实际多核销保税料件安定剂4412千克。多核销保税料件货物价值11.78万元人民币，漏缴税款2.33万元人民币。

②违反规定：

该企业作为经营保税业务加工的企业，未如实向海关申报加工贸易制成品单位耗料量，单耗申报不实，违反了《中华人民共和国海关加工贸易货物监管办法》第十二条之规定，已构成违反海关监管规定的行为。根据《海关法》第八十六条第（十三）项、《海关行政处罚实施条例》第十八条第一款第（五）项之规定进行行政处罚。

③案例分析：

经了解，以上将保税成品第二项百叶窗和保税成品第七项叶片耗用保税料件安定剂的实际单耗申报为净耗的行为，系公司关务人员在手册报核时因工作责任心不够，未仔细核对，误将上述两项成品耗用安定剂的单耗申报成了净耗而导致的。

（3）归并方式单耗申报与实际不一致

①案例简介：

某电容器有限公司于2015年向海关申领了编号为C2303235＊＊＊1的进料加工手册。手册项下进口料件为化成箔、其他无衬背铝箔阴极、其他无衬背铝箔引线条、电解液、电容器用胶盖、其他无衬背铝箔阳极6种料件，出口成品为92种不同规格的电容器，在向海关手册备案时归并备成了一项成品。

经查，根据92种不同规格电容器的实际单耗及该手册执行期间出口电容器数量进行核算，手册核销时多核算共计33532.63平方米阴极箔、3015.2千克引线条。上述阴极箔和引线条被用于非保税产品的生产，已脱离海关监管。经核算，33532.63平方米阴极箔、3015.2千克引线条合计价值462068.99元人民币，漏缴税款89492.8元人民币。

②违反规定：

该公司在开展加工贸易过程中，未如实申报加工贸易制成品单位耗料量，违反了《中华人民共和国海关加工贸易货物监管办法》第十二条、第三十一条，《中华人民共和国海关加工贸易单耗管理办法》第十四条之规定，构成违规。鉴于该公司在海关调查期间如实说明违法事实、主动提供材料、缴纳足额担保，具有从轻处罚情节，根据《中华人民共和国行政处罚法》第二十七条第一款第（四）项、《海关行政处罚实施条例》第十八条第一款第（五）项之规定，对该企业单耗申报不实行为予以从轻处罚。

③案例分析：

上述手册项下涉及电容器产品的规格有 92 种，加之国外不同客户对产品的具体要求又各不相同，故 92 种不同规格电容器的实际单耗也各不相同，而该公司采取了归并的方式向海关申报单耗，进而造成实际单耗与申报单耗存在差异，部分产品实际单耗高于申报单耗，部分产品实际单耗低于申报单耗的情况。

《中华人民共和国海关加工贸易单耗管理办法》规定，单耗管理应当遵循如实申报、据实核销的原则。加工贸易企业应当在成品出口、深加工结转或者内销前如实向海关申报单耗。

四、保税成品单耗内部审计思路

1. 了解企业保税成品单耗内控制度

通常，企业有一个新产品进行开发或进行试样，会有一个新品的 BOM 表，可以称之为研发 BOM 或工程 BOM。产品研发或试样成熟后，需要进行批量生产，在 ERP 系统中会产生一个标准 BOM，采购部门根据标准 BOM 组织物料的采购，制造部门根据标准 BOM 进行物料的生产领用。在实际生产过程中，可能会有设计变更、工艺变更、物料变更等，实际生产时物料的耗用和损耗情况与标准 BOM 会有些差异，此时的 BOM 表可以称为制造 BOM。

对企业单耗管理内部控制的了解，主要从企业 BOM 表的来源、BOM 的计算方法、BOM 表的计算依据、BOM 表的变更情况、BOM 表的申报情况等了解企业单耗的管理情况。

2. 保税产品单耗管理穿行测试

通过获取某一商品的系统 BOM 表信息、产品工单信息、产品设计变更信息、核销 BOM 信息等，对企业保税产品单耗管理流程进行穿行测试，如表 3-1所示。

表 3-1 企业保税产品单耗管理流程穿行测试表

业务活动	测试内容	测试情况
单耗计算方法	属于行业（机械、注塑、电子、化工、服装等）	
	单耗的计算方法（技术分析、实际测定、成本核算等）	
	是否有单耗标准	
系统 BOM 表	成品品名	
	成品料号	
	耗用料件品名	
	耗用料件料号	
	耗用料件单耗	
	耗用料件净耗	
	耗用料件损耗	
	系统 BOM 的维护部门	
产品变更	产品是否有设计变更	
	设计变更具体情况	
	产品是否有物料变更	
	物料变更具体情况	
	产品是否有工艺变更	
	工艺变更具体情况	
	相关变更情况是否更新系统 BOM 表	
	系统 BOM 表更新是覆盖旧的 BOM 还是新增一个 BOM 表	
生产工单	工单编号	
	成品料号	
	生产数量	
	领用料件料号	
	领用料件数量	
	工单 BOM 与系统标准 BOM 是否一致	

表3-1　续

业务活动	测试内容	测试情况
生产制造	生产成品料号	
	生产成品良品数量	
	生产成品产生残次品数量	
	生产成品耗用原材料数量	
	生产成品产生边角料数量	
	实际生产 BOM 表与系统标准 BOM 表是否一致	
	是否及时更新系统 BOM 表	
	是否及时通知关务变更手册申报 BOM	
报核 BOM	报核成品料号	
	报核料件料号	
	报核料件单耗	
	报核料件净耗	
	报核料件损耗	
	报核 BOM 与实际生产 BOM 是否一致	

通过上述穿行测试，可以了解企业产品单耗的内控流程，内控机制是否有效执行，是否存在管理风险等。

当一个成品单耗发生各种变更时，如果未及时更新系统 BOM 表，未及时通知关务变更手册申报 BOM，报核时申报单耗就会与实际单耗不一致。

3. 保税成品单耗的测定方法

不同行业单耗的核算方法也有所不同，在实际审核案例中，可以单独或者综合使用技术分析、实际测定、成本核算等方法对加工贸易企业申报的单耗进行核定。

（1）实际测定方法是指运用称量和计算等方法，对加工过程中单耗进行测定，通过综合分析核定成品单耗的方法。可以运用称重和计算、质量检测标准、实地解剖和送检抽样成品等方法，确定单一成品与料件的比例关系、单一成品对应料件的组成情况。通过查阅、复制企业核算单耗时引用的工艺流程图等相关资料，查证企业核算单耗的依据和结果是否准确。

（2）技术分析方法是指海关通过对成品的结构、成分、配方、工艺要求等影响单耗的各种因素进行分析和计算，核定成品单耗的方法。可以通过对企业生产成品的结构、成分、配方、排料图、BOM 配料表、工艺要求、质量检测标准等影响单耗的各种因素进行分析和计算，查证企业核算单耗的依据和结果是否准确。

（3）成本核算方法是指海关根据会计账册、加工记录、仓库账册等原料消耗的统计资料，进行对比和分析，计算核定成品单耗的方法。可以通过企业会计账册、投料单、领料单、加工记录、仓库账册、BOM 成本核算单等料件耗用统计资料，查证企业核算单耗的依据和结果是否准确。

4. 保税成品单耗资料

保税成品单耗审核时，根据抽查料号获取以下资料，包括但不限于：

（1）企业单耗管理作业流程；

（2）企业手册申报单耗；

（3）企业 ERP 系统单耗；

（4）抽查产品图纸、爆破图；

（5）抽查产品生产配方；

（6）抽查产品生产排版图；

（7）抽查产品生产工单、领料单。

5. 保税成品单耗的审核思路

（1）装配行业：

对计量单位为“个”“块”“粒”“台”等的保税料件生产的保税成品，比如机器、电器、电子产品等，可以通过实际测定法审核其单耗、净耗和工艺损耗。

比如一个单反相机使用了哪些零件，可以通过结合产品设计图纸，对产品进行拆解的方式对成品耗用保税料件的种类和数量情况进行确认，如图3-1所示。

图 3-1　单反相机爆破图

也可以通过工单使用保税料件情况进行确认，如表 3-2 所示。

表 3-2 工单使用保税料件情况表

工单号		GD-0020180056	工单时间	2018/08/13
成品料号		RUTK0245FZVZ	成品数量	200 PC
序号	**料件名称**	**料件料号**	**料件数量**	**单位**
1	集成电路	XP0001-0405	600	PC
2	取景框	XP0007-2009	200	PC
3	片式电阻	XP0001-2204	200	PC
4	晶体管	XP0002-2206	400	PC
5	连接器	XP0001-1604	200	PC
6	二极管	XP0001-2435	400	PC
7	熔断器	XP0006-0104	200	PC
8	滚轮	XP0001-2108	800	PC
9	开关	XP0001-0564	200	PC
10	基板组件	XP0007-2351	200	PC
…				

通过以上数据，可以得出成品的单耗，如表 3-3 所示。

表 3-3 成品单耗情况表

成品料号	成品数量	料件料号	料件数量	单位
RUTK0245FZVZ	1 台	XP0001-0405	3	PC
		XP0007-2009	1	PC
		XP0001-2204	1	PC
		XP0002-2206	2	PC
		XP0001-1604	1	PC
		XP0001-2435	2	PC
		XP0006-0104	1	PC
		XP0001-2108	4	PC
		XP0001-0564	1	PC
		XP0007-2351	1	PC
		…		

装配行业一般净耗就是单耗，没有工艺损耗。

（2）注塑行业：

对计量单位为“千克”“克”等的保税料件生产的保税成品，如塑料制品、橡胶制品等，可以通过实际测定法和成本核算法审核其单耗、净耗和工艺损耗。

比如对一个注塑零件的净耗，可以通过称重的方式对成品耗用保税料件的净重及在生产过程中产生的边角料重量进行计量，如图 3-2 和图 3-3 所示。

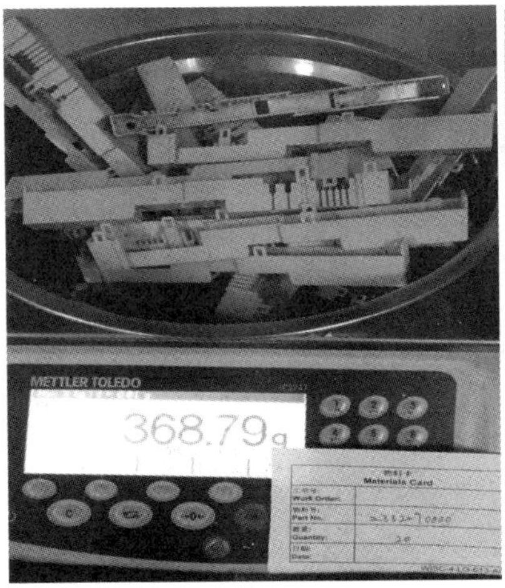

图 3-2　成品称重

图 3-3　边角料

通过对 20 个产品及 100 个产品边角料称重，情况如表 3-4 所示。

表 3-4　20 个产品及 100 个产品边角料的称重情况表

20 个产品的重量/克	368.79
100 个产品边角料重量/克	498

通过以上数据可以计算出结果，如表 3-5 所示。

表 3-5　计算结果情况表

单个产品的重量（净耗）/克	18.4395
单个产品边角料重量（工艺损耗）/克	4.98
单位产品耗用（单耗）/克	23.4195
工艺损耗率/%	21.26

也可以通过对产品生产工单、领料单、投料单、生产制造良品数量、不

良品数量、边角料数量及边角料的重复利用等的分析，确认产品实际使用物料料号、产品损耗、产品单耗，计算该工单的实际生产 BOM 表，如表 3-6 所示。

表 3-6 工单生产数据情况表

工单号	GD-0020180058
成品料号	RUTK-0248A
成品品名	塑料绝缘零件
料件料号	ABS-2301
料件品名	ABS 塑料粒子
料件投料数量/千克	1000
产出塑料绝缘零件毛坯/个	8200
塑料绝缘零件毛坯重量/（千克/个）	0.12
产出塑料废渣/千克	16
毛坯削切产生水口料/千克	164
削切后塑料绝缘零件净重/（千克/个）	0.1

获取以上工单生产数据，假设生产过程中产生的废渣、水口料等均不可回收利用，通过以上数据，可以得出以下数据，如表 3-7 所示。

表 3-7 工单生产数据分析情况表

净耗/（千克/个）	0.1
单耗/（千克/个）	0.121952
工艺损耗/（千克/个）	0.021952
工艺损耗率/%	18

（3）裁切行业：

对计量单位为“平方米”“尺”等的保税料件生产的保税成品，比如冲压、裁切、服装等行业，可以通过技术分析法和实际测定法审核其单耗、净耗和工艺损耗。

比如对塑料垫圈的净耗，可以通过对产品排版图进行分析，确认产品应使用的原材料料号、规格型号及使用数量，计算合理排版可生产产品的数量、单耗、工艺损耗，如图 3-4 所示。

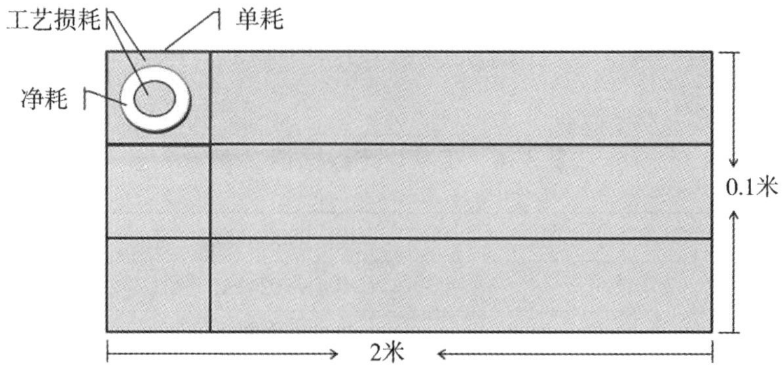

图 3-4 裁切排版图

裁切行业的净耗计算，可以根据产品的实际尺寸进行计算，也可以直接使用 CAD 软件来计算。

裁切行业的单耗计算，可以根据排版图，使用材料面积除以可生产的产品数量计算生产单位产品必须要耗用的原材料数量；也可以根据送料尺寸的材料面积除以送料尺寸可生产的产品数量计算单位产品所耗用的原材料数量。

例如，生产塑料垫圈的产品和料件信息如表 3-8 所示。

表 3-8 生产塑料垫圈的产品和料件信息表

产品品名	塑料垫圈
材料尺寸/米	宽 0.1，长 2
生产产品数量/个	183
产品尺寸/米	内直径 0.02，外直径 0.03

根据以上信息，产品单损耗计算如表 3-9 所示。

表 3-9 产品单耗计算情况表

产品单耗/（平方米/个）	2 米×0.1 米/183 个＝0.0010929
产品净耗/（平方米/个）	$3.14\times(0.03/2)^2-3.14\times(0.02/2)^2=0.0007065-0.000314=0.0003925$
工艺损耗/平方米	0.0010929−0.0003925＝0.0007004
工艺损耗率/%	（0.0010929−0.0003925）/0.0010929＝64.0864

在向海关申报时，因单个产品的单耗、净耗、工艺损耗值较小，可转换

成每一千个产品耗用原材料的单耗、净耗和工艺损耗数量。

审核小结

单耗管理应当遵循如实申报、据实核销的原则。

加工贸易企业应当在成品出口、深加工结转或者内销前如实向海关申报单耗。

加工贸易企业确有正当理由无法按期申报单耗的，应当留存成品样品以及相关单证，并在成品出口、深加工结转或者内销前提出书面申请，经主管海关批准的，加工贸易企业可以在报核前申报单耗。

如何做好保税成品单耗的审核？

1. 可以通过企业向海关申报的单耗与企业 ERP 系统 BOM 表进行比对，审核确认企业向海关申报的单耗是否存在申报错误的情形。

2. 可以通过企业生产工单、领料单、投料单、配料表、排料图等产品生产信息，使用实际测量、技术分析、成本核算等方法，确认企业向海关申报单耗与企业生产实际单耗是否一致，应特别关注：

(1) 产品单耗长期不变的；

(2) 产品单耗变化较大的；

(3) 出口报关数量或金额较大的产品；

(4) 手册理论库存与实际库存差异较大的物料对应生产的成品。

第二节　保税料件内销补税申报风险与内部审计

一、保税货物内销补税概述

加工贸易保税进口料件或者成品内销的，海关以料件原进口成交价格为基础审查确定完税价格，对保税进口料件依法征收税款并且加征缓税利息。

二、保税货物内销补税要求

保税货物内销补税应按以下法律法规及公告的要求进行。

1.《中华人民共和国海关加工贸易货物监管办法》

第十条规定：

加工贸易企业应当根据《会计法》以及海关有关规定，设置符合海关监管要求的账簿、报表以及其他有关单证，记录与本企业加工贸易货物有关的进口、存储、转让、转移、销售、加工、使用、损耗和出口等情况，凭合法、有效凭证记账并且进行核算。

第三十三条规定：

加工贸易保税进口料件或者成品内销的，海关对保税进口料件依法征收税款并且加征缓税利息，另有规定的除外。

进口料件属于国家对进口有限制性规定的，经营企业还应当向海关提交进口许可证件。

2. 海关总署公告 2014 年第 21 号（关于执行《中华人民共和国海关加工贸易货物监管办法》有关问题的公告）

九、关于《中华人民共和国海关加工贸易货物监管办法》第三十三条

经营企业申请办理加工贸易货物内销手续，除特别规定外，应当向海关提交下列单证：

（1）主管部门签发的加工贸易保税进口料件内销批准证；

（2）经营企业申请内销加工贸易货物的材料；

（3）提交与归类和审价有关的材料。

经营企业申请办理加工贸易货物内销手续，应当如实申报加工贸易货物内销征税联系单，凭以办理通关手续。

3.《中华人民共和国海关加工贸易企业联网监管办法》

第十二条规定：

经主管海关批准，联网企业可以按照月度集中办理内销补税手续；联网企业内销加工贸易货物后，应当在当月集中办理内销补税手续。

4. 海关总署公告 2013 年第 70 号（关于加工贸易集中办理内销征税手续的公告）

第一条规定：

加工贸易内销集中征税是指符合条件的加工贸易企业先行内销加工贸易保税货物，再集中向主管海关办理内销纳税手续。

第二规定：

企业采用集中纳税模式办理内销手续，需事先向海关提交集中办理内销纳税手续情况表备案，并按规定提供相应担保。

第六规定：

企业内销加工贸易货物后，须在当月月底前向主管海关集中办理加工贸易内销征税联系单，且不得超过手册有效期。

第七规定：

已适用内销集中纳税的加工贸易企业，有下列情形之一的，终止适用内销集中纳税：

（1）企业涉嫌走私、违规，被海关立案调查、侦查，案件未审结的；

（2）企业一年内月实际内销征税金额超过月计划纳税金额两次及以上，

未及时到海关办理相应手续的；

（3）企业内销加工贸易货物后，未经海关批准不在规定时间内向主管海关办理集中申报手续的；

（4）企业先行内销加工贸易货物后无法按规定提交商务主管部门加工贸易保税进口料件内销批准证及其他许可证件的；

（5）企业手册到期未及时办理报核手续的；

（6）因管理混乱被海关要求整改的；

（7）企业被降为 C、D 类的；

（8）企业自主申请终止资格的。

第九规定：

加工贸易企业内销商品中如涉及许可证件管理的商品，应当取得相应许可证件后，向海关办理内销集中申报手续。

5. 海关总署公告 2018 年第 59 号（海关总署关于全面推广以企业为单元加工贸易监管改革）

第二条第（一）项第 4 点规定：

集中内销。企业应于每月 15 日前对上月发生的内销保税货物，在依法提供税收担保的前提下，集中办理纳税手续，但不得跨年。

6.《中华人民共和国海关审定内销保税货物完税价格办法》

第三条规定：

内销保税货物的完税价格，由海关以该货物的成交价格为基础审查确定。

第四条规定：

进料加工进口料件或者其制成品（包括残次品）内销时，海关以料件原进口成交价格为基础审查确定完税价格。

属于料件分批进口，并且内销时不能确定料件原进口一一对应批次的，海关可按照同项号、同品名和同税号的原则，以其合同有效期内或电子账册核销周期内已进口料件的成交价格计算所得的加权平均价为基础审查确定完税价格。

第五条规定：

来料加工进口料件或者其制成品（包括残次品）内销时，海关以接受内销申报的同时或者大约同时进口的与料件相同或者类似的保税货物的进口成交价格为基础审查确定完税价格。

第八条规定：

保税区内企业内销的保税加工进口料件或者其制成品，海关以其内销价格为基础审查确定完税价格。

保税区内企业内销的保税加工制成品中，如果含有从境内采购的料件，海关以制成品所含从境外购入料件的原进口成交价格为基础审查确定完税价格。

保税区内企业内销的保税加工进口料件或者其制成品的完税价格依据本条前两款规定不能确定的，海关以接受内销申报的同时或者大约同时内销的相同或者类似的保税货物的内销价格为基础审查确定完税价格。

第九条规定：

除保税区以外的海关特殊监管区域内企业内销的保税加工料件或者其制成品，以其内销价格为基础审查确定完税价格。

除保税区以外的海关特殊监管区域内企业内销的保税加工料件或者其制成品的内销价格不能确定的，海关以接受内销申报的同时或者大约同时内销的相同或者类似的保税货物的内销价格为基础审查确定完税价格。

除保税区以外的海关特殊监管区域内企业内销的保税加工制成品、相同或者类似的保税货物的内销价格不能确定的，海关以生产该货物的成本、利润和一般费用计算所得的价格为基础审查确定完税价格。

三、保税货物内销补税管理风险案例分析

1. 保税货物内销管理常见风险类型

（1）内销补税物料不完整（擅自内销）。企业加工贸易保税货物向海关申请内销补税的物料少于实际发生国内销售的或者需要内销补税的保税料件、保税半成品、保税成品等不同种类，不同料号和规格型号的情况。实际已内销但未进行内销补税就造成了擅自内销。

（2）内销补税数量不完整。企业加工贸易保税货物向海关申请内销补税的数量少于实际发生国内销售的或者需要内销补税的保税料件、保税半成品、保税成品等数量或折料数量的情况。

（3）内销补税价格不合理。企业加工贸易保税货物向海关申请内销补税的价格小于实际进口的价格或本周期内该物料的进口加权平均单价。

（4）内销补税程序不合规。企业加工贸易保税货物实际国内销售时间和向海关申报内销补税时间不符合先税后销或集中内销的管理规定。

2. 保税货物内销补税管理风险案例分析

（1）保税内销货物品名、编号申报错误

①案例简介：

某机械有限公司于2014年1月至2015年9月以进料料件内销的贸易方式向海关申报进口空滤器共计6票，申报商品编号为84213990，该编号项下商品进口关税税率为5%。

经海关稽查发现，内销申报进口的上述6票共计90763个空滤器实际为

滤油器，应归入商品编号 84212300，该编号项下商品进口关税税率为 10%。因公司相关人员工作疏忽，将进口的滤油器的品名和商品编号申报错误。上述 90763 个滤油器价值 367506.85 元人民币，共计漏缴税款 16705.22 元人民币。

②违反规定：

该公司作为进口货物的经营单位，以进料料件内销的贸易方式向海关申报进口的 6 票货物的品名、编号与实际不符，违反了《海关法》第十条第三款、第二十四条第一款的规定，构成申报不实违规，影响了国家税款征收。

鉴于该企业在海关调查期间如实说明违法事实、主动提供材料，且足额缴纳担保，可以从轻处罚。根据《中华人民共和国行政处罚法》第二十七条第一款第（四）项、《海关行政处罚实施条例》第十五条第（四）项、第十六条之规定，对该企业予以从轻处罚。

③案例分析：

经查，2013 年 1 月至 2015 年 10 月期间，该公司以进料对口方式申报进口空滤器共计 140 票、930589 个，申报价格共计 418607.57 美元，申报的商品编号均为 84213990，但实际均为滤油器，应归入商品编号 84212300。因公司相关人员工作疏忽，将进口的滤油器的品名和商品编号申报错误，影响了海关统计准确性。

（2）保税货物擅自内销风险

①案例简介：

某船用设备有限公司于 2016 年 3 月 21 日向海关申领了 C＊＊＊292 的进料加工手册，备案进口料件为船舶用柴油发动机、喷水推进器等，备案出口成品为救生艇。2016 年 3 月 24 日，该公司用 C＊＊＊292 手册以进料对口的贸易方式报关进口 4 台 DV29RME 型号船舶用柴油发动机，发动机号分别是 210987、210988、210851、210852，单价 6588 欧元/台。

2016 年 3 月 27 日，该公司与国内某石油公司签订了救生艇买卖合同，因生产所需，该公司未向海关申请及办理内销补税手续，于 2016 年 8 月、11 月，分别将发动机号分别是 210987、210988 的 2 台柴油发动机用于国内购买合同的生产，并于 2017 年 2 月 6 日将 2 台生产好的救生艇交付国内某石油公司使用。

经核定，以上两台 DV29RME 型号的船舶用柴油发动机货值 118816.97 元人民币，漏缴税款 22099.86 元人民币。

②违反规定：

该公司未经海关核准并办理内销补税手续，擅自销售保税货物制成品，违反了《海关法》第三十七条第一款之规定，构成擅自转让海关监管货物的违规行为。鉴于该公司积极配合海关调查，主动缴纳足额担保金，具有从轻处罚情节。根据《中华人民共和国行政处罚法》第二十七条第一款第（四）项、《海关法》第八十六条第（十）项，《海关行政处罚实施条例》第十八条第一款第（一）项之规定，对该企业予以从轻处罚。

③案例分析：

该公司未向海关申请集中办理内销纳税手续的方式，在保税货物需要内销前，应先向海关进行申请，并及时办理纳税手续后再进行内销，即先税后销。而实际情况是，该公司在 2016 年 8 与和 11 月，分别将保税料件用于非保税产品的生产，并于 2017 年 2 月 6 日进行实际内销，导致保税货物脱离海关监管。

（3）未及时办理集中内销补税手续风险

①案例简介：

某公司主要生产电子连接器等电子产品，主要料件有连接线、接插件、端子等，是海关联网监管企业。

2014 年 9 月至 2015 年 5 月，在开展加工贸易账册 E23282000 * * 4 内销集中征税业务过程中，未按规定期限向海关办理内销集中征税申报手续。

经查，该公司在 2014 年 9 月 2 日至 2014 年 10 月 31 日，内销的保税成品连接线于 2014 年 12 月 10 日向海关申请集中征税，折合成料件电线、端子、电源线等进口保税料件价值 42619. 59 元人民币，涉及税款 7952. 58 元人民币。

经查，该公司在 2014 年 11 月 1 日至 2014 年 12 月 31 日，内销保税成品束线等于 2015 年 2 月 8 日向海关申请集中征税，折合成料件电线、接插件、电子软排线等进口保税料件价值 103210. 47 元人民币，涉及税款 19464. 47 元人民币。

经查，该公司在 2015 年 2 月 1 日至 2015 年 3 月 31 日，内销保税成品束线和束线组件等于 2015 年 4 月 28 日向海关申请集中征税，折合成料件电线、接插件、电子软排线等进口保税料件价值 40954. 19 元人民币，涉及税款 7704. 19 元人民币。

经计核，该公司在加工贸易电子账册 E23282000 * * 4 项下超期办理内销补税手续的电线、端子、接插件等保税货物价值为 186784. 25 元人民币，涉及税款 35121. 24 元人民币。

②违反规定：

该公司在开展加工贸易内销集中征税业务过程中，未按规定向海关办理内销征税申报手续的行为，违反了《海关法》第三十二条第二款之规定，根据《海关法》第八十六条第（十三）项之规定，已构成违反海关监管规定的行为。

鉴于该公司的上述违规行为属于程序性违规，具有减轻处罚的情节。根据《中华人民共和国行政处罚法》第二十七条第一款第（四）项、《海关行政处罚实施条例》第十八条第一款第（四）项之规定，予以减轻处罚。

③案例分析：

上述行为的原因是该公司缺乏加工贸易保税货物内销管理内控制度，公司管理存在缺陷。公司领导对海关保税货物监管规定不够重视，公司关务人员对海关保税货物监管政策宣传不够，公司相关业务部门与关务部门沟通不畅，最后导致公司未在海关规定期限内办理内销补税的手续。

（4）内销补税价格申报错误风险

①案例简介：

某电子产品公司，主要开发、生产半导体、电子元器件及精密零部件专用防护、固定材料等相关产品。

2017 年 6 月 9 日，在 E23244001＊＊8 加工贸易账册下申报内销丙烯酸胶、双面胶带、导电胶膜等共计 24 项料号的进料料件，公司在填制内销补税申报单价时将价格填制错误，导致两票进料料件内销报关单价格申报不实，申报总价为 63176.34 美元，实际总价为 544774.78 美元。

随后，该公司在自查中发现该内销价格申报不实行为，主动向海关加工贸易监管部门报明。经计核，以上内销货物价格申报不实导致漏缴税款 938543.48 元人民币。

②违反规定：

该公司内销保税料件时，未如实申报保税料件价格，违反了《海关法》第十条第三款、第二十四条第一款之规定，影响了国家税款征收，应予处罚。鉴于违法行为系该公司自查发现且主动向海关报明，根据《中华人民共和国行政处罚法》第二十七条第一款第（四）项、《海关行政处罚实施条例》第十五条第（四）项、第十六条之规定，予以减轻处罚。

③案例分析：

发生以上进料料件内销价格申报不实的原因，系企业在制作内销申报相关单证时，由于企业员工责任心不强，将价格填制错误。制单完成后未实施复核机制就将相关单证提供给报关公司用于报关，最终导致进料料件内销价格申报不实，漏缴税款。

四、保税货物内销补税内部审计思路

1. 了解企业保税货物内销补税内控制度

企业对于需要内销补税的数据来源，一般有两种情况，一种是需要内销补税的数据由各个业务部门进行统计和管理，定期提供给关务部门向海关进行内销补税申报；一种是由关务部门在 ERP 系统中下载需要内销补税的数据进行统计和汇总后向海关进行内销补税申报。不管是哪种数据来源情况，均需要了解企业产品生产加工工艺，哪些环节会出现损耗；了解企业业务类型，是否既有外销又有内销；了解仓库异动类型，除了正常的生产工单领用，成品销售出库，还有哪些出库类型；对于各个待内销补税的环节，企业是如何来管控的。

2. 保税货物内销管理穿行测试

对企业保税货物内销补税进行穿行测试，如表 3-10 所示。

表 3-10　企业保税货物内销管理穿行测试表

业务活动	测试内容	测试情况
内销合同或内销订单	内销合同	
	内销订单	
	内销合同是否得到审批	
	内销成品品名	
	内销成品料号	
	内销成品单价	
	内销成品数量	
	内销料件品名	
	内销料件料号	
	内销料件单价	
	内销料件数量	
内销数据统计方式	人工收集	
	系统统计	
仓库信息	仓库种类（成品、半成品、料件、不良品、边角料等）	
	仓库库位代码规则	
	物料料号编号规则	
	仓库异动代码含义	

表3-10　续1

业务活动	测试内容	测试情况
仓库数据	材料领料单编号规则	
	是否有试样生产领用保税料件	
	是否有样品出货领用保税料件	
	是否有维修返工领用保税料件	
	是否有售后服务领用保税料件	
	是否有超工单领用保税料件	
	是否有新员工培训领用保税料件	
	是否有品质检测领用保税料件	
	是否有保税材料报废出库	
	是否有保税材料国内销售	
	除正常生产工单领用保税料件的其他情况	
	成品出库单编号规则	
	是否有保税成品以样品方式出库	
	是否有保税成品国内销售出库	
	是否有保税成品品质检测出库	
	是否有保税成品售后服务出库	
	是否有保税成品报废出库	
	除正常保税销售出库的其他情况	
	保税不良品、残次品管理情况	
	其他不同统计保税货物内销数据	
内销整理数据	内销补税数据（原始数据）	
	数据发生时间	
	内销补税折料数据	
	内销补税汇总数据	

表3-10　续2

业务活动	测试内容	测试情况
内销审批数据	内销补税联系单号	
	内销补税审批时间	
	内销补税申请料号	
	内销补税申请数量	
	内销补税申请单价、币制	
	内销补税申请数据与原始数据折料汇总后是否一致	
内销补税报关	内销补税报关单号	
	内销补税报关申报时间	
	内销补税料件料号	
	内销补税料件数量	
	内销补税料件单价、币制	
	内销补税报关数据与内销补税审批数据是否一致	
财务内销收款	保税货物内销财务记账凭证	
	保税货物内销财务销售发票	
	内销发票日期	
	保税货物内销料号	
	保税货物内销数量	
	保税货物内销金额	

通过以上穿行测试，可以了解企业保税料件、保税成品等内销补税的数据来源和内控机制，了解企业有哪些需要内销补税的情况，是否存在管理风险。当一周期内内销补税报关数据与实际内销或需要内销数理或折料数量不一致时，就会存在内销补税违规风险。

3. 保税货物内销补税审核资料

保税货物内销补税审核时，根据抽查内销周期获取以下资料，包括但不限于：

（1）企业保税货物内销补税作业流程；

（2）需求部门保税内销补税数据；

（3）内销合同或订单；

（4）仓库根据货物异动类型获取出库数据；

（5）关务内销整理数据；

（6）内销补税报关单、联系单；

（7）财务内销记账凭证、内销发票。

4. 保税货物内销补税审核

通过了解企业的内部管理和信息系统管理及穿行测试，可以获取以下信息。

例如，从某企业信息系统中获取公司仓库管理信息如下：

（1）仓库库位代码，如表3-11所示。

表3-11 仓库代码表

仓库代码	代码含义
A001	保税料件仓库
A002	国产料件仓库
B001	保税半成品仓库
B002	国产半成品仓库
C001	保税成品仓库
C002	国产成品仓库

（2）仓库异动类别，如表3-12所示。

表3-12 异动代码表

异动代码	代码含义
1001	采购入库
1002	不良退货
2001	领料出库
2002	超领出库
2003	报废出库
2004	试样领用
2005	内销出库
…	
3001	成品入库
3002	成品退库
4001	外销出库

表3-12 续

异动代码	代码含义
4002	样品出库
4003	国内销售
4004	报废出库
…	

通过获取以上信息及进行穿行测试分析，可以看出以上保税材料仓库A001、保税半成品仓库 B001 中，异动类别为 2002 超领出库、2003 报废出库、2004 试样领料、2005 内销出库是需要进行内销补税的；保税成品仓库C001 中，异动类别为 4002 样品出库、4003 国内销售、4004 报废出库是需要进行内销补税的。

（3）确认仓库需要内销补税的数据。例如，通过企业信息系统的仓库库位信息和出入库异动信息，获取了企业信息系统中 2018 年 10 月份需要内销补税的数据，如表 3-13 所示。

表 3-13 企业信息系统的仓库库位信息和出入库异动信息表

序号	料号	数量/个	状态	仓库	出货日期	异动类型
1	1100A001	1000	原材料	A001	20181009	2005
2	1100A008	998	原材料	A001	20181012	2003
3	1100A021	450	原材料	A001	20181014	2005
4	1100A022	280	原材料	A001	20181017	2002
5	1100A023	130	原材料	A001	20181019	2004
6	2100A009	20	半成品	B001	20181011	2004
7	2100A013	30	半成品	B001	20181018	2004
8	3100A010	200	成品	C001	20181021	4003
9	3100A011	200	成品	C001	20181021	4003
10	3100A024	200	成品	C001	20181021	4003

以上数据通过折料汇总后信息，如表 3-14 所示。

表 3-14　折料汇总信息表

序号	料号	原材料数量/个	半成品折料数量/个	成品折料数量/个	汇总数量/个
1	1100A001	1000	20	200	1220
2	1100A008	998	20	600	1618
3	1100A021	450		400	850
4	1100A022	280	30	600	910
5	1100A023	130	30	400	560

（4）内销补税物料完整性审核。通过获取企业各需求部门保税货物需内销补税的物料或者根据仓库异动代码类别获取除正常生产领用和产品保税销售出库以外的需内销补税的物料，与企业向海关申请内销补税物料进行比对，如表 3-15 所示。

表 3-15　内销补税物料完整性审核情况表

序号	需内销补税料号	需要内销补税数量/个	已内销补税料号	已内销补税数量/个
1	1100A001	1220	1100A001	1000
2	1100A008	1618	1100A008	1600
3	1100A021	850	1100A021	
4	1100A022	910	1100A022	910
5	1100A023	560	1100A023	560

通过以上数据比对，料号 1100A021、数量为 850 个的物料存在未补税的情况，即该企业的内销补税物料不完整，也就是擅自内销的情况。

（5）内销补税数量完整性审核。通过获取企业各需求部门保税货物需内销补税的数据或者根据仓库异动代码类别获取除正常生产领用和产品保税销售出库以外的需内销补税的数据，与企业向海关申请内销补税数据进行比对，如表 3-16 所示。

表 3-16　内销补税数量完整性审核情况表

序号	料号	需要内销补税数量/个	已内销补税数量/个	未内销补税数量/个
1	1100A001	1220	1000	220
2	1100A008	1618	1600	18
3	1100A021	850		850
4	1100A022	910	910	
5	1100A023	560	560	

通过以上数据比对，料号 1100A001、数量为 220 个，料号 1100A008、数量为 18 个的物料存在漏补税的情况，即该企业的内销补税数据不完整。

（6）内销补税价格合理性审核。通过获取企业向海关申请内销补税的价格与本周期内该物料的进口加权平均单价进行比对，比对情况如表 3-17 所示。

表 3-17　内销补税价格合理性审核情况表

序号	料号	内销补税数量/个	内销补税单价/个	进口加权平均单价/美元	价格差异/美元
1	1100A001	1000	0.75	0.75	0
2	1100A008	1600	2.45	2.85	0.4
4	1100A022	910	7.7	9.2	1.5
5	1100A023	560	1.83	2.45	0.62

通过以上信息比对，可以看出该企业内销补税料号 1100A008、1100A022、1100A023 存在价格低报的情况。

注：在计算本周期进口物料加权平均单价时，需将 EXW、FOB 等成交方式换算成成交方式为 CIF 的单价，并统一币制。

（7）内销补税程序合规性审核。通过对企业加工贸易保税货物国内销售仓库出库日期和向海关申报内销补税日期进行比对，比对情况如表 3-18 所示。

表 3-18 内销补税程序合规性审核情况表

序号	料号	数量/个	出货日期	内销联系单编号	内销申报日期
1	1100A001	1000	20181009	23＊＊2018103705＊＊＊＊	20181110
2	1100A008	998	20181012	23＊＊2018103705＊＊＊＊	20181110
3	1100A021	450	20181014	23＊＊2018103705＊＊＊＊	20181110
4	1100A022	280	20181017	23＊＊2018103705＊＊＊＊	20181110
5	1100A023	130	20181019	23＊＊2018103705＊＊＊＊	20181110
6	2100A009	20	20181011	23＊＊2018103705＊＊＊＊	20181110
7	2100A013	30	20181018	23＊＊2018103705＊＊＊＊	20181110
8	3100A010	200	20181021	23＊＊2018103705＊＊＊＊	20181110
9	3100A011	200	20181021	23＊＊2018103705＊＊＊＊	20181110
10	3100A024	200	20181021	23＊＊2018103705＊＊＊＊	20181110

虽然企业向海关申请了集中内销补税的方式，但企业不是海关以企业为单元的试点企业，通过以上信息比对，企业违反了海关总署公告 2013 年第 70 号（关于加工贸易集中办理内销征税手续的公告）中“企业内销加工贸易货物后，须在当月月底前向主管海关集中办理加工贸易内销征税联系单”的规定。

审核小结

加工贸易保税进口料件或者成品内销的，海关对保税进口料件依法征收税款并且加征缓税利息。

经营企业申请办理加工贸易货物内销手续，应当如实申报加工贸易货物内销征税联系单，凭以办理通关手续。

企业采用集中纳税模式办理内销手续，需事先向海关提交集中办理内销纳税手续情况表备案，并按规定提供相应担保。

企业内销加工贸易货物后，须在当月月底前向主管海关集中办理加工贸易内销征税联系单，且不得超过手册有效期。

如何做好保税货物内销补税的审核？

1. 可以根据企业保税材料仓库、保税成品仓库货物的流向，确认已经实际构成商品国内销售或需要进行内销补税的料号、规格型号、数量等，并进行折料汇总，与期间对应的企业向海关申请内销补税的数据进行比对，审核企业向海关申请内销补税数据中物料的完整性和数据的准确性。

2. 可以通过核算加工贸易手册执行周期内进口保税料件的加权平均单价，比对企业向海关申请内销补税的单价是否有低报的情况。计算加工贸易手册执行周期内进口保税料件的加权平均单价时应注意：

（1）运输及相关费用和保险费应分摊在产品单价中；

（2）根据进口期间适用的汇率，统一币制。

3. 可以通过保税货物实际内销发生的时间，审核企业是否有已销未税、先销后税、集中内销未在当月月底前向海关办理加工贸易内销征税联系单的情形。

第三节　外发加工作业风险与内部审计

一、保税货物外发加工概述

外发加工是指经营企业委托承揽者对加工贸易货物进行加工，在规定期限内将加工后的产品最终复出口的行为。

二、保税货物外发加工要求

保税货物外发加工应按以下法律法规及公告的要求进行。

1.《中华人民共和国海关加工贸易货物监管办法》

第二十四条规定：

经营企业开展外发加工业务，应当按照外发加工的相关管理规定自外发之日起 3 个工作日内向海关办理备案手续。

营企业开展外发加工业务，不得将加工贸易货物转卖给承揽者；承揽者不得将加工贸易货物再次外发。

经营企业将全部工序外发加工的，应当在办理备案手续的同时向海关提供相当于外发加工货物应缴税款金额的保证金或者银行、非银行金融机构保函。

第二十五条规定：

外发加工的成品、剩余料件以及生产过程中产生的边角料、残次品、副产品等加工贸易货物，经营企业向所在地主管海关办理相关手续后，可以不运回本企业。

2. 海关总署公告 2014 年第 21 号（关于执行《中华人民共和国海关加工贸易货物监管办法》有关问题的公告）

（1）企业应当在货物首次外发之日起 3 个工作日内向海关备案外发加工

基本情况；企业应当在货物外发之日起10日内向海关申报实际收发货情况，同一手（账）册、同一承揽者的收、发货情况可合并办理。

企业外发加工备案信息发生变化的，应当向海关变更有关信息。

（2）以合同为单元管理的，首次外发是指在本手册项下对同一承揽者第一次办理外发加工业务；以企业为单元管理的，首次外发是指本核销周期内对同一承揽者第一次办理外发加工业务。

（3）对全工序外发的，企业应当在外发加工备案时缴纳相当于外发加工货物应缴税款金额的保证金或者保函。企业变更外发加工信息时，涉及企业应缴纳外发加工保证金数量增加的，企业应补缴保证金或者保函。

（4）企业未按规定向海关办理外发加工手续，或者实际外发情况与申报情况不一致的，按照《中华人民共和国海关行政处罚实施条例》有关规定予以处罚。

3. 海关总署公告2018年第59号（海关总署关于全面推广以企业为单元加工贸易监管改革）

第二条第（一）项第3点规定：

外发加工，企业开展外发加工业务时，不再报送收发货清单，同时应保存相关资料、记录备查。

三、保税货物外发加工管理风险案例分析

1. 外发加工常见的风险类型

（1）擅自外发加工。海关规定外发加工保税货物，自外发之日起3个工作日内向海关办理备案手续，如果企业外发之日起3个工作日内及其后的时间段内未向海关申报外发加工申报表，外发未备案就造成了擅自外发。

（2）收发货单超期申报。海关规定外发加工保税货物，企业应当在货物外发之日起10日内向海关申报实际收发货情况，如果企业实际外发之日起超过10天以上未向海关申报外发加工发货单或外发加工收货单，就造成了外发加工收发货单超期申报的程序违规。

（3）超期外发加工。海关规定外发加工保税货物需向海关申报外发加工申报表，申报时需填写申报日期和加工期限，如果企业超过加工期限还在继续外发保税货物或者已外发加工货物尚未收回的，就造成了超期外发加工。

（4）超量外发加工。海关规定外发加工保税货物需向海关申报外发加工申报表，申报时需填写外发物料、外发数量、收回物料、收回数量，如果企业实际外发加工的物料超过向海关备案的物料和数量，造成了超量外发加工。

（5）收发不平衡。海关规定外发加工保税货物需向海关申报外发加工申报表，申报时需填写外发物料、外发数量、收回物料、收回数量，外发数量

和收回数量是根据 BOM 表来平衡的，实际外发时也应该根据 BOM 表来平衡，例如，实际发出去 100 个料件，理论上应收回 100 个成品，但实际上只收回了 80 个成品，且没有不良品和剩余料件的退回，就造成了收发不平衡，对于亏损部分应进行内销补税。如果外发企业将剩余保税料件转卖给了承揽企业，那就违反了海关“企业开展外发加工业务，不得将加工贸易货物转卖给承揽者”的规定。

（6）全工序外发。海关规定外发加工保税货物，对全工序外发的，企业应当在外发加工备案时缴纳相当于外发加工货物应缴税款金额的保证金或者保函。如果企业向海关申请的是半工序外发，没有缴纳保证金或保函，而实际是全工序外发，就违反了海关监管规定。

（7）承揽企业再次外发。海关规定外发加工保税货物，承揽者不得将加工贸易货物再次外发。比如承揽企业每个月对某产品的生产能力是 10000 个，在接受外发企业委托时接了 12000 个产品的订单，于是将其中 2000 个产品交给另外一家同行业进行加工生产，就是承揽企业再次外发，造成了违规。

2. 外发加工管理风险案例分析

（1）擅自外发加工风险

①案例简介：

某船舶进出口有限公司，经营范围为自营和代理除国家组织统一联合经营的出口商品和国家实行核定公司经营的进口商品除外的其他商品及技术的进出口业务；加工贸易、对销贸易、转口贸易；承办船舶信息咨询服务。

2015 年 9 月，该公司以自身为经营单位，某船舶制造企业为加工单位，向海关申请 C2328415＊＊＊4 加工贸易手册，备案进口雷达、无线电台等船用设备，用于船舶的后期安装，加工成品为 57000 吨散货船一艘。该公司持有上述手册进口保税料件后进行生产安排，生产过程中由于其他原因，需要将船舶生产中的部分生产任务交由另外一家船舶制造企业进行加工，该企业在未向海关办理外发加工备案的情况下，擅自将上述保税进口料件运至另外一家船舶制造企业进行加工，并于 2017 年 4 月加工生产完毕。

经核定，涉案手册项下保税进口无线电台 1 台、卫通 C 站 2 台、航行信号灯 85 个等料件价值共计 1986160. 25 元人民币。

②违反规定：

该企业作为加工贸易经营企业，在未向海关备案的情况下，擅自将保税料件外发至其他企业加工，违反了《中华人民共和国海关加工贸易货物监管办法》第二十四条之规定，构成擅自外发加工违规。鉴于该违法行为危害后果较小，可以减轻处罚。根据《中华人民共和国行政处罚法》第二十七条第一款第（四）项、《海关法》第八十六条第（十）项、《中华人民共和国海关行政处罚实施条例》第十八条第一款第（四）项之规定予以处罚。

③案例分析：

造成以上擅自外发加工的违规行为的主要原因在于企业不了解和熟悉《中华人民共和国海关加工贸易货物监管办法》对于保税货物外发加工的相关管理规定，认为只是将保税货物委托另外一家制造企业加工而已，未涉及税款及监管证件，故未向海关进行报备。

（2）超期收发货风险

①案例简介：

某电子元器件有限公司于2016年3月向海关申领了编号为E2379＊＊＊＊＊＊2的加工贸易账册，开展进料加工贸易。手册项下备案进口电线、导电胶带、天线等保税原材料，备案出口天线、连接线等保税成品。

在开展加工贸易业务过程中，由于外发加工的需要，该企业于2017年3月10日向海关申报备案了编号为G1700005＊＊＊1、G1700005＊＊＊2、G1700005＊＊＊3的外发加工申报表；于2017年7月12日向海关申报备案了编号为G1700005＊＊＊4、G1700005＊＊＊5的外发加工申报表。在上述申请表中申请将保税原材料电线、连接器、醋酸胶带、塑壳等外发至A公司、B公司、C公司进行全工序外发加工，加工期限为2017年8月31日。

在实际操作过程中，该企业于2017年1月15日至8月10日，向承揽企业发出保税料件后，未在10日内向海关申报实际收发货情况超出了10日的期限。

经计核，上述违规行为涉及保税原材料醋酸胶带1532.55米、电线13222米、连接器3005个、同轴线285144米、端子66110个、塑壳6010个、铁壳3005个。货物价值182727.94元人民币，涉及税款40003.94元人民币。

②违反规定：

上述外发加工保税货物未在货物外发之日起10日内向海关申报实际收发货物，违反了《海关法》第三十七条、《中华人民共和国海关法加工贸易监管办法》第二十四条、《中华人民共和国海关总署公告（2014年第21号）》第六条第（一）款之规定，根据《海关法》第八十六条第（十三）项之规定，已构成违反海关监管规定的行为。

鉴于该公司上述外发加工的保税货物均已收回，危害后果已经消除，对国家税款征收和许可证件管理未造成实质性影响，系程序性违规，具备减轻处罚的情节。根据《中华人民共和国行政处罚法》第二十七条第一款第（四）项、《海关行政处罚实施条例》第十八条第一款第（四）项之规定，予以减轻处罚。

③案例分析：

由于该企业外发加工的物料比较多，承揽企业的加工周期比较长，企业物料外发管理部门与关务人员沟通协调不畅，导致未能在海关规定的10日期限内向海关申报实际收发货情况。

（3）子母公司间外发加工的风险

①案例简介：

某风能股份有限公司为加工贸易联网监管企业，电子账册号为E23282000＊＊1，手册备案进口法兰、开关柜、螺栓等保税料件，备案出口成品为风力发电塔塔架和钢管。

经查，2015年1月至2017年12月，该公司作为加工贸易手册经营单位和加工单位，未经海关许可，擅自将手册项下进口的保税料件外发至某新能源科技有限公司进行加工。外发保税料件具体为接地线、电缆等共50305.98米；塔筒用铝平台、塔筒用铁平台等588套；法兰、开关柜、螺栓等41251个。上述外发加工货物价值74602738.21元人民币。

②违反规定：

该公司作为保税业务加工的企业，未经海关许可办并办理相关手续，擅自外发加工的行为，违反了《海关法》第三十二条第二款，《中华人民共和国海关法加工贸易监管办法》第二十四条第一款之规定，已构成违反海关监管规定之行为。根据《海关行政处罚实施条例》第十八条第一款第（四）项之规定予以行政处罚。

③案例分析：

造成该公司擅自外发加工的原因是公司对外发加工的海关监管要求不熟悉。承揽企业某新能源科技有限公司为该公司的全资子公司，该公司误认为其将保税料件外发至子公司某新能源科技有限公司进行加工的行为系其集团公司内部的行为，不需要向海关办理备案手续，故一直未向海关办理外发加工手续，违反了海关监管规定。

四、保税货物外发加工内部审计思路

1. 了解企业保税货物外发加工内控制度

企业保税货物外发加工一般有两种情况，一种情况是产品生产过程中某一道或几道工序自己没有生产能力，需要通过外发加工来完成；另外一种是产品的整体生产能力有限，需要通过同行业企业来协助完成整体的订单。

一般外发加工的需求由生产管理部门来发起，技术、品质、采购等部门评估承揽加工企业生产能力，采购签订外发加工协议，生产管理部门制定外发加工计划，关务向海关申请外发加工申报表，如是全工序外发缴纳保证金或保函，仓库根据外发计划进行备料发料，承揽企业加工后将良品、不良品、剩余料件、边角料等退回外发企业，关务在实际收发货的 10 天内向海关申报外发加工发货单或外发加工收货单，财务根据实际外发加工情况支付加工费。

2. 保税货物外发加工穿行测试

对企业保税货物外发加工进行穿行测试，如表 3-19 所示。

表 3-19　企业保税货物外发加工穿行测试表

业务活动	测试内容	测试情况
外发加工合同	外发加工合同或协议	
	委托方	
	承揽方	
	合同签订日期	
	外发加工协议是否得到审批	
	加工期限	
	加工产品	
	加工工艺	
	加工费	
	其他外发加工条款	
外发加工计划	外发加工工序	
	外发加工承揽企业	
	外发料件料号、数量	
	外发加工 BOM 表	
	收回成品料号、数量	
外发加工申报表	申报表编号	
	委托方	
	承揽方	
	申报日期	
	加工期限	
	外发料件、数量	
	收回成品、数量	

表3-19 续

业务活动	测试内容	测试情况
仓库数据	外发加工承揽企业	
	外发加工保税料件发料信息/日期	
	外发加工保税成品/半成品收料信息/日期	
	外发加工保税料件剩余料件退回信息/日期	
	外发加工保税不良品收回信息/日期	
	外发加工保税边角料退回信息/日期	
	外发信息与申报表信息是否一致	
外发加工发货单	发货单编号	
	发货品名/料号/手册项号/数量	
	申报日期	
	发货日期	
	发货单申报信息与实际外发信息是否一致	
外发加工收货单	收货单编号	
	收货品名/料号/手册项号/数量	
	申报日期	
	收货日期	
	收货单申报信息与实际收货信息是否一致	
加工费支付信息	加工费支付凭证	
	加工费支付日期	
	加工费支付金额	
	加工费计算过程（加工产品料号、数量、单价、总价）	

了解企业保税货物外发加工，需要从计划、加工合同、仓库收发货、外发加工申报、加工费用支付等管理和内控机制，确认企业外发加工各个环节中是否存在管理风险。当企业内部生产管理、仓库、关务等部门沟通不畅，信息没有及时提供，实际外发加工收发货与申报数据不一致时，就会存在外发加工违规风险。

3. 外发加工审核资料

外发加工审核时，根据抽查外发加工周期获取以下资料，包括但不限于：

（1）企业外发加工作业流程；

（2）外发加工合同或协议；

（3）关务向海关申报的外发加工申报表、外发加工发货单、外发加工收货单；

（4）仓库外发加工发货数据、收货数据；

（5）财务外发加工加工费发票、支付和记账凭证。

4. 外发加工审核方法

（1）擅自外发加工审核。将抽查期间内仓库实际保税料件外发数据和关务向海关申报的外发加工申报表信息进行比对，如表 3-20 所示。

表 3-20　外发加工申报表备案信息与仓库实际外发信息比对情况表

序号	材料料号	外发加工申报表备案信息		仓库实际外发信息	
		数量/个	申报日期	出货数量/个	出货日期
1	1100A001	10000	20181009	1800	20180925
				1200	20181012
				2000	20181020
2	1100A002	10000	20181009	1800	20180925
				1200	20181012
				2000	20181020
3	1100A003	10000	20181009	1800	20180925
				1200	20181012
				2000	20181020

通过以上信息比对，企业实际保税料件外发日期有早于向海关外发加工申报的情况，海关规定外发加工保税货物，自外发之日起 3 个工作日内向海关办理备案手续，企业第一批保税料件外发日期为 2018 年 9 月 25 日，应于 2018 年 9 月 27 日前向海关申报备案，实际企业向海关申报日期为 2018 年 10 月 9 日，造成了擅自外发。

（2）收发货单超期申报审核。将抽查期间内仓库实际保税料件外发数据和关务向海关申报的外发加工发货单或外发加工收货单信息进行比对，如表 3-21所示。

表 3-21 仓库实际外发信息与外发加工发货单信息比对情况表

序号	材料料号	仓库实际外发信息		外发加工发货单信息	
		外发数量/个	外发日期	出货数量/个	出货日期
1	1100A001	2800	20181025	2800	20181118
2	1100A002	2800	20181025	2800	20181118
3	1100A003	2800	20181025	2800	20181118

通过以上信息比对，企业实际保税料件外发日期比向海关申报外发加工发货单日期超过了 10 天，企业实际外发日期为 2018 年 10 月 25 日，应于 2018 年 11 月 3 日前向海关申报外发加工发货单，实际企业向海关申报外发加工发货单日期为 2019 年 11 月 18 日，造成了外发加工收发货单超期申报的程序违规。

（3）超期外发加工审核。将抽查期间内仓库实际保税料件外发数据和关务向海关申报的外发加工申报表信息进行比对，如表 3-22 所示。

表 3-22 外发加工申报表备案信息与仓库实际外发信息比对情况表

<table>
<tr><th rowspan="2">序号</th><th rowspan="2">材料料号</th><th colspan="2">外发加工申报表备案信息</th><th colspan="2">仓库实际外发信息</th></tr>
<tr><th>申报数量/个</th><th>加工期限</th><th>出货数量/个</th><th>出货日期</th></tr>
<tr><td rowspan="5">1</td><td rowspan="5">1100A001</td><td rowspan="5">10000</td><td rowspan="5">20181231</td><td>1800</td><td>20180925</td></tr>
<tr><td>1200</td><td>20181020</td></tr>
<tr><td>2800</td><td>20181118</td></tr>
<tr><td>2200</td><td>20181215</td></tr>
<tr><td>2000</td><td>20190117</td></tr>
<tr><td rowspan="5">2</td><td rowspan="5">1100A002</td><td rowspan="5">10000</td><td rowspan="5">20181009</td><td>1800</td><td>20180925</td></tr>
<tr><td>1200</td><td>20181020</td></tr>
<tr><td>2800</td><td>20181118</td></tr>
<tr><td>2200</td><td>20181215</td></tr>
<tr><td>2000</td><td>20190117</td></tr>
</table>

表3-22 续

序号	材料料号	外发加工申报表备案信息		仓库实际外发信息	
		申报数量/个	加工期限	出货数量/个	出货日期
3	1100A003	10000	20181009	1800	20180925
				1200	20181020
				2800	20181118
				2200	20181215
				2000	20190117

通过以上信息比对，企业存在超过向海关申请外发加工的加工期限后仍外发加工的行为，企业外发加工保税货物向海关申报外发加工申报表的加工期限为2018年12月31日，企业实际最后一笔外发日期为2019年1月17日，且企业没有另外的外发加工申请，2019年1月17日外发的保税货物违反了海关监管规定。

（4）超量外发加工审核。将抽查期间内仓库实际保税料件外发数据和关务向海关申报的外发加工申报表信息进行比对，如表3-23所示。

表3-23 外发加工申报表备案信息与仓库实际外发信息对比情况表

序号	材料料号	外发加工申报表备案信息		仓库实际外发信息	
		申报数量/个	加工期限	出货数量/个	出货日期
1	1100A001	10000	20181231	2000	20181010
				2000	20181020
				3000	20181118
				3000	20181215
				3000	20181220

通过以上信息比对，企业实际外发加工的数量大于向海关申请外发加工的数量，企业外发加工保税货物向海关申报外发加工申报表的数量为10000个，企业实际外发数量累计为13000个，实际外发数量超出了外发备案数量，造成了超量外发加工，违反了海关监管规定。

（5）收发不平衡审核。通过获取抽查期间内仓库实际保税料加外发、保税成品或半成品收回数据、保税成品或半成品BOM表，计算外发加工保税货物收发平衡情况，如表3-24所示。

表 3-24　收发不平衡审核情况表

序号	材料料号	仓库发料信息	仓库收料信息
		累计发料数量/个	累计收料折料数量/个
1	1100A001	2800	2500

通过以上数据比对，企业实际外发保税料件 2800 个，实际收回加工后的产品折料数量 2500 个，外发加工业务已结束，剩余 300 个料件没有退回记录，企业也没有内销补税记录，就造成了收发不平衡。

（6）全工序外发审核。全工序外发审核需了解外发企业生产产品的生产工艺，比如外发企业生产的产品为机柜，所用料件为不锈钢板、注塑件、五金件，加工流程如图 3-5 所示。

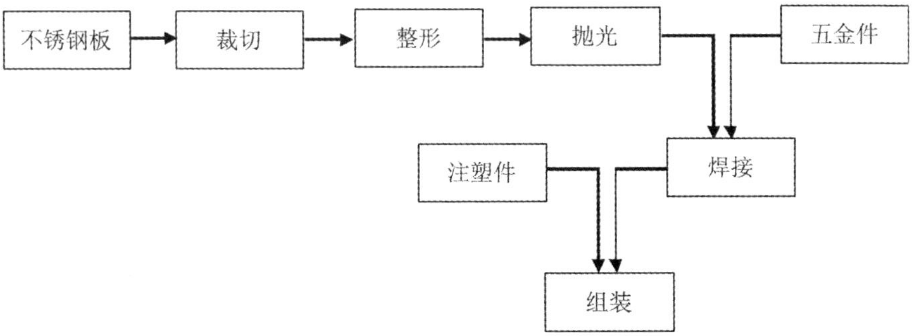

图 3-5　机柜的加工流程

企业因没有不锈钢板裁切的相关设备，故向海关申请将不锈钢板的裁切、整形、抛光工序外发给承揽企业生产。

通过获取企业仓库实际外发保税料件和收回加工后保税制品，确认企业实际外发加工情况，如表 3-25 所示。

表 3-25　企业实际外发加工情况表

序号	外发日期	外发料件	收回日期	收回制品
1	20181010	不锈钢板	20181012	机柜外框
2	20181015	不锈钢板	20181017	机柜外框
3	20181020	不锈钢板	20181023	机柜外框

表3-25　续

序号	外发日期	外发料件	收回日期	收回制品
4	20181028	不锈钢板 注塑件 五金件	20181030	机柜
5	20181109	不锈钢板	20181113	机柜外框
6	20181116	不锈钢板	20181119	机柜外框
7	20181125	不锈钢板	20181128	机柜外框

通过以上数据比对，可以发现企业实际保税料件外发时，存在全工序外发的情况。

2018 年 10 月 28 日，外发企业因生产订单增加，无法在交货期限内完成，故将不锈钢板、注塑件、五金件一起发给承揽企业，要求承揽企业完成不锈钢板的裁切、整形、抛光工序后，完成焊接、组装工艺，最后将完成品交付外发企业，该产品的所有生产工序均由承揽企业完成。外发企业向海关申请的外发加工申报表仅为不锈钢板的裁切、整形、抛光工序，为半工序外发，企业实际为全工序外发，未向海关备案，违反了海关监管规定。

（7）承揽企业再次外发审核。通过对承揽企业的收料、生产领用、材料出库、制品生产情况的了解，确认承揽企业接收外发企业保税料件之后的实际生产和使用情况。

例如，承揽企业 2018 年 10 月收到外发企业的保税料件生产情况如表 3-26 所示。

表 3-26　承揽企业收到外发企业的保税料件生产情况表

序号	料件料号	收料入库数量/个	工单生产领料/个	生产发料数量/个	其他出库数量/个
1	1100A001	5000	3000	3000	2000

以上信息显示，承揽企业 2018 年 10 月收到外发企业的保税料件累计 5000 个，生产领用 3000 个，其他出库 2000 个。

保税料件料号 1100A001 经过加工后，制成品料号为 2100A013，承揽企业 2018 年 10 月加工后制品入库情况如表 3-27 所示。

表 3-27　承揽企业加工后制品入库情况表

序号	加工后制品料号	加工制品入库数量/个	其他入库数量/个
1	2100A013	3000	2000

通过对承揽企业保税料件其他出库与加工后制品其他入库的了解，其中2000个保税料件其他出库与2000个加工后制品其他入库是因为承揽企业机器设备出现故障，需要维修。为了能顺利交货，承揽企业将承揽的2000个保税料件外发给同行业企业进行加工。海关规定外发加工保税货物，承揽者不得将加工贸易货物再次外发。承揽企业将其中2000个产品交给另外一家同行业进行加工生产的行为，违反了海关监管规定。

审核小结

经营企业开展外发加工业务，应当按照外发加工的相关管理规定自外发之日起3个工作日内向海关办理备案手续。

经营企业开展外发加工业务，不得将加工贸易货物转卖给承揽者；承揽者不得将加工贸易货物再次外发。

经营企业将全部工序外发加工的，应当在办理备案手续的同时向海关提供相当于外发加工货物应缴税款金额的保证金或者银行、非银行金融机构保函。

外发加工的成品、剩余料件以及生产过程中产生的边角料、残次品、副产品等加工贸易货物，经营企业向所在地主管海关办理相关手续后，可以不运回本企业。

如何做好保税货物外发加工的审核？

1. 可以通过获取企业仓库实际外发加工货物的情况，与企业向海关申报的外发加工申报表比对，审核企业是否存在外发未备案、超量外发、超期外发的情况。

2. 可以通过获取企业仓库实际外发和收回数据，与企业向海关申报的外发加工发货单、外发加工收货单比对，审核企业是否存在实际外发和收回后超过10天申报外发加工发货单和外发加工收货单的情况，并通过外发与收回数量比对，审核是否存在收发不平衡的情况。

3. 可以通过了解公司产品的生产工艺流程和BOM表组成，对比企业实际外发加工物料和生产工艺流程，审核确认企业是否存在全工序外发加工的情况。

4. 可以通过到承揽企业了解承揽企业外发加工保税货物生产工单、领料单、制成品入库单等，审核承揽企业是否存在将承揽保税料件再次外发的情况。

5. 可以通过查阅外发企业与承揽企业之间的往来账款，是否存在外发企业将外发加工保税料件卖给承揽企业的情况。

第四节　深加工结转申报风险与内部审计

一、保税货物深加工结转概述

深加工结转是指加工贸易企业将保税进口料件加工的产品转至另一加工贸易企业进一步加工后复出口的经营活动。

二、保税货物深加工结转要求

保税货物深加工结转应按以下法律法规和公告、通知的要求进行。

1.《中华人民共和国海关加工贸易货物监管办法》

第二十三条规定：

加工贸易企业开展深加工结转的，转入企业、转出企业应当向各自的主管海关申报，办理实际收发货以及报关手续。具体管理规定由海关总署另行制定并公布。

有下列情形之一的，加工贸易企业不得办理深加工结转手续：

（1）不符合海关监管要求，被海关责令限期整改，在整改期内的；

（2）有逾期未报核手册的；

（3）由于涉嫌走私已经被海关立案调查，尚未结案的。

加工贸易企业未按照海关规定进行收发货的，不得再次办理深加工结转手续。

2. 海关总署公告2014年第21号（关于执行《中华人民共和国海关加工贸易货物监管办法》有关问题的公告）

第五条规定：

（1）企业在办理深加工结转业务时，有未按照有关规定进行收发货申报及报关情形的，在补办有关手续前，海关不再受理新的深加工结转申请表，并可根据实际情况暂停已办理深加工结转申请表的使用。

（2）企业应按照有关规定撤销或者修改深加工结转报关单；对已放行的深加工结转报关单，不能修改，只能撤销。

（3）转出、转入企业违反有关规定的，海关按照《海关法》及《海关行政处罚实施条例》的规定处理；构成犯罪的，依法追究其刑事责任。

3. 海关总署署加发2008年202号（海关总署关于H2000深加工结转管理系统推广应用暂行办法）

第四条规定：

转出、转入企业结转时应向各自主管海关申请中华人民共和国海关加工贸易保税货物深加工结转申请表（以下简称深加工结转申请表）电子数据备案。

第五条规定：

转入、转出企业应当按照以下规定办理结转深加工结转申请表备案手续：

（1）转出企业通过电子口岸录入深加工结转申请表电子数据后向海关申报，并将深加工结转申请表电子口岸统一编号通知转入企业；转入企业通过电子口岸录入相应深加工结转申请表电子数据后向海关申报。

（2）转出地海关审核通过后，转入地海关审核深加工结转申请表；双方主管海关审核通过后，转入、转出企业即可办理结转收发货登记及报关手续。

（3）深加工结转申请表从转入地海关审核通过之日起生效，有效期不能超过对应转出、转入《加工贸易登记手册》的有效期，逾期不能收发货和退货；联网监管企业深加工结转申请表与账册有效期一致。

（4）海关对深加工结转申请表及其具体内容进行暂停处理的，在暂停期间企业不能进行收发货，但深加工结转申请表项下已实际收发货的，允许办理报关手续。

（5）对经海关审核通过后的深加工结转申请表允许对其数量进行变更及增加新结转商品项目。

（6）涉及实行E账册管理的联网监管企业深加工结转申请表无须报备数量。

4. 海关总署署加发2012年244号（海关总署关于进一步做好H2000深加工结转管理系统推广使用有关问题的通知）

第三条规定：

减少企业深加工结转收发货登记的申报频次，修改《海关总署关于H2000深加工结转管理系统推广应用暂行办法》（署加发2008年202号附件，以下简称《暂行办法》）第六条相关内容，延长企业深加工结转收发货登记的申报时限。即转出、转入企业应当分别在每批实际发货及收货后10天内通过预录入系统向海关申报保税货物深加工结转收发货单（以下简称收发货单）或保税货物深加工结转退货单（以下简称退货单）电子数据。因技术原因导致无法在规定时限内申报收发货单及退货单的，经主管海关同意，可适当延长申报时限，但最长不超过20天。结转系统对转出、转入企业申报的收发货数据进行自动登记。

第四条规定：

适应企业按月进行统计、结算和报关的结转管理模式，修改《暂行办法》第十条相关内容，调整企业实际收发货后的报关手续办理时限。即转入、转出企业应当在实际收发货的次月底前办结该批货物的报关手续，但不得超过手册（包括联网监管电子账册、电子化手册、纸质手册等电子底账）有效期或核销截止日期。

第五条规定：

为满足进出口商品规范申报要求，深加工结转双方的商品编号前8位应保持一致，对深加工结转双方因转出、转入地主管海关归类出现商品编号前8位不同，造成企业深加工结转申请表填报时出现商品编号不一致的，应遵循“转入为主、转出协调”的处理原则，即以转入地主管海关归类为准；如转出、转入地主管海关的归类协调仍不能达成一致的，由转入地主管海关根据《归类工作制度》相关规定进行归类认定，并按照归类部门最终确定的商品编号办理深加工结转手续。

第六条规定：

各关在使用结转系统审核深加工结转申请表时，无需企业提供纸质深加工结转申请表。深加工结转申请表结转商品需要填报数量和计量单位，一份深加工结转申请表对应一本转出手册和一本转入手册，深加工结转申请表有效期不得超过手册有效期或核销截止日期，且最长不得超过1年。各关可根据本关实际情况，设置结转系统关区深加工结转申请表转出和转入自动审核参数，打开或关闭深加工结转申请表自动审核功能。

5. 海关总署公告2018年第59号（海关总署关于全面推广以企业为单元加工贸易监管改革的公告）

第二条第（一）项第5点规定：

深加工结转，企业在办理深加工结转手续时，应于每月月底前对上月深加工结转情况进行集中申报，不再报送收发货记录，同时应保存相关资料、记录备查。

三、保税货物深加工结转管理风险案例分析

1. 深加工结转常见的风险类型

（1）擅自结转。海关规定加工贸易企业开展深加工结转的，转入企业、转出企业应当向各自的主管海关申报，办理深加工结转申请表，如果企业开展深加工结转业务已实际送货但未向海关申报深加工结转申请表，就造成了擅自结转。

（2）超期申报收发货单。海关规定开展深加工结转业务，转出、转入企

业应当分别在每批实际发货及收货后 10 天内通过预录入系统向海关申报收发货单，如果企业实际收发货之日起超过 10 天以上向海关申报收发货单，就造成了超期申报收发货单，构成了程序违规。

（3）超期报关。海关规定深加工结转业务，转入、转出企业应当在实际收发货的次月底前办结该批货物的报关手续，如果企业超过规定期限报关的，就造成了超期报关。

2. 保税货物深加工结转风险案例

（1）擅自结转风险

①案例简介：

某电子工业有限公司于 2015 年 1 月 1 日至 2015 年 12 月 31 日，在开展 C2327345＊＊＊1 手册执行过程中，由于客户要求的订单紧急，该公司为了满足客户订单的需求，在未向海关办理深加工结转申请表的情况下，将上述手册项下保税成品共计 100341597 个导电胶膜、胶纸等出货给客户 A 电子公司和客户 B 电子公司。在保税货物出货给客户一个月后，该公司才向海关办理深加工结转申请表和手册结转的出口报关手续。

上述未办理深加工结转申请表即出货给客户的 100341597 个导电胶膜、胶纸等保税成品折合成耗用的保税原材料导电布、导电胶膜、胶带、双面胶带等共计 8138. 18 平方米。经计核，上述涉案货物价值 750099. 12 元人民币，涉及税款 156314. 12 元人民币。

②违反规定：

该公司未向海关申报办理深加工结转申请表，擅自将手册项下保税货物出货给客户的行为，违反了《中华人民共和国海关加工贸易货物监管办法》第二十三条第一款的规定，已构成违反海关监管规定的行为。鉴于该公司后续补办了深加工结转申请表和报关手续，上述违规行为对国家税款征收和手册核销未造成实质性影响，系程序性违规，具备减轻处罚情节。根据《中华人民共和国行政处罚法》第二十七条第一款第（四）项、《海关行政处罚实施条例》第十八条第一款第（四）项之规定，对该企业上述违规行为予以减轻处罚。

③案例分析：

造成上述违规行为的原因在于该企业内部管控不善，相关人员对海关法律法规了解不够，公司销售部门与关务沟通不畅。

（2）按规定办理深加工结转报关手续风险

①案例简介：

某精细化工有限公司于2016年9月1日向属地海关申请办理了进料加工手册C2326454＊＊＊5，备案进口高岭土，经过加工，生产制成品高岭土浆料，通过深加工结转方式结转给下家客户A，手册有效期至2017年8月31日。

经查，2017年2月24日至4月25日，该公司先后将加工贸易进料加工手册项下加工生产的保税制成品高岭土浆料分6票共计279.15吨运送至客户A公司用于生产。直至2017年6月21日，该公司才向海关办理了上述保税货物的深加工结转转出报关手续。结转数量为高岭土浆料279.15吨，价格为FOB 54630.49美元，折合耗用保税原材料高岭土200.99吨，价值CIF 44215.78美元。

经计核，上述未按照规定办理深加工结转报关手续的保税制成品折合耗用保税料件价值338975.04元人民币，涉及税款52121.32元人民币。

②违反规定：

该公司作为深加工结转的转出企业，未按海关规定办理深加工结转报关手续，违反了《海关法》第三十二条、《中华人民共和国海关加工贸易货物监管办法》第二十三条第一款之规定，以上行为已构成违反海关监管规定的行为。

鉴于该公司未按规定办理深加工结转报关手续的行为没有影响国家有关进出境的禁止性管理、税款征收、许可证管理和出口退税管理，属于程序性违规，且在海关发现后及时补办了深加工结转报关手续。根据《中华人民共和国行政处罚法》第二十七条第一款第（四）项之规定，具备减轻处罚情节。根据《海关行政处罚实施条例》第十八条第一款第（四）项之规定，予以减轻处罚。

③案例分析：

由于该企业对海关加工贸易监管规定不熟悉，操作人员业务不熟练，关务部门与仓库、销售等部门之间沟通不畅，没有及时和客户公司进行收发货的核对确认和报关事宜的安排，导致企业违反了“深加工结转转出企业应当在实际收发货的次月底前办理深加工结转货物的报关手续”的监管规定。

（3）先报关后送货的深加工结转风险

①案例简介：

某电子公司于2014年5月12日向海关办理深加工结转申请表，编号为X140000＊＊＊02，手册号为B2315000＊＊2，该公司为转出方，转入方为B公司，结转商品为复合金属墨片6.35，数量58498片；复合金属墨片9.8，数量 2753 片。

两家公司为了能够提前核销手册并设立新的手册，新增保税额度，在未进行实际发货和收货的情况下，于 2014 年 5 月 17 日向海关办理了货物转出和转入的深加工结转报关手续。

直至 2014 年 7 月 8 日，两家公司才对复合金属墨片 6.35，数量 58498 片进行实际收发货；2015 年 7 月 11 日，对复合金属墨片 9.8，数量 2753 片进行实际收发货。

经计核，该公司未按照海关规定办理深加工结转报关手续行为的涉案货物为复合金属墨片 61250 片，货值 3520880.31 元人民币，涉税 511580.9 元人民币。

②违反规定：

该公司与 B 公司在加工贸易深加工结转业务中先报关后实际收发货的行为，违反了《海关法》第三十二条第二款、《中华人民共和国海关加工贸易货物监管办法》第二十三条第一款等规定。该行为系程序性违规，可以减轻处罚。根据《中华人民共和国行政处罚法》第二十七条第一款第（四）项、《海关行政处罚实施条例》第十八条第一款第（四）项之规定，予以减轻处罚。

③案例分析：

出现以上先报关后发货的深加工结转业务行为，其主要原因是企业对海关加工贸易保税监管要求不熟悉，认为其深加工结转申请表及报关手续均已完成，没有违反海关监管规定。而《中华人民共和国海关加工贸易货物监管办法》规定，开展深加工结转业务的，应在其实际收发货的次月底前双方完成进出口报关。企业未实际收发货就进行深加工结转报关属于“空转”，违反了海关监管规定。

四、保税货物深加工结转内部审计思路

1. 了解企业保税货物深加工结转内控制度

企业开展保税货物深加工结转业务，在成交条件谈定之后，正式签订买卖合同之前，双方企业关务应对拟成交商品的品名、商品编号进行确认，确认一致后双方才能进行正常交易。

转出、转入企业结转时应向各自主管海关申请深加工结转申请表。深加工结转申请表审核通过后，转入、转出企业即可进行结转收发货。转出、转入企业应当分别在每批实际发货及收货后 10 天内通过预录入系统向海关申报收发货单或收发货单电子数据。转入、转出企业应当在实际收发货的次月底前办结该批货物的报关手续，但不得超过手册（包括联网监管电子账册、电子化手册、纸质手册等电子底账）有效期或核销截止日期。

2. 保税货物深加工结转穿行测试

对企业保税货物深加工结转进行穿行测试，如表 3-28 所示。

表 3-28　保税货物深加工结转穿行测试表

业务活动	测试内容	测试情况
销售/采购合同	销售/采购合同	
	销售/采购订单	
	买方	
	卖方	
	结转商品品名	
	结转商品料号/规格型号	
	结转商品单价	
	结转商品数量	
深加工结转申请表	申请表编号	
	转入方	
	转出方	
	商品品名	
	商品编号	
	商品料号	
	商品数量	
	双方品名、商品编号是否一致	
深加工结转收/发货单	收/发货单编号	
	转入方	
	转出方	
	商品品名	
	商品编号	
	商品料号	
	商品数量	
	申报日期	
	是否有退货	

表3-28 续

业务活动	测试内容	测试情况
仓库信息	收/发货料号	
	收/发货数量	
	收/发货周期	
	是否有退货	
	收/发货申报信息与实际信息是否一致	
深加工结转报关	结转报关单号	
	结转报关申报日期	
	结转商品品名	
	结转商品料号	
	结转商品数量	
	结转商品价格	
	结转报关数据与实际收发货数据是否一致	
	实际收发货日期是否有超过次月报关的情形	
收付汇信息	深加工结转货物发票	
	开票品名、数量	
	收付汇凭证	
	收付款金额与报关金额是否一致	

通过以上穿行测试，可以了解企业保税货物深加工结转的申请、仓库收发货、收发货单申报、结转报关过程中相关信息是否一致，是否存在管理和申报风险。当申报信息与实际信息不一致或申报信息超出海关管理规定时，就会存在深加工结转违规风险。

3. 深加工结转审核资料

深加工结转审核时，根据抽查深加工结转周期获取以下资料，包括但不限于：

（1）企业深加工结转作业流程；

（2）销售或采购合同或协议；

（3）关务向海关申报的深加工结转申请表、深加工结转发货单或深加工结转收货单、深加工结转收退货单；

（4）仓库深加工结转发货、收货、退货数据；

（5）深加工结转报关单、发票、装箱单；

（6）财务深加工结转货物货款发票、收付和记账凭证。

4. 不同风险类型对应的深加工结转审核方法

（1）擅自结转。将抽查期间内仓库实际保税货物收发数据和关务向海关申报的深加工结转申请表信息进行比对，如表3-29所示。

表3-29 深加工结转申请表备案信息与仓库实际收货信息比对情况表

序号	材料料号	深加工结转申请表备案信息		仓库实际收货信息	
		数量/个	申报日期	入库数量/个	入库日期
1	1100A001	10000	20181009	1800	20180912
				1200	20180918
				2000	20180920
2	1100A002	10000	20181009	1800	20180912
				1200	20180918
				2000	20180920

通过以上信息比对，企业实际保税料件收货入库日期存在早于向海关深加工结转申请日期的情况，深加工结转业务应先向海关申请深加工结转申请表后再开展实际货物的收发货，企业于2018年9月就开展了实际收发货，而向海关申请深加工结转申请表的日期为2018年10月9日，故在申请深加工结转申请表之前的收发货，造成了擅自结转。

（2）超期收发货单。将抽查期间内仓库实际保税料件收发货数据和关务向海关申报的深加工结转发货单或深加工结转收货单信息进行比对，如表3-30所示。

表3-30 仓库实际结转出库信息与深加工结转发货单信息比对情况表

序号	材料料号	仓库实际结转出库信息		深加工结转发货单信息	
		出库数量/个	出库日期	出货数量/个	出货日期
1	1100A001	2800	20181015	2800	20181108
2	1100A002	2800	20181015	2800	20181108
3	1100A003	2800	20181015	2800	20181108

通过以上信息比对，企业实际保税货物出库日期比向海关申报深加工结转发货单日期超出了10天，海关规定企业应当在深加工结转保税货物的实际收发货发之日起10日内向海关申报收发货情况，企业实际收发货日期为2018

年 10 月 15 日，故应于 2018 年 10 月 24 日前向海关申报深加工结转发货单，而企业实际向海关申报深加工结转发货单的日期为 2019 年 11 月 8 日，造成了深加工结转货物超期申报。

（3）超期报关。将抽查期间内仓库实际保税货物结转收发货数据和关务向海关申报深加工结转报关单进行比对，如表 3-31 所示。

表 3-31 深加工结转报关信息与仓库实际收发货信息比对情况表

序号	材料料号	深加工结转报关信息		仓库实际收发货信息	
		申报数量/个	申报日期	出货数量/个	出货日期
1	1100A001	5800	20181118	1800	20180925
				1200	20181012
				2800	20181018
2	1100A002	5800	20181118	1800	20180925
				1200	20181012
				2800	20181018
3	1100A003	5800	20181118	1800	20180925
				1200	20181012
				2800	20181018

通过以上信息比对，企业存在超过向海关申请深加工结转报关的行为，海关规定深加工结转保税货物的转入、转出企业应当在实际收发货的次月底前办结该批货物的报关手续，企业第一笔结转货物收发货日期为 2018 年 9 月 25 日，故应于 2018 年 10 月底前办结该批货物的报关手续，企业深加工结转保税货物向海关申报报关的日期为 2018 年 11 月 18 日，违反了海关监管规定。

审核小结

加工贸易企业开展深加工结转的，转入企业、转出企业应当向各自的主管海关申报，办理实际收发货以及报关手续。

转出、转入企业结转时应向各自主管海关申请深加工结转申请表。

转出、转入企业应当分别在每批实际发货及收货后 10 天内通过预录入系统向海关申报深加工结转收货单或深加工结转发货单。

转入、转出企业应当在实际收发货的次月底前办结该批货物的报关手续，但不得超过手册（包括联网监管电子账册、电子化手册、纸质手册等电子底账）有效期或核销截止日期。

如何做好深加工结转的审核？

1. 可以通过获取企业仓库实际深加工结转收发货物的情况，与企业向海关申报的深加工结转申请表比对，审核企业是否存在结转未备案的情况。

2. 可以通过获取企业仓库实际深加工结转收发货物的情况，与企业向海关申报的深加工结转收货单或深加工结转发货单比对，审核企业是否存在实际结转保税货物后超过10天申报深加工结转收货单或深加工结转发货单的情况。

3. 可以通过获取企业仓库实际深加工结转收发货物的情况，与企业向海关申报的深加工结转报关单比对，审核企业是否存在实际结转保税货物后次月月底前未报关的情况。

第五节　保税货物串料风险与内部审计

一、保税货物概述

加工贸易是指经营企业进口全部或者部分原辅材料、零部件、元器件、包装物料（以下统称料件），经过加工或者装配后，将制成品复出口的经营活动，包括来料加工和进料加工。

加工贸易保税货物是指加工贸易项下的进口料件、加工成品以及加工过程中产生的边角料、残次品、副产品等。

加工贸易项下进口料件实行保税监管，加工成品出口后，海关根据核定的实际加工复出口的数量予以核销。

非保税货物是指通过保税相应的贸易方式以外的贸易方式购买的货物，比如一般贸易、其他进出口免费、货样广告品等贸易方式进口或国内采购的货物。

二、保税货物使用管理要求

保税货物的使用管理应按以下法律法规及公告的要求进行。

1.《中华人民共和国海关加工贸易货物监管办法》

第十条规定：

加工贸易企业应当根据《会计法》以及海关有关规定，设置符合海关监管要求的账簿、报表以及其他有关单证，记录与本企业加工贸易货物有关的进口、存储、转让、转移、销售、加工、使用、损耗和出口等情况，凭合法、有效凭证记账并且进行核算。

加工贸易企业应当将加工贸易货物与非加工贸易货物分开管理。加工贸易货物应当存放在经海关备案的场所，实行专料专放。企业变更加工贸易货物存放场所的，应当事先通知海关，并办理备案变更手续。

第二十七条规定：

加工贸易货物应当专料专用。

经海关核准，经营企业可以在保税料件之间、保税料件与非保税料件之间进行串换，但是被串换的料件应当属于同一企业，并且应当遵循同品种、同规格、同数量、不牟利的原则。

来料加工保税进口料件不得串换。

第二十八条规定：

由于加工工艺需要使用非保税料件的，经营企业应当事先向海关如实申报使用非保税料件的比例、品种、规格、型号、数量。

经营企业按照本条第一款规定向海关申报的，海关核销时应当在出口成品总耗用量中予以核扣。

2. 海关总署公告2014年第21号（关于执行《中华人民共和国海关加工贸易货物监管办法》有关问题的公告）

第七条规定：

关于《办法》第二十七条

企业申请内部料件串换的，应遵循以下原则：

（1）保税料件之间以及保税料件和进口非保税料件之间的串换，必须符合同品种、同规格、同数量的条件。

（2）保税料件和国产料件（不含深加工结转料件）之间的串换必须符合同品种、同规格、同数量、关税税率为零，且商品不涉及进出口许可证件管理的条件。

（3）经营企业因保税料件与非保税料件之间发生串换，串换下来同等数量的保税料件，经主管海关批准后，由企业自行处置。

三、保税货物串料管理风险案例分析

1. 保税货物串料常见的风险类型

（1）保税货物与保税货物之间串料。每一个物料都有对应的物料编号、规格型号和相应的用途。有时，不同的物料、不同的规格型号可以有相同或类似的用途。保税货物与保税货物之间串料，比如一个成品生产时，根据BOM表应使用保税A、B、C三种料件，但保税C材料库存不够，实际使用了保税D材料，C材料和D材料具有相同的用途，是可替代使用的，使用保税D材料后，企业并未变更或新增单耗，造成了保税C材料和保税D材料串料使用。

（2）保税货物用于非保税产品生产。保税货物用于非保税产品生产，比如一个国内产品生产时，应使用 A、B、C 三种国内采购料件，但 C 国产材料库存不够，实际使用了 C 保税料件，使用保税 C 料件后，企业并未及时对其进行内销补税，造成了 C 国产材料和 C 保税料件之间的串料。

（3）非保税货物用于保税货物生产。非保税货物用于保税货物生产，比如一个保税产品生产时，应使用保税 A、B、C 三种料件，但 C 保税材料库存不够，实际使用了 C 国产材料，使用 C 国产材料后，企业并未变更单耗、新增单耗或申报非保税比例，造成了 C 国产材料和 C 保税料件之间的串料。

2. 保税货物串料风险案例分析

（1）不同手册间保税料件与保税料件串料风险

①案例简介：

某电子公司，主要经营范围为引线框架类半导体封装材料和精密模具的开发、设计、生产。2016 年 12 月 25 日，该公司向海关申领了 C231465＊＊＊＊9 手册，备案料件 52 项，主要有铜合金卷材、铜镍合金卷材、胶带等；备案成品 10 项，主要有导线架、蚀刻框架。

2017 年 2 月 2 日，该公司在 C231465＊＊＊＊9 手册项下，向海关申报出口 4 票保税货物，共计申报出口 1053.09 千个导线架、1661.736 千个蚀刻框架。在申报出口的上述 4 票报关单下的保税成品时，对应使用的保税料件在该手册项下并无进口，逻辑不符。

经查证，同期该企业共有两本加工贸易手册在使用中，分别为 C231465＊＊＊＊4 和 C231465＊＊＊＊9，上述使用 C231465＊＊＊＊9 手册申报出口的保税成品，实际为 C231465＊＊＊＊4 手册项下的保税料件加工生产制成。

经计核，上述未按规定办理保税料件结转手续的行为，涉案货物价值 145658.45 元人民币，涉及税款 29212.61 元人民币。

②违反规定：

上述未按规定办理保税货物结转手续的行为，违反了《海关法》第三十二条第二款之规定，构成程序性违规行为。根据《海关行政处罚实施条例》第十八条第（四）项之规定，应对上述行为予以行政处罚。鉴于该企业在事发后主动向海关报明该违规行为，根据《中华人民共和国行政处罚法》第二十七条第二款之规定，决定对该企业不予行政处罚。

③案例分析：

由于公司员工工作疏忽大意，未能及时将手册 C231465＊＊＊＊4 的余料结转至新手册 C231465＊＊＊＊9 上，却将手册 C231465＊＊＊＊4 项下的余料加工生产的成品，从新手册 C231465＊＊＊＊9 中申报出口，导致新手册

C231465＊＊＊＊9 出现先出后进、时间倒挂的违规行为发生。

（2）保税料件与非保税料件之间串料风险

①案例简介：

某技术有限公司，自成立以来主要开展加工贸易，2014 年 1 月至 2017 年 4 月，该公司向海关申领了 4 本进料加工手册，主要进口保税料件有聚丙烯粒子、ABS 粒子、阻燃剂等，经挤出、CNC 加工、检测等工序，制成聚丙烯滤水隔离网、ABS 塑料集水管等成品用于复出口。

经查，该企业于 2015 年 11 月 5 日至 2017 年 8 月 7 日，未经海关许可并办理相关手续，擅自将加工贸易手册项下的保税料件聚酰胺 6（进口关税率 6.5%）共计 115348 千克与同品名、同规格的非保税料件聚酰胺 6 调换使用。

经计核，上述擅自调换的同品名、同规格、同数量货物聚酰胺 6 共计 115348 千克，货物价值 2964801.53 元人民币，漏缴税款 585441.53 元人民币。

②违反规定：

以上未经海关许可并办理相关手续，擅自将保税料件与非保税料件调换使用的行为，违反了《海关法》第三十七条第一款之规定，根据《海关法》第八十六条第（十）项之规定，已构成违反海关监管规定的行为。

鉴于该公司自查发现后主动报明，具备减轻处罚情节。根据《行政处罚法》第二十七条第一款第（四）项、《海关行政处罚实施条例》第十八条第一款第（一）项之规定，对上述行为予以减轻处罚。

③案例分析：

造成上述保税与非保税料件聚酰胺 6 进行调换使用的原因，是该公司保税及国内订单生产急需，同时仓库无应对库存，为及时完成订单，发生上述保税料件与非保税料件互相借用的情况。公司具体经办部门未通知关务部门，关务部门对此并不知情，故未及时办理相关的手续。

（3）实际串换数量大于申请串料数量风险

①案例简介：

某精工科技有限公司是金属线材的生产企业，其主要产品为各种规格的铜丝和铝丝，铜丝生产工艺为铜板经电炉熔炼后拉成铜杆，铜杆经拉丝机后再拉成铜丝。生产铜丝的原料为精炼铜的阴极。

该公司于 2014 年 9 月至 2016 年 2 月向海关申领了 4 本加工贸易进料加工手册，手册项下进口原材料有精炼铜的阴极，出口成品有镀锡铜丝、精炼铜制铜丝。

2015 年 1 月至 2016 年 12 月，该公司在开展进料加工手册出口铜丝业务过程中，在订单数量增大、保税库存不足的情况下，向海关递交了申请用国内同品种、同规格、同数量的铜材替代手册项下进口的保税精炼铜的阴极用于生产铜丝并通过手册出口，获得了海关的批准。但在实际生产过程中，出现超过海关核定的数量使用国内铜替代保税精炼铜的阴极的情况。经统计，C2303＊＊＊1 手册向海关申请调换 80442. 4 千克，实际调换 81888 千克，超量 1445. 6 千克；C2303＊＊＊2 手册向海关申请调换 70387 千克，实际调换 72771 千克，超量 2384 千克；C2303＊＊＊3 手册未向海关申请调换，实际调换 8353 千克，超量 8353 千克；C2303＊＊＊4 手册向海关申请调换 100300 千克，实际调换 100341 千克，超量 41 千克。综上，该企业在未办理海关手续的情况下，擅自将国内采购的铜替代保税精炼铜的阴极进行生产的数量共计 12223. 6 千克。

以上调换使用的国内铜与进口的保税精炼铜的阴极符合同品种、同规格、同数量且进口关税率为零。

擅自调换的涉案货物货值共计 636715. 34 元人民币，涉及税款 92514. 34 元人民币。

②违反规定：

上述未经海关许可并办理相关手续，擅自将保税料件与非保税料件调换使用的行为，违反了《海关法》第三十七条第一款之规定，根据《海关法》第八十六条第（十）项之规定，已构成违反海关监管规定的行为。

鉴于该企业擅自将本企业保税料件和国产料件之间进行串换，符合同品种、同规格、同数量、关税率为零，且商品不涉及进出口许可证件管理的情形，属于程序性违规。根据《中华人民共和国行政处罚法》第二十七条第一款第（四）项之规定，具备减轻处罚情节。根据《海关行政处罚实施条例》第十八条第一款第（一）项之规定予以减轻处罚。

③案例分析：

由于企业内部管理混乱，计划、采购、销售、制造等部门人员对保税管理意识不强，与关务部门沟通不畅，保税料件领用登记不全等原因，造成了企业在开展上述手册加工贸易业务过程中，出现超过海关核定的数量使用国内铜替代保税精炼铜的阴极的情况，造成了擅自串料的违规情形。

（4）非保税料件用于保税成品串料风险

①案例简介：

某科技有限公司，于 2015 年 11 月 28 日，向海关申报 C233244＊＊＊07 手册项下出口成品 186000 个振荡器。

经查，该票出口成品并非用保税进口料件生产，而是用非保税料件的 186000 个底座、186000 个上盖、62. 78 克银胶生产而成并出口。

2016 年 4 月 1 日，该公司向海关申请 C233244＊＊＊07 手册核销时，未如实申报手册项下出口的186000个振荡器为非保税料件生产的情况，导致保税进口的186000个底座、186000个上盖、62.78克银胶脱离海关监管。

②违反规定：

以上未按规定在核销时向海关报明手册项下出口的保税成品为非保税料件生产的行为违反了《中华人民共和国海关加工贸易货物监管办法》第三十一条之规定，构成不按规定办理核销手续。根据《海关行政处罚实施条例》第十八条第一款第（四）项之规定予以行政处罚。

③案例分析：

造成以上非保税料件擅自串换保税料件生产保税成品出口主要原因在于该公司法律意识淡薄，对海关加工贸易保税货物监管要求不熟悉，认为非保税料件已完税，用于保税成品生产未造成国家税款流失，公司相关业务部门与关务部门沟通不畅，未及时向海关申请报备并在手册核销时如实申报，导致保税料件脱离海关监管。

四、保税货物串料内部审计思路

1. 了解企业保税货物生产使用管理内控制度

企业保税货物应当专料专库，保税货物进口后应存放于专门的保税货物存放库位或存放区域；保税货物应当专料专账，保税货物与非保税货物应当分别记录其入库、出库、存储等信息；保税货物应当专料专用，保税料件应用于保税成品生产使用；保税货物应当专料专报，保税料件进口、保税成品出口应申报保税的贸易方式。

2. 保税货物生产使用管理穿行测试

对企业保税货物生产使用进行穿行测试，如表3-32所示。

表3-32 企业保税货物生产使用穿行测试表

业务活动	测试内容	测试情况
进口报关信息	进口报关单号	
	进口贸易方式	
	进口发票号	
	进口品名	
	进口料号	
	进口数量	

表3-32　续1

业务活动	测试内容	测试情况
料件入库信息	料件入库单编号	
	料件入库库位	
	料件入库料号	
	料件入库数量	
	料件入库库位性质与申报贸易方式是否一致	
生产工单信息	生产工单编号	
	生产工单属性（保税、非保税）	
	生产成品料号	
	生产成品数量	
	领用料件料号	
	领用料件数量	
材料发料信息	料件发料单号	
	仓库发料库位	
	仓库发料料号	
	仓库发料数量	
	仓库发料信息与工单信息是否一致	
成品入库信息	成品入库单号	
	仓库入库库位	
	仓库入库料号	
	仓库入库数量	
成品出库信息	成品出库单编号	
	成品出库库位	
	成品出库料号	
	成品出库数量	

表3-32　续2

业务活动	测试内容	测试情况
出口报关信息	出口报关单号	
	出口贸易方式	
	出口发票号	
	出口品名	
	出口料号	
	出口数量	
	出口报关贸易方式与出货库位是否一致	

通过此穿行测试，可以了解企业保税货物进口申报、料件入库、生产领用、成品入库、成品出库、出口申报等环节是否做到了专料专库、专料专账、专料专用、专料专报，是否存在管理和申报风险。

3. 保税货物生产使用管理审核资料

保税货物生产使用审核时，根据抽查物料和周期获取以下资料，包括但不限于：

（1）企业保税与非保税物料串料管理规定；

（2）进口报关单、发票、装箱单；

（3）材料入库单、系统入库信息；

（4）生产工单、领料单、发料单；

（5）成品入库单、出库单；

（6）出口报关单、发票、装箱单；

（7）审核周期保税存货盘点数据；

（8）审核周期保税料件平衡表。

4. 保税货物生产串料使用审核方法

（1）核实保税存货。通过对某一时点保税存货进行盘点，确认保税物料的盘盈盘亏情况，审核周期为手册开始使用日至盘点日，如表3-33所示。

表 3-33　保税存货盘点情况表

序号	材料料号	本期进口/个	出口耗用/个	本期内销/个	本期退运/个	理论库存/个	实际库存/个	差异/个
1	1100A001	9000	2000	70	30	6900	6600	-300
2	1100A008	7200	2000	20		5180	5170	-10
3	1100A010	5500	2200			3300	3295	-5
4	1100A021	4500	800			3700	3200	-500
5	1100A022	5800	2000			3800	4300	500
6	1100A023	6000	2000	30	10	3960	3780	-180
7	1100A028	5200	1000			4200	4200	0
8	1100A037	1000	960	20		20	340	320
9	1100A039	2000	800			1200	1200	0
10	1100A042	1800	800		10	990	990	0
…								

通过以上保税手册实际库存与理论库存进行比对，有 5 颗料件盘点差异较大，有正数差异和负数差异，如表 3-34 所示。

表 3-34　差异较大的库存情况表

序号	材料料号	理论库存/个	实际库存/个	差异/个
1	1100A001	6900	6600	-300
4	1100A021	3700	3200	-500
5	1100A022	3800	4300	500
6	1100A023	3960	3780	-180
8	1100A037	20	340	320

针对以上库存差异较大的情况，需通过调取审核周期内该些料件所生产产品的工单领料情况进行进一步分析。

（2）保税货物与保税货物之间串料。通过审核物料 1100A021 和 1100A022 所生产产品的工单、领料单，发现信息如表 3-35 所示。

表 3-35 工单、领料单审核情况表

序号	成品料号	属性	生产数量/个	BOM 表		工单编号	工单领料信息	
				料号	数量/个		料号	数量/个
1	3100A010	保税	500	1100A022	500	B201810423	1100A021	500 个

通过审核物料 1100A021 和 1100A022 所生产产品的工单、领料单发现，工单编号为 B201810423，生产保税成品料号为 3100A010，生产数量 500 个，BOM 表为保税料件 1100A022，数量 500 个，实际工单领用保税料件 1100A021，数量 500 个，保税料件 1100A021 和 1100A022 串料使用，造成了保税料件 1100A021 盘亏 500 个、保税料件 1100A022 盘盈 500 个。

（3）保税货物用于非保税产品生产。通过审核物料 1100A001 和 1100A023 所生产产品的工单、领料单，发现信息如表 3-36 所示。

表 3-36 工单、领料单审核情况表

序号	成品料号	属性	生产数量/个	BOM 表		工单编号	工单信息	
				料号	数量/个		料号	数量/个
1	3200A011	非保税	300	1200A002	300	F201810416	1100A001	300
2	3200A042	非保税	180	1200A038	180	F201810420	1100A023	180

通过审核物料 1100A001 所生产产品的工单、领料单发现，工单编号为 F201810416，生产非保税成品料号为 3200A011，生产数量 300 个，BOM 表为非保税料件 1200A002，数量 300 个，实际工单领用保税料件 1100A001，数量 300 个，保税料件 1100A001 和非保税料件 1200A002 串料使用，造成了保税料件 1100A001 盘亏 300 个。

通过审核物料 1100A023 所生产产品的工单、领料单发现，工单编号为 F201810420，生产非保税成品料号为 3200A042，生产数量 180 个，BOM 表为非保税料件 1200A038，数量 180 个，实际工单领用保税料件 1100A023，数量 180 个，保税料件 1100A023 和非保税料件 1200A038 串料使用，造成了保税料件 1100A023 盘亏 180 个。

（4）非保税货物用于保税货物生产。通过审核物料 1100A037 所生产产品的工单、领料单，发现信息如表 3-37 所示。

表 3-37　工单、领料单审核情况表

序号	成品料号	属性	生产数量/个	BOM 表		工单编号	工单信息	
				料号	数量/个		料号	数量/个
1	3100A073	保税	320	1100A037	320	B201810446	1200A039	320

通过审核物料 1100A037 所生产产品的工单、领料单发现，工单编号为 B201810446，生产保税成品料号为 3100A073，生产数量 320 个，BOM 表为保税料件 1100A037，数量 320 个，实际工单领用非保税料件 1200A039，数量 320 个，非保税料件 1200A039 和保税料件 1100A037 串料使用，造成了保税料件 1100A037 盘盈 320 个。

审核小结

加工贸易货物应当专料专用。

经海关核准，经营企业可以在保税料件之间、保税料件与非保税料件之间进行串换，但是被串换的料件应当属于同一企业，并且应当遵循同品种、同规格、同数量、不牟利的原则。

来料加工保税进口料件不得串换。

由于加工工艺需要使用非保税料件的，经营企业应当事先向海关如实申报使用非保税料件的比例、品种、规格、型号、数量。

企业申请内部料件串换的，应遵循以下原则：

1. 保税料件之间以及保税料件和进口非保税料件之间的串换，必须符合同品种、同规格、同数量的条件。

2. 保税料件和国产料件（不含深加工结转料件）之间的串换必须符合同品种、同规格、同数量、关税税率为零，且商品不涉及进出口许可证件管理的条件。

3. 经营企业因保税料件与非保税料件之间发生串换，串换下来同等数量的保税料件，经主管海关批准后，由企业自行处置。

如何做好保税料件串料的审核？

1. 可以通过对加工贸易手册执行期间的某一时点的保税存货进行实物盘点，与手册理论库存进行比对，审核是否存在差异较大的情况，

（1）实际库存比理论库存多，可能存在非保税料件用于保税成品生产的情况；

（2）实际库存比理论库存少，可能存在保税料件用于非保税成品生产的

情况；

2. 可以通过抽查保税产品与非保税产品的生产工单、材料领用单与产品BOM表比对，审核确认是否存在保税与保税、保税与非保税串料的情况。

第六节　保税存货管理风险与内部审计

一、保税货物存货盘点概述

保税货物是指经营企业进口全部或者部分原辅材料、零部件、元器件、包装物料，经过加工或者装配后的制成品，在加工过程中产生的边角料、剩余料件、残次品、副产品。

保税剩余料件是指加工贸易企业在从事加工复出口业务过程中剩余的、可以继续用于加工制成品的加工贸易进口料件。

保税货物盘点是对保税加工企业在海关监管期限内保税货物实际库存情况进行实物核对和数据检查。

对企业截至盘点日所有保税料件、完成品、半成品及其他未完成品、残次品、边角料、在途货物、外发加工货物、副产品等库存情况进行盘点核查。

二、保税货物存货管理要求

保税货物的存货管理应按下以法律法规及公告的要求进行。

1.《中华人民共和国海关加工贸易货物监管办法》

第十条规定：

加工贸易企业应当根据《会计法》以及海关有关规定，设置符合海关监管要求的账簿、报表以及其他有关单证，记录与本企业加工贸易货物有关的进口、存储、转让、转移、销售、加工、使用、损耗和出口等情况，凭合法、有效凭证记账并且进行核算。

加工贸易企业应当将加工贸易货物与非加工贸易货物分开管理。加工贸易货物应当存放在经海关备案的场所，实行专料专放。企业变更加工贸易货物存放场所的，应当事先通知海关，并办理备案变更手续。

第三十条规定：

经营企业应当在规定的期限内将进口料件加工复出口，并且自加工贸易手册项下最后一批成品出口或者加工贸易手册到期之日起30日内向海关报核。

经营企业对外签订的合同提前终止的，应当自合同终止之日起30日内向海关报核。

第三十一条规定：

经营企业报核时应当向海关如实申报进口料件、出口成品、边角料、剩余料件、残次品、副产品以及单耗等情况，并且按照规定提交相关单证。

2. 海关总署公告2014年第21号（关于执行《中华人民共和国海关加工贸易货物监管办法》有关问题的公告）

第四条规定：

关于《办法》第十条：

（1）“分开管理”是指加工贸易货物应与非加工贸易货物分开存放，分别记账。对确实无法实现货物分开存放的，须经主管海关在审核企业内部信息化管理系统、确认其能够通过联网监管系统实现加工贸易货物与非加工贸易货物数据信息流分开后，认定其符合“分开管理”的监管条件。企业应当确保保税货物流与数据信息流的一致性。

（2）“海关备案的场所”是指加工贸易企业在办理海关注册登记以及加工贸易业务时向海关备案的经营场所。

（3）加工贸易企业改变或者增加存放场所，应经主管海关批准。主管海关应要求加工贸易企业提交注明存放地址、期限等有关内容的书面申请和存放场所的所有权证明复印件，如属租赁场所还需提交租赁合同。

除外发加工等业务需要外，加工贸易货物不得跨直属海关辖区进行存放。

3.《中华人民共和国海关加工贸易企业联网监管办法》

第九条规定：

联网企业应当如实向海关报送加工贸易货物物流、库存、生产管理以及满足海关监管需要的其他动态数据。

第十一条规定：

海关可以采取数据核对和下厂核查等方式对联网企业进行核查。下厂核查包括专项核查和盘点核查。

第十五条规定：

联网企业实施盘点前，应当告知海关；海关可以结合企业盘点实施核查核销。

海关结合企业盘点实施核查核销时，应当将电子底账核算结果与联网企业实际库存量进行对比，并分别进行以下处理：

（1）实际库存量多于电子底账核算结果的，海关应当按照实际库存量调整电子底账的当期余额；

（2）实际库存量少于电子底账核算结果且联网企业可以提供正当理由的，对短缺的部分，海关应当责令联网企业申请内销处理；

（3）实际库存量少于电子底账核算结果且联网企业不能提供正当理由的，

对短缺的部分，海关除责令联网企业申请内销处理外，还可以按照《海关行政处罚实施条例》对联网企业予以处罚。

第十八条规定：

本办法下列用语的含义：

“电子底账”，是指海关根据联网企业申请，为其建立的用于记录加工贸易备案、进出口、核销等资料的电子数据库。

“专项核查”，是指海关根据监管需要，对联网企业就某一项或者多项内容实施的核查行为。

“盘点核查”，是指海关在联网企业盘点时，对一定期间的部分保税货物进行实物核对、数据核查的一种监管方式。

三、保税货物存货管理风险案例分析

1. 保税货物管理常见的风险类型

（1）保税货物不按规定存放。海关规定，加工贸易货物应与非加工贸易货物分开存放，应当存放在经海关备案的场所，实行专料专放。如果加工贸易保税货物与非保税货物混放或存放于未经海关备案场所，造成违规。

（2）保税货物不按规定记账。海关规定，加工贸易企业应当根据《会计法》以及海关有关规定，设置符合海关监管要求的账簿、报表以及其他有关单证，记录与本企业加工贸易货物有关的进口、存储、转让、转移、销售、加工、使用、损耗和出口等情况，加工贸易货物应与非加工贸易货物分开存放，分别记账。如果记账未区分保税与非保税货物，就违反了海关监管规定。

（3）保税货物账实不符。保税货物库存账面数据应与实际库存保持一致，如实际库存量少于或多于账面数据，需企业提供正当理由，如无法提供正当理由，就违反了海关监管规定。

2. 保税货物存货管理风险案例分析

（1）保税货物存放于未经海关备案场所的风险

①案例简介：

某电力科技有限公司于2016年7月向海关申领了一本编号为C2308654＊＊＊8的加工贸易手册，备案进口柴油机等，备案出口发电机组。因该公司存放原材料的仓库面积不够，故与某物流公司签订普通仓库租赁使用合同。

2016年8月31日，该企业使用手册保税进口各类型号的柴油机692台，并将其中型号为403A-15G的176台柴油机存储于从某物流公司租赁的仓库内。

2017年2月3日，海关稽查科对其核查时发现上述违法事实。当月，该企业将剩余的柴油机运回自己公司存放。

②违反规定：

该企业从事加工贸易业务，未办理相关海关手续，将加工贸易手册项下进口的保税货物存放在未经海关备案的场所，影响海关对保税货物的监管，其行为违反了《海关加工贸易监管办法》第十条第二款之规定，已构成违规。

鉴于该企业能够将违规存放货物及时恢复海关监管，可以减轻处罚。根据《中华人民共和国行政处罚法》第二十七条第一款第（四）项、《海关行政处罚实施条例》第十八条第一款第（四）项之规定，对该企业减轻处罚。

③案例分析：

造成以上违规行为的主要原因系该企业法律意识不强，对海关保税货物监管法律法规要求不熟悉，认为只是改变存放地点，后续生产加工的完成品还是用于保税复出口，并未造成海关税款流失，故未向海关备案并核准造成保税货物脱离海关监管的行为。

（2）保税料件短少不能提供正当理由的风险

①案例简介：

某卫生洁具有限公司于 2016 年 5 月向海关申领了进料加工贸易手册 C2305555＊＊＊6，手册项下进口水龙头用盖子、螺母、垫片等料件，经组装后，制成成品水龙头组装件、花洒组装件等。

经调取当事手册进出口数据，对料件进口量、保税料件耗用数量、内销补税数量、余料结转转出数量、仓库库存及折料数量等情况进行统计比对后发现，该企业在计算在库成品耗用保税料件数量时，因工作失误，导致部分成品的统计耗用保税料件大于实际耗用数量，涉及成品 57、64、112、128、140 项，差异部分涉及料件螺钉 560 个、螺母 2920 个、垫片 2920 个、水龙头用阀芯 1140 个、软管 1876. 29 米。差异部分料件实际已短少。

在调查过程中，未发现该企业存在擅自转让保税货物等其他违法事情。该公司对短少的保税货物不能提供正当理由。

经计核，该公司上述涉案的保税货物价值 18610. 81 元人民币，漏缴税款 3867. 81 元人民币。

②违反规定：

该公司在 C2305555＊＊＊6 手册执行期间，保税货物数量短少且不能提供正当理由，根据《海关法》第八十六条第（十二）项之规定，已构成违反海关监管规定的行为。根据《海关行政处罚实施条例》第十八条第一款第（三）项之规定予以行政处罚。

③案例分析：

在企业加工贸易保税业务生产加工过程中，会出现残次品、不良品、超工单领用、非生产领用等，应及时统计并进行退运或向海关申请内销补税。

定期检查加工贸易保税货物是否存在盘盈盘亏的情况，查找盘盈亏原因并及时处理。

（3）未按规定编制保税货物管理账簿的风险

①案例简介：

某塑胶有限公司，于2015年6月至2018年2月分别向海关申领了4本加工贸易手册。2018年2月，海关稽查科对其实施稽查，发现该企业自2015年6月至2018年2月，未按海关规定编制保税原材料、保税成品、保税边角料等账册。对此，海关稽查科于2018年5月向企业送达了限期整改通知书，责令其限期改正，该企业在规定的30天内按海关规定建立了最近一本手册的保税原材料、成品、边角料账册，但未能对之前3本已核销手册进行改正。

②违反规定：

该企业在从事加工贸易业务中，未按照海关规定编制保税货物的仓库进出存明细账、出入库单证、生产记录等资料，经海关责令其限期改正后，未能在规定期限内改正，其行为违反了《海关法》第三十二条、《中华人民共和国海关加工贸易货物监管办法》第十条第一款之规定，已构成违反海关监管规定的行为。根据《海关稽查条例》第三十一条之规定予以行政处罚。

③案例分析：

经查，该企业自开展加工贸易业务以来并无专职关务，兼职关务人员亦不驻厂，对厂内保税货物缺乏监督；而由于仓库、生产等人员对海关法律法规了解不多，且人员流动较大，缺乏保税业务的知识，故而未对保税货物编制专门的账册，且保税原材料、成品、残次品、边角料等厂内货物的出入库单证保存不完整，亦未区分保税与非保税。由于上述情况在厂内长期存在，因此，该企业未能在稽查过程中提交保税原材料、成品、边角料账册等资料，且在海关送达限期整改通知书后，仍无法还原过往的账册、单证和记录。

（4）擅自转让保税货物的风险

①案例简介：

某国际贸易公司作为经营企业，于2014年3月9日向海关申领了进料加工手册，备案进口料件为钢管、接头、喷嘴、法兰、螺旋板、滑座，备案出口成品为裙体、烟罩、冷却装置等。同年3月22日，该企业使用加工贸易手册向海关申报进口保税料件钢管1962根、接头15个、喷嘴12个、法兰24个、螺旋板338个、滑座45个，总价22779361.75日元。

经查，该手册进口料件由该公司于2014年2月18日向供货商订购，同年3月11日，由于对海关加工贸易政策理解错误，该企业未经海关许可，与国内某A公司签订了销售合同，准备将进口的料件作价1939163.4元人民币卖给A公司，并于2014年10月开具增值税销售发票。2014年3月11日，该公司又与 A 公司签订购买合同，向 A 公司购买裙体、烟罩、冷却装置各 1 套，合同金额 6439163.4 元人民币。2015 年 7 月 11 日，该公司收到 A 公司制作的以上冷却设备后将货物从手册项下报关出口。

另查，该公司进口的保税料件大部分制作成成品由该公司回购后从手册项下出口，剩余 82 根钢管合计 2225.86 千克，在该企业向海关进行手册核销时未予申报。

经海关核定，上述保税料件价值 1964437.75 元人民币，漏缴税款 8570.94 元人民币。

②违反规定：

该公司未经海关许可，擅自转让保税货物的行为违反了《海关法》第三十七条第一款、第八十六条第（十）项之规定，构成了违反海关监管规定的行为。鉴于该公司积极配合海关调查、主动缴纳足额担保金，依法具有从轻处罚情节。根据《中华人民共和国行政处罚法》第二十七条第一款第（四）项、《海关行政处罚实施条例》第十八条第一款第（一）项之规定，予以从轻处罚。

③案例分析：

加工贸易保税货物的海关监管要求是专料专用，并且加工贸易保税货物有关的进口、存储、转让、转移、销售、加工、使用、损耗和出口等情况都属于海关监管环节。该企业在生产过程中确认有部分工序或全部工序需要委托其他企业进行加工的，可以向海关申请外发加工，但不得将加工贸易货物转卖给承揽者。由于该企业对海关加工贸易保税货物管理要求不了解不熟悉，最后导致违法行为的发生。

四、保税货物存货管理审计思路

1. 了解企业保税货物存货管理内控制度

企业保税货物应当专料专库，保税货物进口后应存放于专门的保税货物存放库位或存放区域；保税货物应当专料专账，保税货物与非保税货物应当分别记录其入库、出库、存储等信息。企业的内部审计部门或企业聘请的第三方机构应了解企业在保税货物出入库管理、存货管理等环节中是如何来管理的，是否存在管理风险。

2. 保税货物存货管理穿行测试

对企业保税货物存货管理进行穿行测试，如表 3-38 所示。

表 3-38　企业保税货物存货管理穿行的测试表

业务活动	测试内容	测试情况
进口报关信息	进口报关单号	
	进口贸易方式	
	进口发票号	
	进口品名	
	进口料号	
	进口数量	
料件入库信息	料件入库单编号	
	料件入库库位	
	料件入库料号	
	料件入库数量	
	料件入库库位性质与申报贸易方式是否一致	
材料仓库信息	库位编号保税与非保税区分规则	
	实际存放区域是否区分保税与非保税	
	是否有保税与非保税标示	
	记账是否区分保税与非保税	
	是否定期确认账实一致	
成品入库信息	成品入库单号	
	仓库入库库位	
	仓库入库料号	
	仓库入库数量	
成品仓库信息	库位编号保税与非保税区分规则	
	实际存放区域是否区分保税与非保税	
	是否有保税与非保税标示	
	记账是否区分保税与非保税	
	是否定期确认账实一致	

表3-38 续

业务活动	测试内容	测试情况
成品出库信息	成品出库单编号	
	成品出库库位	
	成品出库料号	
	成品出库数量	
出口报关信息	出口报关单号	
	出口贸易方式	
	出口发票号	
	出口品名	
	出口料号	
	出口数量	
	出口报关贸易方式与出货库位是否一致	

通过上述穿行测试，可以了解企业保税货物进口申报、料件入库、存放库位、成品入库、库位管理、成品出库、出口申报等环节是否做到了专料专库、专料专账，是否存在管理和申报风险。

3. 保税货物存货管理审核资料

保税货物存货管理审核时，根据抽查物料和周期获取以下资料，包括但不限于：

（1）企业保税仓库出入库管理规定；

（2）企业仓库保税与非保税存放管理规定；

（3）企业保税仓库存货盘点规定；

（4）进口报关单、发票、装箱单；

（5）材料入库单、系统入库信息；

（6）库位规则、记账记录；

（7）成品入库单、出库单；

（8）出口报关单、发票、装箱单；

（9）保税存货盘点数据。

4. 针对不同风险类型的保税货物存货管理审核方法

（1）保税货物不按规定存放。询问仓库管理人员，除了企业内部仓库以外，是否有外租厂房、外租仓库存放保税料件的情况。询问关务人员，企业外租厂房、外租仓库存放保税料件的情况是否向海关备案。现场审核，加工贸易货物是否有专门的存放仓库或区域，加工贸易货物与非加工贸易货物是否分开存放，存放区域是否能做到物理分离，是否有保税标示。

保税标示有不同类型，如图 3-6、图 3-7 和图 3-8 所示。

图 3-6　保税仓库

图 3-7　货架保税标示

图 3-8　保税区域

（2）保税货物不按规定记账。查阅企业仓库系统，是否区分加工贸易保税货物与非加工贸易库位。

例如，仓库系统库位代码，如表 3-39 所示。

表 3-39　仓库系统库位代码表

序号	保税库位	库位含义	非保税库位	库位含义
1	BS0010	保税材料仓库	ZS0011	征税材料仓库
2	BS0020	保税半成品仓库	ZS0021	征税半成品仓库
3	BS0030	保税成品仓库	ZS0031	征税成品仓库

例如，仓库系统异动类别，如表 3-40 所示。

表 3-40　仓库系统异动类别表

异动代码	代码含义
1001	采购入库
1002	不良退货
2001	领料出库
2002	超领出库
2003	报废出库
2004	试样领用
2005	内销出库
…	
3001	成品出库
3002	成品退库
4001	外销出库
4002	样品出库
4003	国内销售
4004	报废出库
…	

通过查阅企业仓库信息系统，了解企业加工贸易保税货物与非加工贸易货物库位区分，对企业物料入库、出库等管理情况进行穿行测试，确认企业是否分开记账。

（3）保税货物账实不符。通过对企业仓库信息系统的了解，从信息系统中导出当前库存数据，抽查部分或全部物料，对实际库存数进行盘点确认，对手册理论库存与仓库实际库存的一致性进行审核，如表 3-41 所示。

表 3-41　手册理论库存与仓库实际库存的一致性审核表

序号	物料料号	手册理论库存/个	仓库实际库存/个	差异/个
1	1100A001	7000	6600	-400
2	1100A008	5000	5000	0
3	1100A010	3300	3295	-5
4	1100A021	3700	3200	-500
5	1100A022	3800	3600	-200
6	1100A023	3960	3960	0
7	1100A028	4200	4200	0
8	1100A037	340	340	0
9	1100A039	1200	1200	0
10	1100A042	990	990	0
…				

通过对加工贸易手册账存数与仓库实存数进行比对，料号 1100A001、1100A021、1100A022 存在较大差异，差异物料需要进行补税，如果差异情况是违规行为引起的，还会涉及处罚。

审核小结

加工贸易企业应当根据《会计法》以及海关有关规定，设置符合海关监管要求的账簿、报表以及其他有关单证，记录与本企业加工贸易货物有关的进口、存储、转让、转移、销售、加工、使用、损耗和出口等情况，凭合法、有效凭证记账并且进行核算。

加工贸易企业应当将加工贸易货物与非加工贸易货物分开管理。加工贸易货物应当存放在经海关备案的场所，实行专料专放。

如何做好保税货物管理的审核?

1. 可以通过实地查看，审核企业加工贸易货物与非加工贸易货物是否做到分开存放、分别记账。保税货物包括保税料件、保税半成品、保税成品、保税边角料、保税残次品、保税副产品等。

2. 可以通过对保税存货进行实地盘点，审核保税实际库存与加工贸易手册理论库存是否存在较大差异，并进一步分析差异原因，是否存在违规情形。

第七节 保税残次品/边角料处置风险与内部审计

一、保税残次品/边角料概述

保税残次品是指加工贸易企业从事加工复出口业务，在生产过程中产生的有严重缺陷或者达不到出口合同标准，无法复出口的制品（包括完成品和未完成品）。

保税边角料是指加工贸易企业从事加工复出口业务，在海关核定的单位耗料量（单耗）内、加工过程中产生的、无法再用于加工该合同项下出口制成品的数量合理的废、碎料及下脚料。

二、保税残次品/边角料管理要求

保税残次品/边角料的管理应按照以下法律法规的要求进行。

1.《中华人民共和国海关加工贸易货物监管办法》

第三十一条规定：

经营企业报核时应当向海关如实申报进口料件、出口成品、边角料、剩余料件、残次品、副产品以及单耗等情况，并且按照规定提交相关单证。

第三十五条规定：

经营企业在生产过程中产生的边角料、剩余料件、残次品、副产品和受灾保税货物，按照海关对加工贸易边角料、剩余料件、残次品、副产品和受灾保税货物的管理规定办理，海关凭有关单证核销。

2.《中华人民共和国海关关于加工贸易边角料、剩余料件、残次品、副产品和受灾保税货物的管理办法》

第三条规定：

加工贸易保税进口料件加工后产生的边角料、剩余料件、残次品、副产品及受灾保税货物属海关监管货物，未经海关许可，任何企业、单位、个人不得擅自销售或者移作他用。

第四条规定：

加工贸易企业申请内销边角料的：

（1）海关按照加工贸易企业向海关申请内销边角料的报验状态归类后适用的税率和审定的边角料价格计征税款，免征缓税利息；

（2）海关按照加工贸易企业向海关申请内销边角料的报验状态归类后，

属于发展改革委员会、商务部、环保总局①及其授权部门进口许可证件管理范围的，免于提交许可证件。

第七条规定：

加工贸易企业需要内销残次品的，根据其对应的进口料件价值，参照本办法第六条第（1）项或者第（2）项的规定办理。

第十条规定：

加工贸易企业因故申请将边角料、剩余料件、残次品、副产品或者受灾保税货物退运出境的，海关按照退运的有关规定办理，凭有关退运证明材料办理核销手续。

第十一条规定：

加工贸易企业因故无法内销或者退运的边角料、剩余料件、残次品、副产品或者受灾保税货物，由加工贸易企业委托具有法定资质的单位进行销毁处置，海关凭相关单证、处置单位出具的接收单据和处置证明等资料办理核销手续。

海关可以派员监督处置，加工贸易企业及有关处置单位应当给予配合。加工贸易企业因处置获得的收入，应当向海关如实申报，海关比照边角料内销征税的管理规定办理征税手续。

第十四条规定：

加工贸易企业办理边角料、剩余料件、残次品、副产品和受灾保税货物内销的进出口通关手续时，应当按照下列情况办理：

（1）加工贸易剩余料件、残次品以及受灾保税货物内销，企业按照其加工贸易的原进口料件品名进行申报；

（2）加工贸易边角料以及副产品，企业按照向海关申请内销的报验状态申报。

第十五条规定：

保税区、出口加工区内加工贸易企业的加工贸易保税进口料件加工后产生的边角料、剩余料件、残次品、副产品等的海关监管，按照保税区、出口加工区的规定办理。

三、保税残次品/边角料管理风险案例分析

1. 保税残次品/边角料常见的风险类型

（1）擅自处置。保税残次品/边角料均属于保税货物，可以选择退运至境

① 以上环保总局的名称已改为中华人民共和国生态环境部，其职能以机构改革后的为准。

外或国内销售，选择国内销售时应先对保税残次品/边角料向海关申请内销补税，补税完成后方可处置。未补税完成前进行的保税残次品/边角料的处置，就是擅自处置。

（2）残次品折料错误。保税残次品可以选择退运至境外或国内销售，退运时应根据残次品的实际状态申报单耗，国内销售时应根据残次品的实际状态折算成保税料件向海关申请内销补税。如果残次品对应的单耗与实物状态不一致，则计算的保税料件就不准确。

（3）申报价格错误。保税残次品/边角料内销补税，保税残次品根据实际状态折算成原材料，根据原材料价格向海关申请内销补税；保税边角料应根据内销价格向海关申请内销补税。如保税残次品折料后内销申报价格比材料进口价格低，保税边角料内销申报价格比实际内销价格低，就构成了内销价格申报错误。

（4）脱离海关监管。保税残次品/边角料均属于保税货物，应存放于向海关备案的经营地址。如企业将保税残次品/边角料存放于未经海关备案的场所，就造成了保税货物脱离海关监管。

2. 保税残次品/边角料管理风险案例分析

（1）擅自处置保税残次品的风险

①案例简介：

某橡胶工业有限公司主要从事橡胶的生产加工工作。2018 年 6 月 27 日，海关对其稽查过程中，发现该企业自 2015 年 6 月 27 日至 2018 年 6 月 26 日，未经海关同意并缴纳相关税款，擅自将 C210554＊＊＊＊1、C210554＊＊＊＊2、C210554＊＊＊＊3 三本手册在手册执行过程中产生的 16663 千克残次品（折合保税原材料 11042.68 千克）进行处置，货物价值 98033.42 元人民币，漏缴税款 25406.76 元人民币，违反了海关监管规定。

②违反规定：

该公司未按海关规定补税核销，擅自处置保税残次品的行为，违反了《海关法》第八十六条第（十二）项之规定，构成了违反海关监管规定的行为。根据《海关行政处罚实施条例》第十八条第一款第（一）项之规定，予以行政处罚。

③案例分析：

加工贸易保税进口料件加工后产生的残次品属海关监管货物，未经海关许可，任何企业、单位、个人不得擅自销售或者移作他用。企业可向海关申请将残次品退运出口、内销补税等处理。由于该企业对海关加工贸易保税货物管理要求不熟悉，最后导致未经海关许可擅自处置保税残次品的违法行为。

（2）保税边角料短少无正当理由的风险

①案例简介：

某塑料有限公司，主要经营范围为开发、制造、加工、组装数字照相机、新型数字打印装置及精密仪器的精密塑料成型部件、精密金属冲压零部件等。

该公司于2013年11月、2015年2月、2016年2月依次向海关申领了C23140555＊＊1、C23140555＊＊2、C23140555＊＊3三本加工贸易手册，主要进口PC树脂、ABS树脂、PC/ABS塑料混合粒等保税料件。

经查证，该三本手册下共计产生保税塑料边角料732662.65千克，实际盘点库存保税塑料边角料27519.31千克，短少差额共计705143.34千克。该公司对以上保税边角料短少无法提供正当的理由。

经计核，上述保税货物数量短少且不能提供正当理由的行为，涉案货物价值1124664.14元人民币，涉及税款222080.66元人民币。

②违反规定：

该公司上述保税货物数量短少且不能提供正当理由的行为，违反了《海关法》第三十八条第三款之规定，构成了违反海关监管规定的行为。根据《海关法》第八十六条第（十二）项、《海关行政处罚实施条例》第十八条第一款第（三）项之规定，予以行政处罚。

③案例分析：

经调查，该企业因管理不善，没有按照海关加工贸易管理规定，对保税边角料做到单独区域堆放，且无相关账簿记录，导致上述705143.34千克保税边角料去向不明，并且无法提供合理正当的理由，造成违反海关监管规定的行为。

（3）保税残次品当成保税边角料补税的风险

①案例简介：

某塑胶制品有限公司，从事电子器件塑胶外壳的生产和销售，以加工贸易为主。2015年8月1日，该企业向海关申领了进料加工手册C2325444＊＊＊1，备案进口ABS塑料粒子、PC塑料粒子、PC+ABS塑料粒子等原材料，经过注塑、喷漆、包装等工序，加工生产成路由器塑胶制外壳、路由器塑胶制导光柱等成品出口。

经查，在注塑过程中，由于注塑机每次开机生产时，必须将一部分塑料粒子经投料管射出，因为包含有变质或杂质的原料，形成无法使用的胶块。该企业将这些胶块定期进行收集整理，并作为边角料以进料边角料内销方式补税后，销售给国内客户。另外，在实际生产过程中，还会产生部分印刷不良品、埋射金属产品、有油污的不良产品、以及客户退回的产品。经过公司品保部门检测后，能够使用的经过处理后继续回用，不能够回用的进行定期收集整理、粉碎处理，并作为残次品以进料料件内销的方式补税后，销售给国内客户。

2017 年 7 月，该企业以进料边角料内销的方式向海关申报 C2325444＊＊＊1 手册项下产生的保税边角料废 ABS 塑胶粒子 3704 千克、废 PC 塑料粒子 1962 千克、废 PC+ABS 塑胶粒子 274 千克，申报金额共计 38748.16 元人民币。

经查，上述申报补税的保税边角料中，有部分货物实际为 C2325444＊＊＊1 手册项下产生的残次品 276 千克，折合耗用进口保税料件 ABS 塑料粒子 93.68 千克、PC 塑料粒子 158.32 千克、PA+ABS 塑料粒子 46.81 千克，价值共计 1210.62 美元。该企业将本应以进料料件内销方式申报补税的残次品，以进料边角料内销方式向海关申报补税，影响国家税款征收，违反了海关监管规定。

经计核，上述涉案货物价值共计 8983.98 元人民币，应纳税款 1580.1 元人民币，已经以进料边角料内销方式向海关缴纳税款 247.93 元人民币，漏缴税款 1332.17 元人民币。

②违反规定：

该企业将本应以进料料件内销方式申报补税的残次品，以进料边角料内销方式向海关申报补税，影响国家税款征收，违反了《海关法》第二十四条第一款，《中华人民共和国海关关于加工贸易边角料、剩余料件、残次品、副产品和受灾保税货物的管理办法》第七条之规定。根据《海关法》八十六条第（三）项之规定，以上行为已构成违反海关监管规定的行为。根据《海关行政处罚实施条例》第十五条第（四）项、第十六条之规定，予以行政处罚。

③案例分析：

经查，造成该公司上述违法行为的原因系该企业人员流动频繁，工作交接不及时，仓管部门与关务部门之间沟通失误，工作中存在疏忽，误将手册项下产生的残次品当成了边角料向海关申报补税，违反了海关监管规定。

四、保税残次品/边角料管理审计思路

1. 了解企业保税残次品/边角料管理内控制度

保税残次品/边角料均属于保税货物，需了解企业是否有专门的存放库位或存放区域，是否区分保税与非保税实物分开管理，保税残次品是否区分不同状态和工序，保税边角料是否区分不同种类，是否建立保税残次品、边角料的入库、出库、存储等记录台账，保税残次品、边角料处置前是否向海关申请了内销补税。

2. 保税残次品/边角料管理穿行测试

对企业保税残次品/边角料管理进行穿行测试，如表 3-42 所示。

表 3-42　企业保税残次品/边角料管理穿行测试表

业务活动	测试内容	测试情况
内销补税/退运报关信息	内销补税/退运报关单号	
	内销补税/退运发票号	
	内销补税/退运品名	
	内销补税/退运料号	
	内销补税/退运数量	
	内销补税/退运单价	
出库信息	出库单编号	
	出库库位	
	出库料号	
	出库数量	
	出库数量与报关数量是否一致	
仓库信息	保税残次品/边角料库位编号	
	实际存放区域是否区分保税与非保税	
	是否有保税与非保税标示	
	残次品是否区分不同状态和工序	
	记账是否区分保税与非保税	
	是否定期确认账实一致	
	是否清晰记录出入库数据	
	保税残次品/边角料处置是否得到审批	

通过此穿行测试，可以了解企业残次品/边角料入库、出库、存放管理、内销补税处置等环节是否做到了专料专库、专料专账，是否存在管理和申报风险。

3. 保税残次品/边角料管理审核资料

保税残次品/边角料管理审核时，根据抽查周期获取以下资料，包括但不限于：

（1）企业保税残次品/边角料管理规定；

（2）内销补税报关单、发票、装箱单；

（3）保税残次品/边角料入库单、出库单；

（4）保税残次品/边角料系统库位和出入库信息；

（5）保税残次品/边角料盘点数据；

（6）保税残次品不同工序的 BOM 表；

（7）保税残次品/边角料内销财务记账和开票数据。

4. 针对不同风险类型的保税残次品/边角料审核思路

（1）擅自处置。保税残次品/边角料均属于保税货物，应补税完成后方可内销处置。未补税完成前进行的保税残次品/边角料的处置，就是擅自处置。

通过获取企业审核周期内的保税残次品/边角料的实际出库记录，国内销售记录，比对期间内销补税报关记录。

例如，对保税残次品的处置审核如表 3-43 所示。

表 3-43 保税残次品处置审核表

序号	残次品料号	出库数量/个	出库日期	内销发票数量/个	发票日期
1	2100A011	210	20180622	210	20180623
2	2100A028	105	20180622	105	20180623
3	2100A065	98	20180622	98	20180623

核对企业保税残次品出库及财务内销开票记录，对 2018 年 6 月 22 日出库的保税残次品 2100A011、2100A028、2100A065 合计 413 个进行了国内销售，并于 6 月 23 开具内销发票，但企业未向海关申请保税料件内销补税，造成了擅自内销。

例如，对保税边角料的处置审核如表 3-44 所示。

表 3-44 保税边角料处置审核表

序号	边角料	出库数量/千克	出库日期	内销发票数量/千克	发票日期
1	ABS 塑料边角料	2000	20180722	2000	20180722
2	ABS 塑料边角料	1200	20180826	1200	20180826
3	ABS 塑料边角料	1500	20180928	1500	20180928

核对企业保税边角料出库及财务内销开票记录，对 2018 年 7 月至 9 月出库保税 ABS 塑料边角料合计 4700 千克进行国内销售，并于出货当天开具了国内销售发票，但企业未向海关申请保税边角料内销补税，造成了擅自内销。

（2）残次品折料错误。区外企业的保税残次品进行内销补税时，需要折算成原材料进行内销补税；区内企业的保税残次品进行内销补税，需根据实物状态进行内销补税。

保税残次品折算成保税料件时，因不同工序产生的残次品所耗用的保税料件不一样，故应该分别进行折料，如使用同一单耗进行折料，可能就会造成折料错误。

例如，不同工序残次品耗用情况如表 3-45 所示。

表 3-45　不同工序残次品耗用情况表

<table>
<tr><th>成品料号</th><th>料件料号</th><th>料件数量/个</th><th>对应工序</th><th>残次品料号</th><th>料件料号</th><th>料件数量/个</th></tr>
<tr><td rowspan="8">3100A073</td><td>1100A001</td><td>1</td><td>第一道</td><td rowspan="8">3100A073</td><td>1100A001</td><td>1</td></tr>
<tr><td>1100A008</td><td>2</td><td>第一道</td><td>1100A008</td><td>2</td></tr>
<tr><td>1100A010</td><td>1</td><td>第二道</td><td>1100A010</td><td>1</td></tr>
<tr><td>1100A021</td><td>1</td><td>第二道</td><td>1100A021</td><td>1</td></tr>
<tr><td>1100A022</td><td>2</td><td>第三道</td><td>1100A022</td><td>2</td></tr>
<tr><td>1100A023</td><td>1</td><td>第三道</td><td>1100A023</td><td>1</td></tr>
<tr><td>1100A028</td><td>1</td><td>第四道</td><td></td><td></td></tr>
<tr><td>1100A037</td><td>1</td><td>第四道</td><td></td><td></td></tr>
</table>

以上生产成品料号为 3100A073，所有工序生产完成，单位成品耗用 8 种保税料件合计数量 10 个。如果产品生产至第三道工序就被判定为不良，可能将不会继续生产至第四道工序，故此时单位残次品折算成保税料件只有 8 种合计数量 8 个。如果生产过程中产生的残次品不区分工序，都使用完成品的单位产品耗用来折料，所折算的料件种类、数量与实际不一致，造成了残次品折料错误。

（3）申报价格错误。保税残次品/边角料内销补税，保税残次品根据实际状态折算成原材料，根据原材料价格向海关申请内销补税；保税边角料应根据内销价格向海关申请内销补税。如保税残次品折料后内销申报价格比材料进口价格低，保税边角料内销申报价格比实际内销价格低，就构成了内销价格申报错误。

例如，保税残次品折料后内销补税申报价格如表 3-46 所示。

表 3-46　保税残次品折料后内销补税申报价格表

序号	料件料号	残次品折料数量/个	内销补税单价/美元	进口加权平均单价/美元
1	1100A001	120	0.85	0.83
2	1100A008	240	0.15	0.35
3	1100A010	120	0.98	1.75
4	1100A021	120	7.20	7.06
5	1100A022	240	1.55	1.52
6	1100A023	120	0.38	0.35

将保税残次品折料后内销补税申报价格与本周期内保税料件进口加权平均单价进行比对，发现料号 1100A008、1100A010 存在内销申报价格低于进口加权平均单价的情况。

例如，保税边角料内销补税申报价格如表 3-47 所示。

表 3-47　保税边角料内销补税申报价格表

序号	保税边角料	销售数量/千克	销售单价/元人民币	内销补税单价/元人民币
1	ABS 塑料边角料	800	1.60	1.20
2	PVC 塑料边角料	200	1.20	1.20
3	PET 塑料边角料	500	1.50	1.20

将保税边角料实际国内销售价格与向海关申请内销补税价格进行比对，发现 ABS 塑料边角料、PET 塑料边角料存在内销补税申报价格低于实际国内销售价格的情况。

（4）脱离海关监管。保税残次品/边角料均属于保税货物，应存放于向海关备案的经营地址。如企业将保税残次品/边角料存放于未经海关备案的场所，就会造成保税货物脱离海关监管。

通过对保税残次品/边角料存放地点、物料状态、物料数量进行实地查看，并确认存放地点的海关备案情况，如表 3-48 所示。

表 3-48 保税边角料实地查看情况表

序号	保税边角料	库存数量/千克	存放地点	备注
1	ABS 塑料边角料	2000	公司注册地址材料仓库	公司注册地址
2	PVC 塑料边角料	3000	公司外租仓库 A	已向海关备案
3	PET 塑料边角料	5000	公司外租仓库 B	未向海关备案

通过对企业保税边角料的实际存放地点和向海关备案情况进行现场确认，该企业保税边角料由于体积较大，公司仓库场地有限，无法全部堆放，故在企业外面租赁了两个仓库，其中一个外租仓库 A 已向海关备案，另一个仓库 B 未向海关备案，存在保税货物脱离海关监管的情况。

审核小结

加工贸易保税进口料件加工后产生的边角料、剩余料件、残次品、副产品及受灾保税货物属海关监管货物，未经海关许可，任何企业、单位、个人不得擅自销售或者移作他用。

如何做好保税边角料/残次品的审核？

1. 可以通过实地查看，检查保税边角料/保税残次品是否做到保税与非保税分开存放、分别记账。

2. 可以通过财务账和仓库账，审核企业是否存在处置或变卖保税边角料/残次品的情况。处置或变卖数量与内销补税数量是否一致。处置或变卖价格与内销补税价格是否合理。

3. 可以通过询问仓库人员，了解是否还有其他地点存放保税边角料/残次品的情况。

第八节 加工贸易其他管理风险与内部审计

一、保税料件借入借出风险

1. 加工贸易保税货物概念

加工贸易货物是指加工贸易项下的进口料件、加工成品以及加工过程中产生的边角料、残次品、副产品等。

加工贸易企业包括经海关注册登记的经营企业和加工企业。

经营企业是指负责对外签订加工贸易进出口合同的各类进出口企业和外

商投资企业，以及经批准获得来料加工经营许可的对外加工装配服务公司。

加工企业是指接受经营企业委托，负责对进口料件进行加工或者装配，并且具有法人资格的生产企业，以及由经营企业设立的虽不具有法人资格，但是实行相对独立核算并已经办理工商营业执照的工厂。

2. 加工贸易保税货物管理规定

加工贸易保税货物的管理应按《中华人民共和国海关加工贸易货物监管办法》的要求进行，其中：

第三条规定：

本办法所称“加工贸易”是指经营企业进口全部或者部分原辅材料、零部件、元器件、包装物料（以下统称料件），经过加工或者装配后，将制成品复出口的经营活动，包括来料加工和进料加工。

第十条规定：

加工贸易企业应当根据《会计法》以及海关有关规定，设置符合海关监管要求的账簿、报表以及其他有关单证，记录与本企业加工贸易货物有关的进口、存储、转让、转移、销售、加工、使用、损耗和出口等情况，凭合法、有效凭证记账并且进行核算。

加工贸易企业应当将加工贸易货物与非加工贸易货物分开管理。加工贸易货物应当存放在经海关备案的场所，实行专料专放。企业变更加工贸易货物存放场所的，应当事先通知海关，并办理备案变更手续。

第二十七条规定：

加工贸易货物应当专料专用。

经海关核准，经营企业可以在保税料件之间、保税料件与非保税料件之间进行串换，但是被串换的料件应当属于同一企业，并且应当遵循同品种、同规格、同数量、不牟利的原则。

来料加工保税进口料件不得串换。

3. 保税料件借入借出风险案例分析

（1）案例简介：

某光电有限公司于 2016 年 1 月至 2017 年 5 月向海关申领了 2 本进料加工手册，手册项下备案进口染色的颗粒状聚碳酸酯/PC、染色的颗粒状碳酸酯/PC/ABA、自粘性胶带、保护膜等，经热流道、注塑成型工序后，备案出口塑料制框架。

经查，在开展上述 2 本手册加工贸易业务过程中，该企业与某 A 公司属于同行业，因生产急需，该企业在未经海关许可且未办理相关海关手续的情况下，与 A 公司间存在相互借还保税料件的情事，具体为该公司借给 A 公司保税自粘胶带 70000 个，粘贴性保护膜 330 平方米、染色的颗粒状聚碳酸酯

5500千克，截至2017年5月，A公司已将同品名、同规格、同数量的保税料件归还该企业；A公司借给该企业自粘性胶袋20000个、染色的颗粒状聚碳酸酯4000千克，截至2017年5月，该公司已将同品名、同规格、同数量的保税料件归还给A公司。

经计核，上述擅自调换部分涉案货物价值234369.55元人民币，涉及税款41096.41元人民币。

（2）违反规定：

该企业未经海关许可，擅自将保税料件与同行业公司调换使用，其行为违反了《海关法》第三十七条第一款，已构成了违反海关监管规定的行为。

鉴于该企业将同品名、同规格、同数量的保税料件与其他企业保税料件进行串换，属于程序性违规，且相关保税料件已归还，具备从轻处罚情节。根据《中华人民共和国行政处罚法》第二十七条第一款第（四）项、《海关行政处罚实施条例》第十八条第一款第（四）项之规定，予以从轻处罚。

（3）案例分析：

经查，上述两家企业相互拆借保税料件的错误行为，系因该公司相关业务人员对保税料件海关监管规定不熟悉，公司内部销售、采购、仓库与关务部门沟通不畅，公司关务人员并未掌握加工贸易生产实际情况。

4. 保税料件借入借出内部审计思路

（1）保税存货盘点。通过对企业仓库实际库存数进行盘点确认，对手册理论库存与仓库实际库存的一致性进行审核，查看差异较大的物料，进一步分析原因。

手册理论库存=期初+本期料件进口-本期料件退运-本期内销补税-本期成品复出口

例如，某一时点企业仓库实际库存如表3-49所示。

表3-49 某一时点企业仓库实际库存情况表

序号	物料料号	手册理论库存/个	仓库实际库存/个	差异/个
1	1100A001	7000	6600	-400
2	1100A008	5000	5000	0
3	1100A010	3300	3295	-5
4	1100A021	3700	3200	-500
5	1100A022	3800	3780	-20
6	1100A023	3960	3960	0

表3-49　续

序号	物料料号	手册理论库存/个	仓库实际库存/个	差异/个
7	1100A028	4200	4200	0
8	1100A037	340	1240	900
9	1100A039	1200	1200	0
10	1100A042	990	990	0
…				

通过对企业手册理论库存与仓库实际库存进行比对，发现料号 1100A001、1100A021 有较大的盘亏，料号 1100A037 有较大的盘盈。

（2）仓库出入库数据。通过了解企业信息系统中仓库异动类别，了解保税料件除了正常生产领用以外，还有哪些出库类别。例如，某企业信息系统仓库异动类别如表 3-50 所示。

表 3-50　某企业信息系统仓库异动代码表

异动代码	代码含义
1001	采购入库
1002	不良退货
1003	其他入库
2001	领料出库
2002	超领出库
2003	报废出库
2004	试样领用
2005	内销出库
2006	其他出库
…	

通过对企业信息系统仓库异动类别的了解，除了正常的采购入库和生产领用出库以外，还有不良退库、其他入库、超领出库、报废出库、试样出库、内销出库、其他出库等。

经进一步了解，其他入库、其他出库存在从其他企业借料入库或将料件借给其他企业出库的情况。

（3）询问知情人员。对于保税料件有较大盘盈盘亏的情况，企业内部比较了解具体情况的可能是企业生产管理、采购、制造、仓库等相关部门。对相关部门人员进行询问，了解公司生产产品时，在料件短缺的情况下有什么紧急办法解决，是否存在从外部借入物料或将物料外借的情况，了解盘盈盘亏存在较大数据差异的主要原因。

二、加工贸易手册超期未报核风险

1. 加工贸易手册

经营企业应当向加工企业所在地主管海关办理加工贸易货物的手册设立手续。

经营企业办理加工贸易货物的手册设立，应当向海关如实申报贸易方式、单耗、进出口口岸，以及进口料件和出口成品的商品名称、商品编号、规格型号、价格和原产地等情况。

2. 加工贸易手册核销管理规定

加工贸易手册的核销应按以下法律法规的规定进行。

(1)《海关法》第三十条规定：

经营企业应当在规定的期限内将进口料件加工复出口，并且自加工贸易手册项下最后一批成品出口或者加工贸易手册到期之日起 30 日内向海关报核。

经营企业对外签订的合同提前终止的，应当自合同终止之日起 30 日内向海关报核。

第三十一条规定：

经营企业报核时应当向海关如实申报进口料件、出口成品、边角料、剩余料件、残次品、副产品以及单耗等情况，并且按照规定提交相关单证。

(2) 海关总署第 150 号令《中华人民共和国海关加工贸易企业联网监管办法》第八条规定：

海关应当根据联网企业报送备案的资料建立电子底账，对联网企业实施电子底账管理。电子底账包括电子账册和电子手册。

电子账册是海关以企业为单元为联网企业建立的电子底账；实施电子账册管理的，联网企业只设立一个电子账册。海关应当根据联网企业的生产情况和海关的监管需要确定核销周期，按照核销周期对实行电子账册管理的联网企业进行核销管理。

电子手册是海关以加工贸易合同为单元为联网企业建立的电子底账；实施电子手册管理的，联网企业的每个加工贸易合同设立一个电子手册。海关应当根据加工贸易合同的有效期限确定核销日期，对实行电子手册管理的联网企业进行定期核销管理。

第十四条规定：

联网企业应当在海关确定的核销期结束之日起 30 日内完成报核。确有正当理由不能按期报核的，经主管海关批准可以延期，但延长期限不得超过 60 日。

3. 加工贸易手册超期未核销风险案例分析

（1）案例简介：

某塑料制品有限公司于 2016 年 1 月 22 日向海关申领了来料加工手册一本，备案进口 PC 塑料粒子等，备案出口游戏机用注塑件，手册到期日为 2017 年 6 月 29 日。

手册到期后，该公司未在手册到期后的 30 日内向海关报核，违反了海关监管规定。经查，该来料加工手册项下剩余料件、残次品折料等保税进口料件 PC 塑料粒子等 198538.43 千克，边角料废 PC 塑料粒子等 11735.34 千克，于 2017 年 8 月 24 日、9 月 22 日通过来料料件内销、来料余料结转、来料边角料内销的方式进行报关处理完毕。

经计核，本案涉案货物价值共计 8060679.86 元人民币，涉及税款共计 1533609.6 元人民币。

（2）违反规定：

该企业加工贸易手册到期后，未按照规定办理核销手续，违反了《海关法》第三十三条第二款、《中华人民共和国海关加工贸易货物监管办法》第三十条之规定，已构成违反海关监管规定的行为。鉴于该公司手册项下的保税货物已进行了合法处置，未按规定办理手册核销手续的行为没有影响国家有关进出境的禁止性管理、税款征收、许可证管理和出口退税管理，属于程序性违规，根据《中华人民共和国行政处罚法》第二十七条第一款第（四）项、《海关行政处罚实施条例》第十八条第一款第（四）项之规定，予以减轻处罚。

（3）案例分析：

经查，造成该公司上述违法行为的原因系公司关务人员因个人私事长期请假，交接时存在疏忽，未将手册经营情况说明清楚，后期接手人员缺少经验，工作开展进度缓慢，致使手册未能在有效期内核销。

4. 保税手册管理情况内部审计思路

加工贸易手册可以分为电子化手册与联网 E 账册，电子化手册又可以分为来料加工 B 手册和进料加工 C 手册。

电子化手册有效期一般为 1 年，手册备案时会有确定手册有效期。电子化手册如表 3-51 所示。

表 3-51　电子化手册

企业内部编号		加工贸易手册编号		申报类型	
主管海关		手册类型		预录入统一编号	
经营单位代码		经营单位社会信用代码		经营单位名称	
加工单位代码		加工单位社会信用代码		加工单位名称	
申报单位代码		申报单位社会信用代码		申报单位名称	
加工企业地区代码		申报单位类型		申报日期	
监管方式		进口合同号		出口合同号	
有效期		征免性质		加工种类	
进出口岸		进口币制		出口币制	
单耗申报环节		台账银行代码		暂停进出口标记	
录入单位代码		录入单位社会信用代码		录入单位名称	
录入日期		加工生产能力/万美元		暂停变更标志	
企业联系人		联系人手机号		自核资格标志	
手册变更次数		首次出口日期		备注	

电子账册一般为 6～12 个月内滚动核销一次，手册备案时会确认核销周期、最近核销日期、账册结束有效期。电子账册备案信息表如表 3-52 所示。

表 3-52　电子账册备案信息表

电子账册预录入统一编号		加工贸易账册编号		企业内部编号	
经营单位代码		经营单位社会信用代码		经营单位名称	
加工单位代码		加工单位社会信用代码		加工单位名称	
申报单位代码		申报单位社会信用代码		申报单位名称	
申报单位类型		申报类型		账册类型	
批准证编号		档案库编号		实际进口总金额/美元	
实际出口总金额/美元		料件项数		成品项数	
最大周转金额/万美元		主管海关		申报日期	
录入单位编号		录入单位社会信用代码		录入单位名称	
备案批准日期		变更批准日期		最近核销日期	

表3-52 续

录入日期		单耗申报环节		单耗版本号控制标志	
最大进口额/美元		核销周期		核销类型	
账册变更次数		账册结束有效期		账册执行标志	
备注					

比对企业实际核销申报日期与手册核销有效期，海关规定自加工贸易手册项下最后一批成品出口或者加工贸易手册到期之日起 30 日内向海关报核，超过 30 日报核或还未报核的，造成超期未报核。

第四章

减免税业务管理风险与内部审计

企业进出口减免税货物的，进出口货物减免税申请人应当按照有关进出税收优惠政策的规定，向主管海关申请办理减免税备案手续，海关需要事先对减免税申请人的资格或者投资项目等情况进行确认。

经审核符合有关进出口税收优惠政策规定的，应当准予备案；经审核不予备案的，应当书面通知减免税申请人。

减免税申请人应当在货物申报进出口前，向主管海关申请办理进出口货物减免税审批手续。海关受理减免税申请人的减免税审批申请后，应当对进出口货物相关情况是否符合有关进出口税收优惠政策规定、进出口货物的金额、数量等是否在减免税额度内等情况进行审核。

经审核符合相关规定的，应当做出进出口货物征税、减税或者免税的决定，并签发中华人民共和国海关进出口货物征免税证明（以下简称征免税证明）。企业凭征免税证明向海关申报进出口减免税货物。

减免税货物进口后应当按照《中华人民共和国海关进出口货物减免税管理办法》规定接受海关监管，在进口减免税货物的海关监管年限内，未经海关许可，减免税申请人不得擅自将减免税货物转让、抵押、质押、移作他用或者进行其他处置。

在海关监管年限内，减免税申请人应当自进口减免税货物放行之日起，在每年的第 1 季度向主管海关递交减免税货物使用状况报告书，报告减免税货物的使用状况。

减免税货物海关监管年限届满的，自动解除监管。

在海关监管年限及其后 3 年内，海关依照《海关法》和《海关稽查条例》有关规定对减免税申请人进口和使用减免税货物情况实施稽查。

第一节　减免税货物管理风险

一、减免税货物概述

减免税货物是指根据有关进出口税收优惠政策和有关法律法规的规定，可以享受进出口税收优惠的进出口货物。

减免税额度是指根据有关进出口税收优惠政策规定确定的减免税申请人可以减税或者免税进出口货物的金额、数量，或者可以减征、免征的进出口关税及进口环节海关代征税的税款。

二、减免税货物申报管理要求

减免税货物的申报应按海关总署令第 179 号《中华人民共和国海关进出

口货物减免税管理办法》的规定进行，其中：

第六条规定：

减免税申请人按照有关进出口税收优惠政策的规定申请减免税进出口相关货物，海关需要事先对减免税申请人的资格或者投资项目等情况进行确认的，减免税申请人应当在申请办理减免税审批手续前，向主管海关申请办理减免税备案手续，并同时提交下列材料：

1. 进出口货物减免税备案申请表；

2. 企业营业执照或者事业单位法人证书、国家机关设立文件、社团登记证书、民办非企业单位登记证书、基金会登记证书等证明材料；

3. 相关政策规定的享受进出口税收优惠政策资格的证明材料；

4. 海关认为需要提供的其他材料。

第八条规定：

海关受理减免税申请人的备案申请后，应当对其主体资格、投资项目等情况进行审核。

经审核符合有关进出口税收优惠政策规定的，应当准予备案；经审核不予备案的，应当书面通知减免税申请人。

第十一条规定：

减免税申请人应当在货物申报进出口前，向主管海关申请办理进出口货物减免税审批手续，并同时提交下列材料：

1. 进出口货物征免税申请表；

2. 企业营业执照或者事业单位法人证书、国家机关设立文件、社团登记证书、民办非企业单位登记证书、基金会登记证书等证明材料；

3. 进出口合同、发票以及相关货物的产品情况资料；

4. 相关政策规定的享受进出口税收优惠政策资格的证明材料；

5. 海关认为需要提供的其他材料。

第十三条规定：

海关受理减免税申请人的减免税审批申请后，应当对进出口货物相关情况是否符合有关进出口税收优惠政策规定、进出口货物的金额、数量等是否在减免税额度内等情况进行审核。对应当进行减免税备案的，还需要对减免税申请人、进出口货物等是否符合备案情况进行审核。

经审核符合相关规定的，应当做出进出口货物征税、减税或者免税的决定，并签发征免税证明。

第十六条规定：

减免税申请人应当在征免税证明有效期内办理有关进出口货物通关手续。不能在有效期内办理，需要延期的，应当在征免税证明有效期内向海关提出延期申请。经海关审核同意，准予办理延长征免税证明有效期手续。

第二十六条规定：

在进口减免税货物的海关监管年限内，未经海关许可，减免税申请人不得擅自将减免税货物转让、抵押、质押、移作他用或者进行其他处置。

第二十七条规定：

按照国家有关规定在进口时免予提交许可证件的进口减免税货物，减免税申请人向海关申请进行转让、抵押、质押、移作他用或者其他处置时，按照规定需要补办许可证件的，应当补办有关许可证件。

第二十八条规定：

在海关监管年限内，减免税申请人将进口减免税货物转让给进口同一货物享受同等减免税优惠待遇的其他单位的，应当按照下列规定办理减免税货物结转手续：

1. 减免税货物的转出申请人凭有关单证向转出地主管海关提出申请，转出地主管海关审核同意后，通知转入地主管海关。

2. 减免税货物的转入申请人向转入地主管海关申请办理减免税审批手续。转入地主管海关审核无误后签发征免税证明。

3. 转出、转入减免税货物的申请人应当分别向各自的主管海关申请办理减免税货物的出口、进口报关手续。转出地主管海关办理转出减免税货物的解除监管手续。结转减免税货物的监管年限应当连续计算。转入地主管海关在剩余监管年限内对结转减免税货物继续实施后续监管。

第二十九条规定：

在海关监管年限内，减免税申请人将进口减免税货物转让给不享受进口税收优惠政策或者进口同一货物不享受同等减免税优惠待遇的其他单位的，应当事先向减免税申请人主管海关申请办理减免税货物补缴税款和解除监管手续。

第三十条规定：

在海关监管年限内，减免税申请人需要将减免税货物移作他用的，应当事先向主管海关提出申请。经海关批准，减免税申请人可以按照海关批准的使用地区、用途、企业将减免税货物移作他用。

移作他用包括以下情形：

1. 将减免税货物交给减免税申请人以外的其他单位使用；

2. 未按照原定用途、地区使用减免税货物；

3. 未按照特定地区、特定企业或者特定用途使用减免税货物的其他情形。

除海关总署另有规定外，按照本条规定将减免税货物移作他用的，减免税申请人还应当按照移作他用的时间补缴相应税款；移作他用时间不能确定的，应当提交相应的税款担保，税款担保不得低于剩余监管年限应补缴税款总额。

第三十一条规定：

在海关监管年限内，减免税申请人要求以减免税货物向金融机构办理贷款抵押的，应当向主管海关提出书面申请。经审核符合有关规定的，主管海关可以批准其办理贷款抵押手续。

减免税申请人不得以减免税货物向金融机构以外的公民、法人或者其他组织办理贷款抵押。

第三十六条规定：

除海关总署另有规定外，在海关监管年限内，减免税申请人应当按照海关规定保管、使用进口减免税货物，并依法接受海关监管。

进口减免税货物的监管年限为：

1. 船舶、飞机：8年；

2. 机动车辆：6年；

3. 其他货物：3年。

监管年限自货物进口放行之日起计算。

第三十七条规定：

在海关监管年限内，减免税申请人应当自进口减免税货物放行之日起，在每年的第1季度向主管海关递交减免税货物使用状况报告书，报告减免税货物使用状况。

第三十八条规定：

在海关监管年限内，减免税货物应当在主管海关核准的地点使用。需要变更使用地点的，减免税申请人应当向主管海关提出申请，说明理由，经海关批准后方可变更使用地点。

第四十一条规定：

在海关监管年限内，减免税申请人要求将进口减免税货物退运出境或者出口的，应当报主管海关核准。

减免税货物退运出境或者出口后，减免税申请人应当凭出口报关单向主管海关办理原进口减免税货物的解除监管手续。

减免税货物退运出境或者出口的，海关不再对退运出境或者出口的减免税货物补征相关税款。

第四十二条规定：

减免税货物海关监管年限届满的，自动解除监管。

第四十三条规定：

在海关监管年限及其后3年内，海关依照《海关法》和《海关稽查条例》有关规定对减免税申请人进口和使用减免税货物情况实施稽查。

三、减免税货物申报管理风险案例

1. 减免税货物常见风险类型

（1）改变使用项目。企业进口设备享受税收减免的前提是所投资的项目属于国家鼓励项目，设备进口后应用于所申请的鼓励项目产品的生产，如用于向海关申请的鼓励项目以外的产品生产，未经海关批准，擅自改变使用用途，则构成违规。

（2）擅自改变使用地点。企业申请进口的减免税设备，应在企业向海关注册备案登记的地址下，如将减免税设备移至未经海关备案的地址，擅自改变使用地点，则构成违规。

（3）擅自出租。企业进口的减免税设备为海关监管货物，在进口减免税货物的海关监管年限内，进口企业对减免税设备不再使用，需要出租给其他单位使用的，应当事先向海关申请，并对出租期间进行补税，如未经海关批准，擅自出租减免税设备的，则构成违规。

（4）擅自抵押。企业进口的减免税设备为海关监管货物，在进口减免税货物的海关监管年限内，将减免税设备抵押或质押给银行等金融机构或其他单位，未经海关许可，擅自将减免税货物抵押、质押，则构成违规。

（5）擅自转让。企业进口的减免税设备为海关监管货物，在进口减免税货物的海关监管年限内，进口企业对减免税设备不再使用，需要转让给不享受进口税收优惠政策的其他单位的，应当事先向海关申请办理减免税货物补缴税款和解除监管手续，如在未办理减免税货物补缴税款和解除监管手续前将已转让减免税设备的，则构成违规。

2. 减免税货物风险案例分析

（1）擅自移作他用的风险

①案例简介：

某控股有限公司于 2016 年 6 月 13 日凭编号为 Z23091600188 的征免税证明以鼓励项目名义向海关申报进口了 2 台数控卧式镗铣加工中心，型号为 SPT50。

2017 年 3 月 2 日，该公司在未经海关许可的情况下，擅自将上述两台减免税设备交由子公司使用，2018 年 1 月 22 日，该公司将上述设备运回了本公司机械加工车间使用。

②违反规定：

该公司未经海关许可，擅自将减免税货物移作他用的行为，违反了《海关法》第三十七条之规定，构成了违反海关监管规定的行为。根据《海关行政处罚实施条例》第十八条第一款第（一）项之规定，予以行政处罚。

③案例分析：

在海关监管年限内，减免税申请人需要将减免税货物移作他用的，应当事先向主管海关提出申请。经海关批准，减免税申请人可以按照海关批准的使用地区、用途、企业将减免税货物移作他用。该公司认为自己进口的减免税设备用于子公司的生产使用，为同一集团公司内，无需向海关申请，但其子母公司为独立的法人机构，货物进口时申请减免税为母公司使用，故造成了移作他用，导致减免税设备未经海关许可擅自移作他用的违法行为。

（2）擅自改变使用地点的风险

①案例简介：

某机电设备有限公司的注册地址为某市某 A 路 55 号 3 号厂房，经营范围为设计、生产机电设备配件，销售公司自产产品；金属型材、模具的设计。

2016 年 8 月 18 日，公司委托报关公司持 Z23140805499 号征免税证明向海关申报从韩国进口的数控卧式镗铣加工中心一台，申报总价 389000 美元。

2016 年 9 月 11 日，公司委托报关公司持 Z23140906154 号征免税证明向海关申报从日本进口的数控龙门式五布加工中心一台，申报总价 68900000 日元。

上述货物总价值 8292955.50 元人民币。

上述减免税设备进口后，未将设备运输至经海关注册的地址某 A 路 55 号 3 号厂房内，而是由于公司厂房面临拆迁，将进口的减免税设备运到了租用的某 B 路 73 号厂房内使用，待该公司新厂房建成后才将上述减免税设备运至公司新厂房某 C 路 98 号厂房内投产使用。上述减免税设备系海关监管货物，该公司未经海关核准并补缴税款，将减免税货物放于海关核定的地区之外，从而影响了海关监管。

②违反规定：

该公司未经海关批准，未按照原申请地址使用减免税设备，违反了《海关法》第五十七条第二款、《中华人民共和国海关进出口货物减免税管理办法》第三十条第一款第（一）项之规定，构成将减免税设备移作他用的违规行为。根据《海关法》第八十六条第（十）项、《海关行政处罚实施条例》第十八条第一款第（一）项之规定应予以处罚。鉴于该企业违法行为情节显著轻微，没有造成危害后果，根据《中华人民共和国行政处罚法》第二十七条第二款之规定，决定对该企业将减免税设备移作他用的违规行为不予处罚。

③案例分析：

在海关监管年限内，减免税申请人需要将减免税货物移作他用的，应当事先向主管海关提出申请。经海关批准，减免税申请人可以按照海关批准的使用地区、用途、企业将减免税货物移作他用。该公司因厂房拆迁，减免税设备进口后存放于公司临时租赁的厂房内，公司认为以上减免税设备都是自己公司在使用，无需向海关申请，造成减免税设备未经海关许可擅自移作他用的违法行为。

（3）擅自出租的风险

①案例简介：

某电器有限公司于2015年1月12日向海关申报鼓励项目项下免税进口CNC镗铣加工中心1台，征免税证明编号为Z23091500001，申报总价245000美元。

2016年1月1日，该公司未经海关许可，与某精密模具有限公司签订设备租赁合同，将上述免税进口的CNC镗铣加工中心无偿出租给某精密模具有限公司使用，使用期限为2016年1月1日至12月31日。上述设备货物价值1143333.33元人民币，涉税251533.33元人民币。

②违反规定

公司未经海关许可，擅自将减免税设备出租给其他企业使用，违反了《海关法》第三十七条第一款之规定，根据《海关法》第八十六条第（十）项、《海关行政处罚实施条例》第十八条第一款第（一）项之规定予以行政处罚。

③案例分析：

该公司对减免税设备海关监管的法律意识淡薄，认为其设备进口后属于公司财产，有相应的处置权利，故将减免税设备租赁给其他企业使用，造成了减免税设备未经海关许可脱离海关监管的违法行为。

（4）擅自抵押的风险

①案例简介：

某纺织有限公司于2017年5月19日持Z23021700001号征免税证明，以鼓励项目名义向海关申报进口了TS20T型浆纱机1台。

2017年8月1日，该公司与某银行签订了最高额抵押合同，将包括上述鼓励项目减免税进口的浆纱机在内的12台设备作为抵押物抵押贷款。在抵押上述减免税设备浆纱机前，未向主管海关提出书面申请办理审批手续，设备抵押期间，仍属该企业自用并用于原定用途。

2018年5月19日，该企业还清了所有的贷款，办理了动产抵押注销手续。

经计核，涉案货物抵押之日折旧后的价值共计3373510.14元人民币。

②违反规定：

该公司未经海关许可，擅自将减免税货物抵押，其行为已违反了《海关法》第三十七条第一款之规定，构成违规。鉴于该企业减免税货物擅自抵押后仍属自用并用于原定用途，且该企业积极配合海关纠正违法行为，根据《中华人民共和国行政处罚法》第二十七条第一款第（一）项、《海关行政处罚实施条例》第十八条第一款第（一）项之规定，决定对该企业减轻处罚。

③案例分析：

该公司对减免税设备海关监管的法律意识淡薄，认为其设备进口后属于公司财产，有相应的处置权利，且将减免税设备抵押后设备还在公司内，未造成脱离海关监管。而实际上，该企业的擅自抵押行为未经海关批准，已违反海关监管。

第二节　减免税货物申报管理内部审计方法与技巧

一、了解企业减免税货物管理内控制度

内部审计需了解减免税进口货物是否属于原审批项目，是否用于原审批企业，是否用于原审批项目，是否存放于经海关备案场所，是否有转让、抵押、质押、移作他用或者进行其他处置的情况，相关使用和处置行为是否符合海关监管要求，是否定期对减免税设备使用情况进行检查，是否定期对减免税设备库存状况进行盘点，减免税设备处置是否有相应的审批机制。

二、企业减免税设备管理穿行测试

对企业减免税设备管理进行穿行测试，如表 4-1 所示。

表 4-1　企业减免税设备管理穿行测试表

业务活动	测试内容	测试情况
减免税项目	企业名称	
	企业地址	
	审批项目鼓励项目确认书编号	
	征免税证明编号	
报关信息	减免税货物进口报关单号	
	减免税货物进口发票号	
	减免税货物品名	
	减免税货物料号/型号	
	减免税货物数量	
	减免税货物价格	
	报关进口信息与征免税证明信息是否一致	

表4-1 续

业务活动	测试内容	测试情况
使用信息	固定资产编号	
	使用地点	
	生产产品	
	生产产品与原申请项目是否一致	
处置信息	是否有出租情况	
	是否有借用情况	
	是否有抵押、质押情况	
	是否有转卖情况	
	是否有用于外租厂房、外发加工企业或其他情况	
	以上情况是否相海关审批	
	以上情况是否向海关办理解除监管手续	

通过以上穿行测试，可以了解企业减免税设备在进口、使用、处置环节中的管理情况，使用和处置是否有违反海关监管的风险。

三、企业减免税设备管理审核资料

企业减免税设备管理审核时，根据抽查周期获取以下资料，包括但不限于：

1. 企业减免税货物管理规定；
2. 鼓励项目确认书；
3. 征免税证明；
4. 报关单、发票、装箱单；
5. 固定资产明细、固定资产编号；
6. 减免税货物使用状况报告书；
7. 财务固定资产清理明细。

四、针对不同风险类型的企业减免税设备审核方法

1. 改变使用项目

针对此类情况，需实地查看减免税设备生产使用情况。例如，某企业于2015年3月2日免税进口一台卧式冷室压铸机，实际使用情况经现场检查如表4-2所示。

表 4-2　实际使用项目现场检查表

固定资产编号	10101035
机器设备品名	卧式冷室压铸机
机器设备型号	SPTS30
鼓励项目确认书	苏资确【2015】C90009
申请使用项目	生产汽车、摩托车用铸锻毛坯件
进口报关单号	23222015＊＊＊＊＊＊＊＊58
进口报关日期	2015 年 3 月 2 日
征免税证明	Z23091700111
实际使用通途	生产通讯类产品机箱
现用途使用周期	2015 年 9 月 1 日至 2017 年 8 月 10 日

某企业于 2015 年 3 月 2 日免税进口一台卧式冷室压铸机，向相关政府部门申请原用途为生产汽车、摩托车用铸锻毛坯件，进口使用半年后，因市场变化和企业发展的需要，将减免税设备用于生产通讯类产品机箱，改变了原使用用途。这种未经海关许可擅自改变使用用途的行为构成了违规。

2. 改变使用地点

针对此类情况，需实地查看减免税设备生产使用地点。例如，某企业于 2015 年 3 月 2 日免税进口一台卧式冷室压铸机，实际使用地点经现场检查如表 4-3 所示。

表 4-3　实际使用地点现场检查表

固定资产编号	10101035
机器设备品名	卧式冷室压铸机
机器设备型号	SPTS50
鼓励项目确认书	苏资确【2015】C90＊＊9
申请使用项目	生产汽车、摩托车用铸锻毛坯件
进口报关单号	23222015＊＊＊＊＊＊＊＊58
进口报关日期	2015 年 3 月 2 日
征免税证明	Z2309170＊＊11
申请使用地点	公司注册地址：长江路 999 号
实际使用地点	外发工厂：黄河路 111 号

某企业于 2015 年 3 月 2 日免税进口一台卧式冷室压铸机，向海关申请使用地点为公司注册地址长江路 999 号，进口使用 3 个月后，因公司业务发展的需要，将某些工序外发给承揽企业加工，而承揽企业无相应的生产设备，于是公司将原材料外发给承揽企业的同时，将减免税设备也外发给承揽企业使用，改变了原申请使用的地点。这种未经海关许可擅自改变使用地点的情况构成了违规。

3. 擅自抵押

针对此类情况 ，需查看企业财务账，确认是否存在短期借款或长期借款，企业是否存在向银行或其他金融机构借款的情况。

如果企业存在借款情况，应进一步获取借款合同或抵押合同，通过借款合同或抵押合同了解企业向银行或其他金融机构借款时的抵押物是什么，是否存在将固定资产中的设备抵押给银行或其他金融机构的情况。

如果有固定资产设备抵押给银行或其他金融机构的，根据抵押设备的固定资产编号、设备型号等信息，比对企业减免税设备清单，确认该设备是否为减免税设备。

如果向银行或其他金融机构抵押的设备为减免税设备，则需要进一步确认抵押时该设备是否在海关监管有效期内，是否有向海关申请抵押事项或解除海关监管。

例如，2017 年 10 月 20 日对某企业抵押借款检查情况如表 4-4 所示。

表 4-4　某企业抵押借款检查表

企业借款情况	2000 万人民币
抵押合同编号	DY-20160806-006
抵押资产	机器设备 12 台
其中减免税设备	卧式冷室压铸机 1 台 数控卧式镗铣加工中心 1 台
征免税证明	Z2322150 * * 18
固定资产编号	10101008/10101013
进口报关单号	23222015 * * * * * * * * * 58
进口报关日期	2015 年 8 月 5 日
是否向海关申请抵押贷款	否
是否向海关申请解除海关监管	否

该企业于2015年8月5日进口减免税设备卧式冷室压铸机1台、数控卧式镗铣加工中心1台，并于2016年8月6日向银行抵押贷款，以上两台设备均在海关监管期内，企业将减免税设备抵押给银行时未经海关许可，构成了违规。

4. 擅自转让

通过查看企业财务账，确认固定资产账面上是否有减少的情况。

如果有固定资产减少，通过减少的固定资产编号确认减少的固定资产是否是机器设备，并通过固定资产编号及减免税设备清单进一步确认减少的机器设备是否是减免税设备。

如果固定资产减少的是减免税设备，则需要确认减少的原因是否是设备变卖，并获取设备变卖的合同和发票。

如果是减免税设备变卖，则需要确认变卖的减免税设备是否在海关监管有效期内，是否向海关申请解除海关监管手续。

如果变卖的减免税设备在海关监管有效期内，但未办理减免税货物补缴税款和解除监管手续，则构成了违规。

5. 擅自出租

通过查看企业财务账，确认其他业务收入中是否存在固定资产租赁的收入情况。

如果有固定资产租赁的收入，通过出租的固定资产编号确认出租的固定资产是否是机器设备，并通过固定资产编号及减免税设备清单进一步确认出租的机器设备是否是减免税设备。

如果固定资产出租的是减免税设备，则需要获取设备出租的租赁合同和租赁费用发票。

如果出租机器设备的是减免税设备，则需要确认出租的减免税设备是否在海关监管有效期内，是否向海关申请租赁期间补缴税款或解除海关监管手续。

如果出租的减免税设备在海关监管有效期内，但未办理减免税货物租赁期间补缴税款或解除监管手续，则构成了违规。

审核小结

在进口减免税货物的海关监管年限内，未经海关许可，减免税申请人不得擅自将减免税货物转让、抵押、质押、移作他用或者进行其他处置。

在海关监管年限内，减免税申请人应当按照海关规定保管、使用进口减免税货物，并依法接受海关监管。

进口减免税货物的监管年限为：

1. 船舶、飞机：8 年；

2. 机动车辆：6 年；

3. 其他货物：3 年。

如何做好减免税货物的审核?

1. 可以通过实地查看减免税设备生产使用项目与生产使用地点，与企业申请的使用项目和使用地点核对，是否存在改变使用项目与改变使用地点的情况。

2. 可以通过企业财务账短期借款或长期借款、其他业务收入、固定资产清理等，审核确认减免税设备是否存在擅自抵押、擅自出租、擅自处置等情况。

第五章

进出口活动内部审计报告与后续处置

进出口活动是对外贸易中非常重要的一个环节。要做到贸易合规，就需要确认一般贸易、加工贸易、减免税等相关业务是否符合相关法律法规规定。

内部控制：进出口业务开展，主要是关务向海关进行申报和管理，但整个业务过程中，采购、物流、仓库、制造、技术、销售、财务等相关部门都会直接或间接参与进出口活动，各部门应根据各自的职责制定合理、合规、完善的内控机制和作业流程，并严格执行。

内部审计：进出口活动的开展需要有完善的内部监督机制，内部审计是执行内部监督的必要环节，能够检查制定的制度和流程是否合理，相关业务流程的执行是否到位，相关业务的开展是否有问题，是否存在违反海关相关管理规定的风险。所以，进出口活动内部审计就是对相关部门开展海关业务的一项检查工作。

贸易合规：通过内审发现进出口活动中的风险，发现进出口管理制度和作业流程中的缺陷。一方面可以发现问题、分析问题、改善问题、解决问题；另一方面可以估化和完善内控制度、作业流程，从而使进出口活动的开展合规合法。

进出口活动内部审计报告是对进出口活动审核情况的总结，可以发现企业进出口业务存在的问题，评估企业海关业务潜在的风险，为改进企业风险管理和控制过程提供咨询和建议。

第一节 进出口活动内部审计报告

从报告格式来讲，进出口活动内部审计报告可以分为逐一报告、问题报告、重点前置报告。逐一报告就是根据审核的内容对审核情况进行逐条描述；问题报告就是只针对管理中存在缺陷或进出口业务中存在问题的内容进行描述；重点前置报告就是将管理中存在缺陷或进出口业务中存在问题的内容放在报告前面描述，后面根据审核的内容对审核情况进行逐条描述。

从报告内容来讲，进出口活动内部审计报告主要包括企业基本情况、企业进出口情况、进出口活动审核情况、进出口内审风险评估、进出口活动审核结论、审核改善建议等。

（一）审计报告参考格式一

报告名称：进出口活动审核报告

报告编号：IE-2018-01

1. 企业基本情况

（1）企业概况。主要包括公司性质（公司是由什么公司投资成立的外资企业），成立日期，注册资本，投资总额，营业执照统一社会信用代码，法定代表人等信息。

（2）公司注册地址、公司经营地址。

（3）公司经营期限。

（4）公司经营范围（可以参考公司营业执照经营范围）。

2. 企业进出口情况

（1）企业海关注册登记证书编号。

（2）企业主要贸易方式（进料加工、来料加工、一般贸易等）。

（3）企业年度进出口情况，2018 年进口报关单票数、进口金额，2018 年出口报关单票数、出口金额。

（4）企业年度进出口主要商品，2018 年度主要进口料件，2018 年度主要出口成品。

（5）公司主要生产工艺流程（可以配合生产工艺流程图）。

3. 进出口活动审核情况

（1）进出口活动抽单情况

①企业 2018 年度进出口情况。经了解，公司 2018 年度进口报关总金额为 79356800.85 美元、进口报关单 2692 票，出口报关总金额为 135876500.55 美元、出口报关单票数 2886 票。

②进出口审核抽单情况。我们获取了公司 2018 年度报关单清单，根据不同贸易方式以报关单为单元抽取了 339 票对进出口活动进行审核。抽单情况如表 5-1 所示。

表 5-1　2018 年进出口报关单情况

序号	贸易方式	进出口	报关单票数/票	抽单票数/票	抽查比例/%
1	进料对口	进口	1760	88	5
2	一般贸易	进口	780	40	5.13
3	深加工结转	进口	60	10	16.67
4	进料料件内销	进口	70	10	14.29
5	进料边角料内销	进口	2	2	100
6	货样广告品/免费品	进口	16	10	62.50
7	修理物品	进口	2	2	100
8	进料对口	出口	2150	108	5.02
9	一般贸易	出口	711	40	5.63
10	进料成品退换	进/出口	4	4	100

表5-1 续

序号	贸易方式	进出口	报关单票数/票	抽单票数/票	抽查比例/%
11	进料料件复出	出口	18	10	55.56
12	退运货物	出口	5	5	100
13	外发加工		20	10	50
合计			5598	339	6.06

（2）进出口内控审核情况

通过查阅企业制定的进出口管理制度、作业流程，了解相关业务部门的作业执行情况，对进出口活动作业流程进行穿行测试。企业进出口业务内控情况如下：

①进口作业流程。采购部门根据销售部门产品订单的物料需求信息向材料供应商发送采购订单，供应商根据采购订单进行备货，按照采购订单的交货期选择水路运输或航空运输。货物发出后，供应商会将发票、装箱单、提单等货物单据通过邮件的方式发送给公司物流和采购部门。采购部门对发票和装箱单的商品信息与采购订单的料号、规格型号、数量、单价、币制、总价、成交方式等进行确认，确认不一致的要求供应商根据实际信息进行修正，确认一致后通知物流部门。物流部门根据发票、装箱单，通过关务系统制作申报清单，并对申报信息与发票、装箱单信息的一致性进行复核，复核不一致的退回操作人员修正，复核无误后将相关单据发送给报关公司进行报关。报关公司输单完成后将核对单发送给公司物流部门，物流部门核对无误后通知报关公司正式申报。报关放行后，报关公司通知公司物流部门送货时间，物流部门通知生管、采购、计划等部门到货信息，仓库根据到货信息验收实物，单货不一致的及时通知采购、物流等部门进行处置，单货一致的进行签收入库。财务凭进口报关单根据付款期限向供应商支付货款。

②出口作业流程。生产管理部门根据销售部门的产品销售订单、产品料号和数量安排生产计划，制造部门根据生产计划安排生产。生产管理部门根据销售部门的产品销售订单交期安排出货计划，仓库根据出货计划安排出货。仓库根据每天出货计划区分客户在系统中生成出货单，出货人员根据出货单进行产品备货和捆包，并核对单货一致后将出货信息提供给物流部门。物流部门根据出货计划、客户信息和交货期选择公路运输、水路运输或航空运输，联系物流公司安排提货计划。物流部门根据出货单信息制作发票、装箱单，并在关务系统中制作申报清单。物流公司根据提货计划安排车辆提货，仓库根据提货单信息核对出货单信息，核对一致后安排成品装车出库，提货司机对提货信息与实物核对，核对一致后进行签字确认。物流部门核对申报清单

与发票、装箱单信息一致后将发票、装箱单等报关单证通过邮件发送给报关公司，报关公司依据企业提供的报关资料向海关申报系统输单，输单完成后将核对单发送给公司物流部门核对，物流部门核对无误后通知报关公司正式申报。申报放行后财务根据出口报关单进行收汇。

③深加工结转流程。采购部门将需要深加工结转进口的采购订单信息通知物流部门，物流部门确认需结转进口物料的品名、商品编号等信息，并与出口方企业关务确认结转货物的品名和商品编号，双方的品名和商品编号确认一致后，各自向属地海关申请深加工结转申请表备案。深加工结转申请表备案成功后通知采购部门供应商可以送货。供应商根据采购计划进行分批送货，公司材料仓库根据送货信息进行收货，核对单货一致后进行签收入库。实际收货后，仓库根据不同供应商每周统计一次收货信息提供给采购部门，采购依据仓库每周收货信息与供应商进行对账，核对一致后将对账单提供给物流部门。物流部门依据每周收货单向海关申报深加工结转收货单。月底，仓库将整月的结转收货信息提供给采购部门，采购依据仓库整月收货信息与供应商核对，核对一致后通知物流部门进行报关。物流部门根据整月结转核对账单，与深加工结转收货单信息一致后制作发票、装箱单，在关务系统中制作申报清单，并对申报信息与发票、装箱单信息的一致性进行复核，复核无误后将相关单据发送给报关公司进行报关。财务根据进口报关单进行付汇。

④进料料件内销流程。公司进口保税料件后，主要用于保税成品的生产使用，有时也会因业务需要对保税货物进行内销补税，各部门根据实际需求各自统计需要内销补税的数据，生产技术部门统计产品试做领用的保税料件；开发部门统计产品研发领用的保税料件；品保部门统计品质测试领用的保税料件或保税成品；制造部门统计生产现场出现的保税不良原材料、保税不良半成品、保税不良成品；仓库部门统计保税料件、保税成品用于国内销售、样品出库等的数据。各部门将当月需要内销补税的数据提供给物流部门，物流部门进行折料汇总后向海关申请集中内销补税。

⑤外发加工管理流程。公司有保税货物外发加工需求，采购部门根据外发加工工艺选择合适的承揽供应商，并签订外发加工合同。生产计划部门确认需要外发加工的物料信息提供给物流部门。物流部门依据外发加工计划清单向海关填报外发加工申报表，申请成功后通知仓库发料。仓库根据生产管理部门的外发加工计划安排保税料件的外发，并每周统计实际外发保税料件数量提供给物流部门。物流部门在实际货物外发后的 10 天内向海关申报外发加工发货单。承揽企业外发加工货物生产完成后根据约定的交货期间送回，仓库核对货物一致后进行入库，并每周统计实际收回的加工制成品数量提供给物流部门。物流部门收到仓库入库确认后，在 10 天内向海关申报外发加工

收货单。

⑥其他进出口业务流程。根据企业开展的进出口业务类型和实际管理情况进行描述。

（3）进出口活动审核情况

①进料对口进口审核。某公司 2018 年度进料对口进口报关单 1760 票，内审部门对其中的 88 票进料对口进口报关单进行抽查。包括其对应的发票、装箱单等单证，对其报关单申报信息的准确性进行审核，包括品名、编号、料号、数量、单价、总价、币制、成交方式、原产地等。经审核，报关单申报信息与发票、装箱单信息一致，未见异常。

通过抽查此 88 票进料对口进口报关单对应的采购合同或采购订单等单证，对其报关单申报信息的准确性进行审核，包括单价、币制、成交方式等。经审核，报关单申报信息与采购合同或采购订单信息一致，未见异常。

通过抽查此 88 票进料对口进口报关单对应的仓库入库信息，对报关单申报料号、规格型号、数量等信息与入库信息的一致性进行审核。经审核，以下 3 票报关单存在入库数量与报关数量差异较大的情况，如表 5-2 所示。

表 5-2　入库数量与报关数量差异较大的报关单

报关单信息								仓库信息	审核情况
序号	海关编号	商品编号	项号	料号	商品名称	数量	单位	数量	
1	2396201819080＊＊＊28	8541401000	6	AA0023	二极管	9640	个	9580	少 60 个
2	2290201819080＊＊＊66	8542339000	3	LL1009	集成电路	6600	个	6608	多 8 个
3	2390201819080＊＊＊52	7318210001	8	LA2211	垫圈	2460	个	2480	多 20 个

通过抽查此 88 票进料对口进口报关单对应的财务货款付汇信息，对报关单申报金额、币制信息与财务货款付汇情况进行审核，报关单申报金额与实际货款支付信息一致。

通过抽查此 88 票进料对口进口报关单对应的财务运输费、保险费信息，对报关单申报运输费、保险费信息与财务运输费、保险费支付情况进行审核，报关单申报运输费、保险费金额与实际支付金额一致。

②进料对口出口审核。某公司 2018 年度进料对口出口报关单 2150 票，内审部门对其中的 108 票进料对口出口报关单进行抽查。包括其对应的发票、装箱单等单证，对其报关单申报信息的准确性进行审核，包括品名、编号、料号、数量、单价、总价、币制、成交方式等。经审核，报关单申报信息与发票、装箱单信息一致，未见异常。

通过抽查此108票进料对口出口报关单对应的销售合同或销售订单等单证，对其报关单申报信息的准确性进行审核，包括单价、币制、成交方式等。经审核，报关单申报信息与销售合同或销售订单信息一致，未见异常。

通过抽查此108票进料对口出口报关单对应的仓库出库信息，对报关单申报料号、规格型号、数量等信息与仓库出库信息的一致性进行了审核，出库数量与报关数量一致。

通过抽查此108票进料对口出口报关单对应的财务货款收汇信息，对报关单申报金额、币制信息与财务货款收汇情况进行审核，报关单申报金额与实际货款收汇信息一致。

③深加工结转进口审核。某公司2018年度深加工结转进口报关单60票，内审部门对其中的10票深加工结转进口报关单进行抽查。包括其对应的发票、装箱单等单证，对其报关单申报信息的准确性进行审核，包括品名、编号、料号、数量、单价、总价、币制等。经审核，报关单申报信息与发票、装箱单信息一致，未见异常。

通过抽查此10票深加工结转进口报关单对应的采购合同或采购订单等单证，对其报关单申报信息的准确性进行审核，包括单价、币制等。经审核，报关单申报信息与采购合同或采购订单信息一致，未见异常。

通过抽查此10票深加工结转进口报关单对应的仓库入库信息，对报关单申报料号、规格型号、数量等信息与入库信息的一致性进行了审核，入库数量与报关数量一致，未见异常。

通过抽查此10票深加工结转进口报关单对应的财务付汇信息，对报关单申报金额、币制信息信息与财务付汇情况进行审核，报关单申报金额与实际付汇金额一致，未见异常。

通过抽查此10票深加工结转进口报关单对应的公司向海关申请的深加工结转申请表及深加工结转收货单，与仓库实际收发货信息及报关信息进行比对，包括品名、料号、数量、备案时间、收货时间等。经审核，以下3票报关数据的仓库实际收货时间早于企业向海关申请深加工结转申请表的时间，造成了擅自结转的情况，如表5-3所示。

表 5-3　仓库实际收货时间早于企业向海关申请结转的时间情况表

报关单信息							深加工结转申请表		仓库收货		审核
序号	海关编号	申报日期	项号	料号	商品名称	数量/个	备案数量	申报日期	数量/个	日期	情况
1	2396201819080＊＊＊29	20181116	11	IE3832	集成电路	985	10000	20181112	985	20180916	擅自结转
2	2290201819080＊＊＊65	20181216	43	IE3833	集成电路	2607	10000	20181122	2607	20181022	擅自结转
3	2390201819080＊＊＊56	20181210	49	IE3834	集成电路	984	8000	20181122	984	20181022	擅自结转

④进料料件内销审核。某公司 2018 年度进料料件内销补税报关单 70 票，内审部门对其中的 10 票进料料件内销补税报关单进行抽查。

通过抽查此 10 票进料料件内销补税报关单对应的发票、箱单、内销征税联系单等单证，对其报关单申报信息的准确性进行审核，包括品名、编号、料号、数量、单价、总价、币制等。经审核，报关单申报信息与发票、内销征税联系单信息一致，未见异常。

通过抽查此 10 票进料料件内销补税报关单补税期间的各需求部门的内销补税的原始数据，对期间实际内销数据进行折料汇总后与报关单内销补税申报数据进行比对，包括料号、数量等。经审核，其中 2 票报关单的内销补税申报数据少于实际内销数据，情况如表 5-4 所示。

表 5-4　内销补税申请数据少于实际内销数据的报关单信息表

内销补税报关单信息								需求部门	审核情况	
序号	海关编号	申报日期	项号	料号	商品名称	数量	单位	内销数量		
1	2326201819060＊＊＊28	20180630	300	11000321	电容	225	个	250	-25	漏补税
1	2326201819060＊＊＊28	20180630	303	11001473	发光二极管	546	个	580	-34	漏补税
1	2326201819060＊＊＊28	20180630	508	11001058	集成电路	56	个	147	-91	漏补税

表5-4 续

内销补税报关单信息								需求部门	审核情况	
序号	海关编号	申报日期	项号	料号	商品名称	数量	单位	内销数量		
2	2326201819060＊＊＊32	20180630	596	11000021	LED二极管	586	个	806	-220	漏补税
2	2326201819060＊＊＊32	20180630	628	11000311	集成电路	17	个	30	-13	漏补税
2	2326201819060＊＊＊32	20180630	1937	11001055	集成电路	84	个	100	-16	漏补税
2	2326201819060＊＊＊32	20180630	1938	11002600	集成电路	158	个	200	-42	漏补税

通过抽查此10票进料料件内销补税报关单补税期间加工贸易账册启用日期至内销补税日期间的进口数据，计算该周期内进口加权平均单价，对内销补税报关申报单价与周期内进口加权平均单价进行审核。经审核，未见异常。

⑤外发加工审核。某公司2018年度向海关申请的外发加工申报表有20票，内审部门对其中的10票外发加工申报表进行抽查。

通过抽查此10票外发加工申报表对应的外发加工发货单、外发加工收货单及仓库的原材料发货单和制成品收货单，对其实际收发货信息和向海关申报信息进行审核，包括料号、数量、日期等。经审核，该公司向海关申报信息与实际收发货信息一致，未见异常。

对其发出料件和收回半成品平衡情况进行审核，未见异常。

4. 进出口内审风险评估

(1) 进出口活动风险评估

①企业进口作业流程中缺少对拟进口商品的商品编号确认，存在商品编号申报错误的潜在风险。采购或技术等相关部门应提前获取拟进口商品的商品说明书、材质报告、物料组成、功能、用途、工作原理、货物样品、图纸、照片、相关技术参数文件等，必要时还需要查看实物样品。关务人员可以根据相关资料对拟进口商品进行商品归类。

②企业加工贸易保税货物管理中缺少对成品单耗的管理规定，存在成品单耗申报错误的潜在风险。企业工程或技术等BOM表维护部门在产品发生设计变更或材料变更时，应及时更新BOM表并通知关务人员；企业生产制造部门应跟踪实际生产情况，如因生产工艺变更等导致BOM表发生变化，应及时通知工程或技术等BOM表维护部门做BOM表变更。关务人员可以及时变更

或新增加工贸易手册申报的 BOM 表。

③企业深加工结转流程相关部门执行不到位，导致仓库实际收货时间早于关务向海关申请深加工结转申请表的时间，造成擅自结转。

④企业内销补税流程相关部门执行不到位，导致向海关申报内销补税申报数据少于企业实际内销数据，造成漏补税的情况。

（2）进出口活动整改建议

①建立公司商品归类作业流程。

②建立公司成品单耗作业流程。

③加强企业加工贸易保税管理业务中的深加工结转、内销补税、外发加工等的制度执行、部门协助、内部监督。

④以上申报信息与实际信息不一致的，应及时向海关申请删改单处理。

⑤以上未办理相关手续的，应及时向海关办理相关手续。

⑥以上未及时补税的，应及时向海关申报补税手续。

⑦涉及违规行为的，通过自查自报向海关主动披露。

5. 进出口活动内部审计报告附件

进出口活动内部审计报告的附件包括以下几方面：

（1）进料对口进口抽单审核情况表（略）；

（2）一般贸易进口抽单审核情况表（略）；

（3）深加工结转进口抽单审核情况表（略）；

（4）内销补税抽单审核情况表（略）；

（5）边角料内销补税抽单审核情况表（略）；

（6）货样广告品/免费品抽单审核情况表（略）；

（7）修理物品抽单审核情况表（略）；

（8）进料对口出口抽单审核情况表（略）；

（9）一般贸易出口抽单审核情况表（略）；

（10）进料成品退换抽单审核情况表（略）；

（11）进料料件复出抽单审核情况表（略）；

（12）退运货物抽单审核情况表（略）；

（13）外发加工抽单审核情况表（略）；

（14）单耗抽查审核情况表（略）。

（二）审计报告参考格式二

审计报告也可参考以下格式，如表 5-5 所示。

表 5-5　进出口活动审核报告

公司名称		报告编号	
审核目的			
审核范围			
审核日期		审核周期	
审核部门/成员			

一、企业基本情况			
公司名称		企业性质	
成立日期		注册资本	
法定代表人		统一社会信用代码	
公司注册地址		公司经营期限	
公司经营范围			

二、进出口活动情况	
海关注册登记证书	
主要贸易方式	
主要进口料件	
主要出口成品	
进口报关单票数/金额	
出口报关单票数/金额	

表 5-5　续 1

三、进出口抽单情况					
序号	贸易方式	进出口	报关单票数/票	抽单票数/票	抽查比例/%
1	进料对口	进口	1760	88	5
2	一般贸易	进口	780	40	5. 13
3	深加工结转	进口	60	10	16. 67
4	进料料件内销	进口	70	10	14. 29
5	进料边角料内销	进口	2	2	100
6	货样广告品/免费品	进口	16	10	62. 50
7	修理物品	进口	2	2	100
8	进料对口	出口	2150	108	5. 02
9	一般贸易	出口	711	40	5. 63
10	进料成品退换	进/出口	4	4	100
11	进料料件复出	出口	18	10	55. 56
12	退运货物	出口	5	5	100
13	外发加工		20	10	50
合计			5598	339	6. 06

表 5-5 续 2

四、进出口审核情况				
序号	审核内容	审核程序	审核情况	审核结论
1	进口作业流程审核	1）获取进口作业流程管理文件； 2）询问进口作业人员操作流程； 3）对进口流程进行穿行测试	公司制定了进口作业流程，文件编号：CHY-I-001，通过审阅进口作业流程文件，并对进口流程进行穿行测试，获取情况如下：公司采购部门根据销售部门产品订单的物料需求信息向材料供应商发送采购订单，供应商根据采购订单进行备货，按照采购订单的交货纳期选择水路运输或航空运输。货物发出后供应商会将发票、装箱单、提单等货物单据通过邮件的方式发送给公司物流和采购部门。采购部门对发票和装箱单的商品信息与采购订单的料号、规格型号、数量、单价、币制、总价、成交方式等进行确认，确认不一致的要求供应商根据实际信息进行修正，确认一致后通知物流部门。物流部门根据发票、装箱单通过关务系统制作申报清单，并对申报信息与发票、装箱单信息的一致性进行复核，复核不一致的退回操作人员修正，复核无误后将相关单据发送给报关公司进行报关。报关公司输单完成后将核对单发送给公司物流部门，物流部门核对无误后通知报关公司正式申报。报关放行后，报关公司通知公司物流部门送货时间，物流部门通知生管、采购、计划等部门到货信息，仓库根据到货信息验收实物，单货不一致的及时通知采购、物流等部门进行处置，单货一致的进行签收入库。财务凭进口报关单根据付款期限向供应商支付货款	缺少对进口商品编号的确认程序

表 5-5　续 3

序号	审核内容	审核程序	审核情况	审核结论
2	出口作业流程审核	1）获取出口作业流程管理文件； 2）询问出口作业人员操作流程； 3）对出口流程进行穿行测试	公司制定了出口作业流程，文件编号：CHY-E-001，通过审阅出口作业流程文件，并对出口流程进行穿行测试，获取情况如下：生产管理部门根据销售部门的产品销售订单产品料号和数量安排生产计划，制造部门根据生产计划安排生产。生产管理部门根据销售部门的产品销售订单纳期安排出货计划，仓库根据出货计划安排出货。仓库根据每天出货计划区分客户，在系统中生成出货单，出货人员根据出货单进行产品备货和捆包，并核对单货一致后将出货信息提供给物流部门。物流部门根据出货计划、客户信息和交货纳期选择公路运输、水路运输或航空运输，联系物流公司安排提货计划。物流部门根据出货单信息制作发票、装箱单，并在关务系统中制作申报清单。物流公司根据提货计划安排车辆提货，仓库根据提货单信息核对出货单信息，核对一致后安排成品装车出库，提货司机对提货信息与实物核对，核对一致后进行签字确认。物流部门核对申报清单与发票、装箱单信息一致后将发票、装箱单等报关单证通过邮件发送给报关公司，报关公司依据企业提供的报关资料向海关申报系统输单，输单完成后将核对单发送给公司物流部门核对，物流部门核对无误后通知报关公司正式申报。申报放行后财务根据出口报关单进行收汇	未见异常

表 5-5 续 4

序号	审核内容	审核程序	审核情况	审核结论
3	深加工结转流程审核	1）获取深加工结转作业流程管理文件； 2）询问深加工结转作业人员操作流程； 3）对深加工结转作业流程进行穿行测试	公司制定了深加工结转作业流程，文件编号：CHY-I-006，通过审阅深加工结转作业流程文件，并对深加工结转业务流程进行穿行测试，获取情况如下：深加工结转进口流程，采购部门将需要深加工结转进口的采购订单信息通知物流部门，物流部门确认需结转进口物料的品名、商品编号等信息，并与出口方企业关务确认结转货物的品名和商品编号，双方的品名和商品编号确认一致后，各自向属地海关申请深加工结转申请表备案。深加工结转申请表备案成功后通知采购部门供应商可以送货。供应商根据采购计划进行分批送货，公司材料仓库根据送货信息进行收货，核对单货一致后进行签收入库。实际收货后，仓库根据不同供应商每周统计一次收货信息提供给采购部门，采购依据仓库每周收货信息与供应商进行对账，核对一致后将对账单提供给物流部门。物流部门依据每周收货单向海关申报深加工结转收货单。月底，仓库将整月的结转收货信息提供给采购部门，采购依据仓库整月收货信息与供应商进行核对，核对一致后通知物流部门进行报关。物流部门根据整月结转对账单核对深加工结转收货单信息一致后制作发票、装箱单，在关务系统中制作申报清单，并对申报信息与发票、装箱单信息的一致性进行复核，复核无误后将相关单据发送给报关公司进行报关。财务根据进口报关单进行付汇	公司相关部门执行不到位

表 5-5　续 5

序号	审核内容	审核程序	审核情况	审核结论
4	进料料件内销补税流程审核		公司进口保税料件后，主要用于保税成品的生产使用，有时也会因业务需要对保税货物进行内销补税，各部门根据实际需求各自统计需要内销补税的数据，生产技术部门统计产品试做领用的保税料件；开发部门统计产品研发领用的保税料件；品保部门统计品质测试领用的保税料件或保税成品；制造部门统计生产现场出现的保税不良原材料、保税不良半成品、保税不良成品；仓库部门统计保税料件、保税成品用于国内销售、样品出库等数据。各部门将当月需要内销补税的数据提供给物流部门，物流部门进行折料汇总后向海关申请集中内销补税	公司相关部门执行不到位
5	外发加工作业流程审核		公司有保税货物外发加工需求，采购部门根据外发加工工艺选择合适的承揽供应商，并签订外发加工合同。生产计划部门确认需要外发加工的物料信息提供给物流部门。物流部门依据外发加工计划清单向海关填报外发加工申报表，申请成功后通知仓库发料。仓库根据生产管理部门的外发加工计划安排保税料件的外发，并每周统计实际外发保税料件数量提供给物流部门。物流部门在实际货物外发后的 10 天内向海关申报外发加工发货单。承揽企业外发加工货物生产完成后根据需求的交货期间送回，仓库核对货物一致后进行入库，并每周统计实际收回的加工制成品数量提供给物流部门。物流部门收到仓库入库确认后，在 10 天内向海关申报外发加工收货单	公司相关部门执行不到位
…				

表 5-5 续 6

序号	审核内容	审核程序	审核情况	审核结论
11	进料对口进口审核	公司 2018 年度进料对口进口报关单 1760 票，对其中的 88 票进料对口进口报关单进行抽查。抽查比例 5%	通过抽查 88 票进料对口进口报关单对应的发票、装箱单等单证，对其报关单申报信息的准确性进行审核，包括品名、编号、料号、数量、单价、总价、币制、成交方式、原产地等。经审核，报关单申报信息与发票、装箱单信息一致，未见异常。 通过抽查 88 票进料对口进口报关单对应的采购合同或采购订单等单证，对其报关单申报信息的准确性进行审核，包括单价、币制、成交方式等。经审核，报关单申报信息与采购合同或采购订单信息一致，未见异常。 通过抽查 88 票进料对口进口报关单对应的仓库入库信息，对报关单申报料号、规格型号、数量等信息与入库信息的一致性进行审核。经审核，3 票报关单的入库数量与报关数量存在差异。 通过抽查 88 票进料对口进口报关单对应的财务货款付汇信息，对报关单申报金额、币制信息与财务货款付汇情况进行审核，报关单申报金额与实际货款支付信息一致。 通过抽查 88 票进料对口进口报关单对应的财务运输费、保险费信息，对报关单申报运输费、保险费信息与财务运输费、保险费支付情况进行审核，报关单申报运输费、保险费金额与实际支付金额一致	3 票对口进口报关单存在入库数量与报关数量差异的情况

表 5-5　续 7

序号	审核内容	审核程序	审核情况	审核结论
12	进料对口出口审核	公司 2018 年度进料对口出口报关单 2150 票，对其中的 108 票进料对口出口报关单进行抽查。抽查比例 5.02%	公司 2018 年度进料对口出口报关单 2150 票，对其中的 108 票进料对口出口报关单进行抽查。 通过抽查 108 票进料对口出口报关单对应的发票、装箱单等单证，对其报关单申报信息的准确性进行审核，包括品名、编号、料号、数量、单价、总价、币制、成交方式等。经审核，报关单申报信息与发票、装箱单信息一致，未见异常。 通过抽查 108 票进料对口出口报关单对应的销售合同或销售订单等单证，对其报关单申报信息的准确性进行审核，包括单价、币制、成交方式等。经审核，报关单申报信息与销售合同或销售订单信息一致，未见异常。 通过抽查 108 票进料对口出口报关单对应的仓库出库信息，对报关单申报料号、规格型号、数量等信息与仓库出库信息的一致性进行审核，出库数量与报关数量一致。 通过抽查 108 票进料对口出口报关单对应的财务货款收汇信息，对报关单申报金额、币制信息与财务货款收汇情况进行审核，报关单申报金额与实际货款收汇信息一致	未见异常

表 5-5 续 8

序号	审核内容	审核程序	审核情况	审核结论
13	深加工结转进口审核	公司 2018 年度深加工结转进口报关单 60 票，对其中的 10 票深加工结转进口报关单进行抽查。抽查比例 16.67%	公司 2018 年度深加工结转进口报关单 60 票，对其中的 10 票深加工结转进口报关单进行抽查。 通过抽查 10 票深加工结转进口报关单对应的发票、装箱单等单证，对其报关单申报信息的准确性进行审核，包括品名、编号、料号、数量、单价、总价、币制等。经审核，报关单申报信息与发票、装箱单信息一致，未见异常。 通过抽查 10 票深加工结转进口报关单对应的采购合同或采购订单等单证，对其报关单申报信息的准确性进行审核，包括单价、币制等。经审核，报关单申报信息与采购合同或采购订单信息一致，未见异常。 通过抽查 10 票深加工结转进口报关单对应的仓库入库信息，对报关单申报料号、规格型号、数量等信息与入库信息的一致性进行审核，在抽查范围内入库数量与报关数量一致，未见异常。 通过抽查 10 票深加工结转进口报关单对应的财务付汇信息，对报关单申报金额、币制信息信息与财务付汇情况进行审核，在抽查范围内报关单申报金额与实际付汇金额一致，未见异常。 通过抽查 10 票深加工结转进口报关单对应的公司向海关申请的深加工结转申请表、深加工结转收货单与仓库实际收发货信息及报关信息进行比对，包括品名、料号、数量、备案时间、收货时间等。经审核，有 3 票报关数据的仓库实际收货时间早于企业向海关申请深加工结转申请表的时间，造成了擅自结转的情况	3 票报关数据的仓库实际收货时间早于企业向海关申请深加工结转申请表的时间，造成了擅自结转的情况

表 5-5 续 9

序号	审核内容	审核程序	审核情况	审核结论
14	进料料件内销审核	公司 2018 年度进料料件内销补税报关单 70 票，对其中的 10 票进料料件内销补税报关单进行抽查。抽查比例 14.29%	通过抽查 10 票进料料件内销补税报关单对应的发票、箱单、内销征税联系单等单证，对其报关单申报信息的准确性进行审核，包括品名、编号、料号、数量、单价、总价、币制等。经审核，报关单申报信息与发票、内销征税联系单信息一致，未见异常。 通过抽查 10 票进料料件内销补税报关单补税期间的各需求部门的内销补税的原始数据，对期间实际内销数据进行折料汇总后与报关单内销补税申报数据进行比对，包括料号、数量等。经审核，2 票报关单存在内销补税申报数据少于实际内销数据的情况	2 票报关单存在内销补税申报数据少于实际内销数据的情况
15	外发加工审核	公司 2018 年度向海关申请的外发加工申报表有 20 票，对其中的 10 票外发加工申报表进行抽查。抽查比例 50%	通过抽查 10 票外发加工申报表对应的外发加工发货单、外发加工收货单及仓库的原材料发货单和制成品收货单，对其实际收发货信息和向海关申报信息进行审核，包括料号、数量、日期等。经审核，公司向海关申报信息与实际收发货信息一致，未见异常。 我们对其发出料件和收回半成品平衡情况进行审核，未见异常	未见异常
…				

五、审核建议
1. 缺少管理制度的情况，建议完善管理制度； 2. 管理制度不合理的情况，建议优化管理制度； 3. 缺少作业流程的情况，建议完善作业流程； 4. 作业流程不合理的情况，建议优化作业流程； 5. 进出口申报单单、单货不符的情况，建议及时向海关申请删改单处理； 6. 保税货物管理未办理相关手续的情况，建议及时补办相关手续； 7. 涉嫌违规情况的，建议及时向海关主动披露。

第二节 海关稽查与主动披露

一、海关稽查介绍

《海关法》第四十五条规定，自进出口货物放行之日起三年内或者在保税货物、减免税进口货物的海关监管期限内及其后的三年内，海关可以对与进出口货物直接有关的企业、单位的会计账簿、会计凭证、报关单证以及其他有关资料和有关进出口货物实施稽查。具体办法由国务院规定。

海关稽查是指海关自进出口货物放行之日起3年内或者在保税货物、减免税进口货物的海关监管期限内及其后的3年内，对与进出口货物直接有关的企业、单位的会计账簿、会计凭证、报关单证以及其他有关资料和有关进出口货物进行核查，监督其进出口活动的真实性和合法性。

海关稽查是当今世界各国海关通行的一种现代化的海关管理方式，也是中国海关监管的重要组成部分。1997年，国务院发布《海关稽查条例》，中国海关正式建立稽查制度，在规范企业的进出口活动，维护正常的进出口秩序和当事人合法权益，协助打击走私行为，保障国家税收，促进对外贸易的发展等方面发挥了重要作用。《海关稽查条例》实施以来，我国对外贸易持续快速发展，海关监管业务量大幅增长，进出口通关便利化和海关有效监管面临着新挑战和新要求。特别是党的十八大以来，中央对全面深化改革做出一系列重大战略部署，海关全面深化改革进程不断加快，大力推进简政放权、放管结合，原《海关稽查条例》已不能适应海关改革和发展的需要，《海关稽查条例》的修订十分迫切。经过充分调研和广泛征求意见，并经多次修改，国务院颁布修订后的《海关稽查条例》，于2016年10月1日起实施。

国务院令第670号《海关稽查条例》及海关总署令第230号《〈海关稽查条例〉实施办法》对海关稽查做出了具体规定。

1. 海关稽查的范围

海关对下列与进出口货物直接有关的企业、单位实施海关稽查：

（1）从事对外贸易的企业、单位；

（2）从事对外加工贸易的企业；

（3）经营保税业务的企业；

（4）使用或者经营减免税进口货物的企业、单位；

（5）从事报关业务的企业；

（6）海关总署规定的与进出口货物直接有关的其他企业、单位。

海关对与进出口货物直接有关的企业、单位（以下统称进出口企业、单位）的下列进出口活动实施稽查：

（1）进出口申报；

（2）进出口关税和其他税、费的缴纳；

（3）进出口许可证件和有关单证的交验；

（4）与进出口货物有关的资料记载、保管；

（5）保税货物的进口、使用、储存、维修、加工、销售、运输、展示和复出口；

（6）减免税进口货物的使用、管理；

（7）其他进出口活动。

2. 企业账簿、单证等有关资料的管理要求

与进出口货物直接有关的企业、单位所设置、编制的会计账簿、会计凭证、会计报表和其他会计资料，应当真实、准确、完整地记录和反映进出口业务的有关情况。

与进出口货物直接有关的企业、单位应当依照有关法律、行政法规规定的保管期限，保管会计账簿、会计凭证、会计报表和其他会计资料。

报关单证、进出口单证、合同以及与进出口业务直接有关的其他资料，应当在海关稽查规定的期限内保管。

与进出口货物直接有关的企业、单位应当建立健全的会计制度，能够通过计算机正确、完整地记账、核算，其计算机储存和输出的会计记录视同会计资料。

海关根据稽查工作需要，可以通过实地查看、走访咨询、书面函询、网络调查和委托调查等方式向有关行业协会、政府部门和相关企业等开展贸易调查，收集下列信息：

（1）政府部门监督管理信息；

（2）特定行业、企业的主要状况、贸易惯例、生产经营、市场结构等信息；

（3）特定商品的结构、成分、等级、功能、用途、工艺流程、工作原理等技术指标或者技术参数以及价格等信息；

（4）其他与进出口活动有关的信息。

有关政府部门、金融机构、行业协会和相关企业等应当配合海关贸易调查，提供有关信息。

3. 海关稽查的实施

海关应当按照海关监管的要求，根据与进出口货物直接有关的企业、单位的进出口信用状况和风险状况以及进出口货物的具体情况，确定海关稽查重点。

海关进行稽查时，应当在实施稽查的3日前，书面通知被稽查人。在被稽查人有重大违法嫌疑，其账簿、单证等有关资料以及进出口货物可能被转移、隐匿、毁弃等紧急情况下，经直属海关关长或者其授权的隶属海关关长批准，海关可以不经事先通知进行稽查。

海关进行稽查时，应当组成稽查组。稽查组的组成人员不得少于2人。海关进行稽查时，海关工作人员应当出示由海关总署统一制发的海关稽查证。

海关进行稽查时，可以行使下列职权：

（1）查阅、复制被稽查人的账簿、单证等有关资料；

（2）进入被稽查人的生产经营场所、货物存放场所，检查与进出口活动有关的生产经营情况和货物；

（3）询问被稽查人的法定代表人、主要负责人员和其他有关人员与进出口活动有关的情况和问题；

（4）经直属海关关长或者其授权的隶属海关关长批准，查询被稽查人在商业银行或者其他金融机构的存款账户。

海关稽查人员查阅、复制被稽查人的会计账簿、会计凭证、报关单证以及其他有关资料时，被稽查人的法定代表人、主要负责人或者其指定的代表应当到场，按照海关要求如实提供并协助海关工作。

对被稽查人的账簿、单证等有关资料进行复制的，被稽查人代表应当在确认复制资料与原件无误后，在复制资料上注明出处、页数、复制时间以及“本件与原件一致，核对无误”，并签章。被稽查人以外文记录账簿、单证等有关资料的，应当提供符合海关要求的中文译本。

被稽查人利用计算机、网络通信等现代信息技术手段进行经营管理的，应当向海关提供账簿、单证等有关资料的电子数据，并根据海关要求开放相关系统、提供使用说明及其他有关资料。对被稽查人的电子数据进行复制的，应当注明制作方法、制作时间、制作人、数据内容以及原始载体存放处等，并由制作人和被稽查人代表签章。

海关进行稽查时，发现被稽查人有可能转移、隐匿、篡改、毁弃账簿、单证等有关资料的，经直属海关关长或者其授权的隶属海关关长批准，可以查封、扣押其账簿、单证等有关资料以及相关电子数据存储介质。海关采取该项措施时，不得妨碍被稽查人正常的生产经营活动。

海关对有关情况查明或者取证后，应当立即解除对账簿、单证等有关资料以及相关电子数据存储介质的查封、扣押。

海关进行稽查时，发现被稽查人的进出口货物有违反《海关法》和其他有关法律、行政法规规定的嫌疑的，经直属海关关长或者其授权的隶属海关关长批准，可以查封、扣押有关进出口货物。

被稽查人应当配合海关稽查工作，并提供必要的工作条件。被稽查人应当接受海关稽查，如实反映情况，提供账簿、单证等有关资料，不得拒绝、拖延、隐瞒。被稽查人使用计算机记账的，应当向海关提供记账软件、使用说明书及有关资料。

海关查阅、复制被稽查人的账簿、单证等有关资料或者进入被稽查人的生产经营场所、货物存放场所检查时，被稽查人的法定代表人、主要负责人员或者其指定的代表应当到场，并按照海关的要求清点账簿、打开货物存放场所、搬移货物或者开启货物包装。

海关进行稽查时，与被稽查人有财务往来或者其他商务往来的企业、单位应当向海关如实反映被稽查人的有关情况，提供有关资料和证明材料。

海关稽查组实施稽查后，应当向海关报送稽查报告。稽查报告认定被稽查人涉嫌违法的，在报送海关前应当就稽查报告认定的事实征求被稽查人的意见，被稽查人应当自收到相关材料之日起 7 日内，将其书面意见送交海关。

海关应当自收到稽查报告之日起 30 日内，做出海关稽查结论并送达被稽查人。在稽查结论中说明做出结论的理由，并告知被稽查人的权利。

4. 委托第三方中介机构

海关实施稽查时，可以委托会计师事务所、税务师事务所或者其他具备会计、税务等相关资质和能力的专业机构，就相关问题做出专业结论，经海关认可后可以作为稽查认定事实的证据材料。被稽查人委托专业机构做出的专业结论，可以作为海关稽查的参考依据。

海关委托专业机构的，双方应当签订委托协议，明确委托事项和权利义务等。

专业机构有弄虚作假、隐瞒事实、违反保密约定等情形的，海关应当如实记录，做出相应处置，并可以通报有关主管部门或者行业协会。

被稽查人委托会计、税务等方面的专业机构做出的专业结论，可以作为海关稽查的参考依据。

社会专业机构作为独立的第三方，具有专业性强、客观公正等优势，引入社会专业机构协助政府管理已为各国政府和国内税务、证券监管等部门所普遍采用，符合我国行政管理改革的方向。国务院办公厅 2013 年专门发布关于政府向社会力量购买服务的指导意见，提出政府向社会力量购买服务对于深化社会领域改革，推动政府职能转变，整合利用社会资源，提高公共服务水平和效率具有重要的意义。从 2008 年开始，海关启动了委托专业机构参与海关稽查试点工作，在海关向社会力量购买服务方面进行了有益的尝试。为了保证此项工作的持续有效开展，修订后的《海关稽查条例》规定，海关进行稽查时，可以委托会计、税务等方面的专业机构就相关问题做出专业结论。

同时，为了突出企业的市场主体作用，还规定被稽查人委托会计、税务等方面的专业机构做出的专业结论，可以作为海关稽查的参考依据。这有利于创新海关后续监管实现方式，调动社会资源协助政府部门共治共管。

5. 海关稽查的处理

经海关稽查，发现关税或者其他进口环节的税收少征或者漏征的，由海关依照《海关法》和有关税收法律、行政法规的规定向被稽查人补征；因被稽查人违反规定而造成少征或者漏征的，由海关依照《海关法》和有关税收法律、行政法规的规定追征。

依照规定查封、扣押的有关进出口货物，经海关稽查排除违法嫌疑的，海关应当立即解除查封、扣押；经海关稽查认定违法的，由海关依照《海关法》和《海关行政处罚实施条例》的规定处理。

经海关稽查，认定被稽查人有违反海关监管规定的行为的，由海关依照《海关法》和《海关行政处罚实施条例》的规定处理。

与进出口货物直接有关的企业、单位主动向海关报告其违反海关监管规定的行为，并接受海关处理的，应当从轻或者减轻行政处罚。

经海关稽查，发现被稽查人有走私行为，构成犯罪的，依法追究刑事责任；尚不构成犯罪的，由海关依照《海关法》和《海关行政处罚实施条例》的规定处理。

海关通过稽查决定补征或者追征的税款、没收的走私货物和违法所得以及收缴的罚款，全部上缴国库。

被稽查人有下列行为之一的，由海关责令限期改正，逾期不改正的，处 2 万元以上 10 万元以下罚款；情节严重的，撤销其报关注册登记；对负有直接责任的主管人员和其他直接责任人员处 5000 元以上 5 万元以下罚款；构成犯罪的，依法追究刑事责任：

（1）向海关提供虚假情况或者隐瞒重要事实；

（2）拒绝、拖延向海关提供账簿、单证等有关资料以及相关电子数据存储介质；

（3）转移、隐匿、篡改、毁弃报关单证、进出口单证、合同，与进出口业务直接有关的其他资料以及相关电子数据存储介质。

被稽查人未按照规定编制或者保管报关单证、进出口单证、合同以及与进出口业务直接有关的其他资料的，由海关责令限期改正，逾期不改正的，处 1 万元以上 5 万元以下罚款；情节严重的，撤销其报关注册登记；对负有直接责任的主管人员和其他直接责任人员处 1000 元以上 5000 元以下罚款。

被稽查人未按照规定设置或者编制账簿，或者转移、隐匿、篡改、毁弃账簿的，依照《会计法》的有关规定追究法律责任。

二、企业违规处罚介绍

经海关稽查，认定被稽查人有违反海关监管规定的行为的，由海关依照《海关法》和《海关行政处罚实施条例》的规定处理。发现被稽查人有走私行为，构成犯罪的，依法追究刑事责任；尚不构成犯罪的，由海关依照《海关法》和《海关行政处罚实施条例》的规定处理。

（一）走私普通货物、物品罪的情形与处罚

走私普通货物、物品罪的定罪与处罚应按以下法律法规的规定进行。

1.《中华人民共和国刑法》

第一百五十三条规定：

走私普通货物、物品的，根据情节轻重，分别依照下列规定处罚：

（1）走私货物、物品偷逃应缴税额在五十万元以上的，处十年以上有期徒刑或者无期徒刑，并处偷逃应缴税额一倍以上五倍以下罚金或者没收财产；情节特别严重的，依照本法第一百五十一条第四款的规定处罚。

（2）走私货物、物品偷逃应缴税额在十五万元以上不满五十万元的，处三年以上十年以下有期徒刑，并处偷逃应缴税额一倍以上五倍以下罚金；情节特别严重的，处十年以上有期徒刑或者无期徒刑，并处偷逃应缴税额一倍以上五倍以下罚金或者没收财产。

（3）走私货物、物品偷逃应缴税额在五万元以上不满十五万元的，处三年以下有期徒刑或者拘役，并处偷逃应缴税额一倍以上五倍以下罚金。

单位犯前款罪的，对单位判处罚金，并对其直接负责的主管人员和其他直接责任人员，处三年以下有期徒刑或者拘役；情节严重的，处三年以上十年以下有期徒刑；情节特别严重的，处十年以上有期徒刑。

对多次走私未经处理的，按照累计走私货物、物品的偷逃应缴税额处罚。

第一百五十四条规定：

下列走私行为，根据本节规定构成犯罪的，依照本法第一百五十三条的规定定罪处罚：

（1）未经海关许可并且未补缴应缴税额，擅自将批准进口的来料加工、来件装配、补偿贸易的原材料、零件、制成品、设备等保税货物，在境内销售牟利的；

（2）未经海关许可并且未补缴应缴税额，擅自将特定减税、免税进口的货物、物品，在境内销售牟利的。

2.《关于办理走私刑事案件适用法律若干问题的解释》

第十六条规定：

走私普通货物、物品，偷逃应缴税额在十万元以上不满五十万元的，应

当认定为《中华人民共和国刑法》（以下简称《刑法》）第一百五十三条第一款规定的“偷逃应缴税额较大”；偷逃应缴税额在五十万元以上不满二百五十万元的，应当认定为“偷逃应缴税额巨大”；偷逃应缴税额在二百五十万元以上的，应当认定为“偷逃应缴税额特别巨大”。

走私普通货物、物品，具有下列情形之一，偷逃应缴税额在三十万元以上不满五十万元的，应当认定为《刑法》第一百五十三条第一款规定的“其他严重情节”；偷逃应缴税额在一百五十万元以上不满二百五十万元的，应当认定为“其他特别严重情节”：

（1）犯罪集团的首要分子；

（2）使用特种车辆从事走私活动的；

（3）为实施走私犯罪，向国家机关工作人员行贿的；

（4）教唆、利用未成年人、孕妇等特殊人群走私的；

（5）聚众阻挠缉私的。

第十九条规定：

《刑法》第一百五十四条规定的“保税货物”，是指经海关批准，未办理纳税手续进境，在境内储存、加工、装配后应予复运出境的货物，包括通过加工贸易、补偿贸易等方式进口的货物，以及在保税仓库、保税工厂、保税区或者免税商店内等储存、加工、寄售的货物。

第二十四条规定：

单位犯《刑法》第一百五十一条、第一百五十二条规定之罪，依照本解释规定的标准定罪处罚。

单位犯走私普通货物、物品罪，偷逃应缴税额在二十万元以上不满一百万元的，应当依照《刑法》第一百五十三条第二款的规定，对单位判处罚金，并对其直接负责的主管人员和其他直接责任人员，处三年以下有期徒刑或者拘役；偷逃应缴税额在一百万元以上不满五百万元的，应当认定为“情节严重”；偷逃应缴税额在五百万元以上的，应当认定为“情节特别严重”。

（二）走私行为的情形与处罚

《海关行政处罚实施条例》对走私、违规情形与处罚做了如下规定：

1. 走私行为的情形

走私是指违反《海关法》及其他有关法律、行政法规，逃避海关监管，偷逃应纳税款、逃避国家有关进出境的禁止性或者限制性管理。有下列情形之一的，是走私行为：

（1）未经国务院或者国务院授权的机关批准，从未设立海关的地点运输、携带国家禁止或者限制进出境的货物、物品或者依法应当缴纳税款的货物、物品进出境的；

（2）经过设立海关的地点，以藏匿、伪装、瞒报、伪报或者其他方式逃避海关监管，运输、携带、邮寄国家禁止或者限制进出境的货物、物品或者依法应当缴纳税款的货物、物品进出境的；

（3）使用伪造、变造的手册、单证、印章、账册、电子数据或者以其他方式逃避海关监管，擅自将海关监管货物、物品、进境的境外运输工具，在境内销售的；

（4）使用伪造、变造的手册、单证、印章、账册、电子数据或者以伪报加工贸易制成品单位耗料量等方式，致使海关监管货物、物品脱离监管的；

（5）以藏匿、伪装、瞒报、伪报或者其他方式逃避海关监管，擅自将保税区、出口加工区等海关特殊监管区域内的海关监管货物、物品，运出区外的；

（6）有逃避海关监管，构成走私的其他行为的。

有下列行为之一的，按走私行为论处：

（1）明知是走私进口的货物、物品，直接向走私人非法收购的；

（2）在内海、领海、界河、界湖，船舶及所载人员运输、收购、贩卖国家禁止或者限制进出境的货物、物品，或者运输、收购、贩卖依法应当缴纳税款的货物，没有合法证明的。

2. 走私行为的处罚

有以上走私行为之一的，依照下列规定处罚：

（1）走私国家禁止进出口的货物的，没收走私货物及违法所得，可以并处 100 万元以下罚款；走私国家禁止进出境的物品的，没收走私物品及违法所得，可以并处 10 万元以下罚款；

（2）应当提交许可证件而未提交但未偷逃税款，走私国家限制进出境的货物、物品的，没收走私货物、物品及违法所得，可以并处走私货物、物品等值以下罚款；

（3）偷逃应纳税款但未逃避许可证件管理，走私依法应当缴纳税款的货物、物品的，没收走私货物、物品及违法所得，可以并处偷逃应纳税款 3 倍以下罚款。

专门用于走私的运输工具或者用于掩护走私的货物、物品，2 年内 3 次以上用于走私的运输工具或者用于掩护走私的货物、物品，应当予以没收。藏匿走私货物、物品的特制设备、夹层、暗格，应当予以没收或者责令拆毁。使用特制设备、夹层、暗格实施走私的，应当从重处罚。

与走私人通谋，为走私人提供贷款、资金、账号、发票、证明、海关单证的，与走私人通谋，为走私人提供走私货物、物品的提取、发运、运输、保管、邮寄或者其他方便的，以走私的共同当事人论处，没收违法所得，并依照本实施条例第九条的规定予以处罚。

报关企业、报关人员和海关准予从事海关监管货物的运输、储存、加工、装配、寄售、展示等业务的企业，构成走私犯罪或者 1 年内有 2 次以上走私行为的，海关可以撤销其注册登记、取消其报关从业资格。

（三）违规行为的情形与处罚

1. 违反海关监管规定的行为

违反《海关法》及其他有关法律、行政法规和规章但不构成走私行为的，是违反海关监管规定的行为。

2. 违规行为的处罚

违反国家进出口管理规定，进出口国家禁止进出口的货物的，责令退运，处 100 万元以下罚款。

违反国家进出口管理规定，进出口国家限制进出口的货物，进出口货物的收发货人向海关申报时不能提交许可证件的，进出口货物不予放行，处货物价值 30%以下罚款。

违反国家进出口管理规定，进出口属于自动进出口许可管理的货物，进出口货物的收发货人向海关申报时不能提交自动许可证明的，进出口货物不予放行。

进出口货物的品名、税则号列、数量、规格、价格、贸易方式、原产地、启运地、运抵地、最终目的地或者其他应当申报的项目未申报或者申报不实的，分别依照下列规定予以处罚，有违法所得的，没收违法所得：

（1）影响海关统计准确性的，予以警告或者处 1000 元以上 1 万元以下罚款；

（2）影响海关监管秩序的，予以警告或者处 1000 元以上 3 万元以下罚款；

（3）影响国家许可证件管理的，处货物价值 5%以上 30%以下罚款；

（4）影响国家税款征收的，处漏缴税款 30%以上 2 倍以下罚款；

（5）影响国家外汇、出口退税管理的，处申报价格 10%以上 50%以下罚款。

报关企业、报关人员对委托人所提供情况的真实性未进行合理审查，或者因工作疏忽致使发生上述规定情形的，可以对报关企业处货物价值 10%以下罚款，暂停其 6 个月以内从事报关业务或者执业；情节严重的，撤销其报关注册登记、取消其报关从业资格。

有下列行为之一的，处货物价值 5%以上 30%以下罚款，有违法所得的，没收违法所得：

（1）未经海关许可，擅自将海关监管货物开拆、提取、交付、发运、调换、改装、抵押、质押、留置、转让、更换标记、移作他用或者进行其他处置的；

（2）未经海关许可，在海关监管区以外存放海关监管货物的；

（3）经营海关监管货物的运输、储存、加工、装配、寄售、展示等业务，有关货物灭失、数量短少或者记录不真实，不能提供正当理由的；

（4）经营保税货物的运输、储存、加工、装配、寄售、展示等业务，不依照规定办理收存、交付、结转、核销等手续，或者中止、延长、变更、转让有关合同不依照规定向海关办理手续的；

（5）未如实向海关申报加工贸易制成品单位耗料量的；

（6）未按照规定期限将过境、转运、通运货物运输出境，擅自留在境内的；

（7）未按照规定期限将暂时进出口货物复运出境或者复运进境，擅自留在境内或者境外的；

（8）有违反海关监管规定的其他行为，致使海关不能或者中断对进出口货物实施监管的。

所涉货物属于国家限制进出口需要提交许可证件，当事人在规定期限内不能提交许可证件的，另处货物价值30%以下罚款；漏缴税款的，可以另处漏缴税款1倍以下罚款。

有下列行为之一的，予以警告，可以处物品价值20%以下罚款，有违法所得的，没收违法所得：

（1）未经海关许可，擅自将海关尚未放行的进出境物品开拆、交付、投递、转移或者进行其他处置的；

（2）个人运输、携带、邮寄超过合理数量的自用物品进出境未向海关申报的；

（3）个人运输、携带、邮寄超过规定数量但仍属自用的国家限制进出境物品进出境，未向海关申报但没有以藏匿、伪装等方式逃避海关监管的；

（4）个人运输、携带、邮寄物品进出境，申报不实的；

（5）经海关登记准予暂时免税进境或者暂时免税出境的物品，未按照规定复带出境或者复带进境的；

（6）未经海关批准，过境人员将其所带物品留在境内的。

运输、携带、邮寄国家禁止进出境的物品进出境，未向海关申报但没有以藏匿、伪装等方式逃避海关监管的，予以没收，或者责令退回，或者在海关监管下予以销毁或者进行技术处理。

有下列行为之一的，予以警告，可以处10万元以下罚款，有违法所得的，没收违法所得：

（1）运输工具不经设立海关的地点进出境的；

（2）在海关监管区停留的进出境运输工具，未经海关同意擅自驶离的；

（3）进出境运输工具从一个设立海关的地点驶往另一个设立海关的地点，尚未办结海关手续又未经海关批准，中途改驶境外或者境内未设立海关的地点的；

（4）进出境运输工具到达或者驶离设立海关的地点，未按照规定向海关申报、交验有关单证或者交验的单证不真实的。

有下列行为之一的，予以警告，可以处 5 万元以下罚款，有违法所得的，没收违法所得：

（1）未经海关同意，进出境运输工具擅自装卸进出境货物、物品或者上下进出境旅客的；

（2）未经海关同意，进出境运输工具擅自兼营境内客货运输或者用于进出境运输以外的其他用途的；

（3）未按照规定办理海关手续，进出境运输工具擅自改营境内运输的；

（4）未按照规定期限向海关传输舱单等电子数据、传输的电子数据不准确或者未按照规定期限保存相关电子数据，影响海关监管的；

（5）进境运输工具在进境以后向海关申报以前，出境运输工具在办结海关手续以后出境以前，不按照交通主管部门或者海关指定的路线行进的；

（6）载运海关监管货物的船舶、汽车不按照海关指定的路线行进的；

（7）进出境船舶和航空器，由于不可抗力被迫在未设立海关的地点停泊、降落或者在境内抛掷、起卸货物、物品，无正当理由不向附近海关报告的；

（8）无特殊原因，未将进出境船舶、火车、航空器到达的时间、停留的地点或者更换的时间、地点事先通知海关的；

（9）不按照规定接受海关对进出境运输工具、货物、物品进行检查、查验的。

有下列行为之一的，予以警告，可以处 3 万元以下罚款：

（1）擅自开启或者损毁海关封志的；

（2）遗失海关制发的监管单证、手册等凭证，妨碍海关监管的；

（3）有违反海关监管规定的其他行为，致使海关不能或者中断对进出境运输工具、物品实施监管的。

伪造、变造、买卖海关单证的，处 5 万元以上 50 万元以下罚款，有违法所得的，没收违法所得；构成犯罪的，依法追究刑事责任。

进出口侵犯中华人民共和国法律、行政法规保护的知识产权的货物的，没收侵权货物，并处货物价值 30%以下罚款；构成犯罪的，依法追究刑事责任。

需要向海关申报知识产权状况，进出口货物收发货人及其代理人未按照规定向海关如实申报有关知识产权状况，或者未提交合法使用有关知识产权的证明文件的，可以处5万元以下罚款。

报关企业、报关人员和海关准予从事海关监管货物的运输、储存、加工、装配、寄售、展示等业务的企业，有下列情形之一的，责令改正，给予警告，可以暂停其6个月以内从事有关业务或者执业：

（1）拖欠税款或者不履行纳税义务的；

（2）报关企业出让其名义供他人办理进出口货物报关纳税事宜的；

（3）损坏或者丢失海关监管货物，不能提供正当理由的；

（4）有需要暂停其从事有关业务或者执业的其他违法行为的。

报关企业、报关人员和海关准予从事海关监管货物的运输、储存、加工、装配、寄售、展示等业务的企业，有下列情形之一的，海关可以撤销其注册登记、取消其报关从业资格：

（1）1年内3人次以上被海关暂停执业的；

（2）被海关暂停从事有关业务或者执业，恢复从事有关业务或者执业后1年内再次发生本实施条例第二十六条规定情形的；

（3）有需要撤销其注册登记或者取消其报关从业资格的其他违法行为的。

报关企业、报关人员非法代理他人报关或者超出海关准予的从业范围进行报关活动的，责令改正，处5万元以下罚款，暂停其6个月以内从事报关业务或者执业；情节严重的，撤销其报关注册登记、取消其报关从业资格。

进出口货物收发货人、报关企业、报关人员向海关工作人员行贿的，撤销其报关注册登记、取消其报关从业资格，并处10万元以下罚款；构成犯罪的，依法追究刑事责任，并不得重新注册登记为报关企业和取得报关从业资格。

未经海关注册登记和未取得报关从业资格从事报关业务的，予以取缔，没收违法所得，可以并处10万元以下罚款。

提供虚假资料骗取海关注册登记、报关从业资格的，撤销其注册登记、取消其报关从业资格，并处30万元以下罚款。

法人或者其他组织有违反海关法的行为，除处罚该法人或者组织外，对其主管人员和直接责任人员予以警告，可以处5万元以下罚款，有违法所得的，没收违法所得。

三、企业主动披露介绍

现在海关正在建立进出口企业信用管理，保障贸易安全与便利，营造监管有效、公平公正、守信激励的通关环境。企业自律管理、主动披露是海关落实简政放权、强化事后监管的重要举措，是海关引导企业守法自律、实现“管少、管精、管好”的重要途径，对于充分发挥企业市场主体作用，提高海关整体监管效能，具有十分重要的意义。

企业自律管理是海关后续监管一项新的措施或手段，其目的是“主动披露、守法容错”。该项举措总结了我国海关曾经试点实施过的允许企业“自查自纠”的经验，对企业在海关发现之前，主动报告违规问题或差错的，可从轻、减轻或免于处罚，减少企业自我纠错时对海关处罚的顾虑，强化主体责任意识，加强自我规范管理，促进企业提升国际市场竞争力。

开展企业自律管理工作，切实转变了一直强调以海关为中心、以监督管理为主要方式的传统的关企关系，使得海关与企业互相信任、互惠互利、合作共赢。海关根据企业自查报告进行分析，对企业遵守法律、行政法规、海关规章规定，以及企业进出口规范和贸易安全状况等评估，对企业自我发现的问题早发现、早规范、早处置，在不增加行政资源投入的情况下提高执法有效性，同时鼓励企业自主或委托社会中介机构开展自律管理，促使企业提高自觉守法程度和自我管理水平。

1. 主动披露

推行主动披露制度是落实十八届三中全会精神，进一步深入推进简政放权，实现海关管少、管精、管好的需要。主动披露制度依托企业的自我规范，鼓励企业对海关尚未发现的问题主动上报，促使企业自我规范，诚信经营，使海关与企业由过去单一的管理者与被管理者的关系，转变为共同管理、互利共赢的合作关系。2014 年以来，海关总署组织部分海关开展企业主动披露试点工作，试点期间，共有 1048 家企业主动向海关报告有关问题，补缴税款 20 亿元，促进企业守法规范的作用明显。在试点过程中，部分企业存在观望情绪，心存顾虑，参与的积极性不够高。修订后的《海关稽查条例》明确了企业主动披露制度，并对主动披露的企业视情从轻或者减轻行政处罚，这有利于鼓励和引导企业积极开展自律，有效解决在现有法律框架下企业即使发现自身过错也不愿或不敢主动向海关报告的问题，实现海关有效监管与企业守法便利的双赢。

企业开展自律管理主动披露应以企业主动、自愿为前提，不得强行要求企业开展自查，增加企业负担。在企业自律管理开展中，海关及时受理企业自报材料，解决企业自报过程中出现的问题。必要时，可应企业需求实施针对性的帮助和辅导，提高企业自报质量。结合企业自报材料，采取风险和随机相结合的方式，实施必要的抽查复核，总结工作成效及存在的问题，提出相关意见建议。

2. 不符合主动披露的情形

进出口企业、单位主动向海关书面报告其违反海关监管规定的行为并接受海关处理的，海关可以认定有关企业、单位主动披露。

但有下列情形之一的除外：

（1）报告前海关已经掌握违法线索的；

（2）报告前海关已经通知被稽查人实施稽查的；

（3）报告内容严重失实或者隐瞒其他违法行为的。

进出口企业、单位主动披露应当向海关提交账簿、单证等有关证明材料，并对所提交材料的真实性、准确性、完整性负责。

海关应当核实主动披露的进出口企业、单位的报告，可以要求其补充有关材料。

3. 主动披露的红利

对主动披露的进出口企业、单位，违反海关监管规定的，海关应当从轻或者减轻行政处罚；违法行为轻微并及时纠正，没有造成危害后果的，不予行政处罚。

对主动披露并补缴税款的进出口企业、单位，海关可以减免滞纳金。

对于主动披露自身存在问题或有关进出口情况的企业，海关可不列入本年度常规稽查对象，或对企业已自报的情况可不纳入常规稽查范围。

对于主动披露企业采取制造虚假材料、提供虚假陈述、虚构事实及隐匿、消灭证据材料等方式故意隐瞒自身问题的，海关应启动稽查程序对其实施稽查。

四、相关的海关法律法规

进出口活动内审人员需要学习的海关法律法规，包括但不限于：

1. 主席令第 51 号《海关法》；
2. 国务院令第 209 号《海关稽查条例》；
3. 国务院令第 332 号《中华人民共和国货物进出口管理条例》；
4. 国务院令第 392 号《关税条例》；
5. 国务院令第 395 号《中华人民共和国知识产权海关保护条例》；
6. 国务院令第 416 号《进出口货物原产地条例》；
7. 国务院令第 420 号《中华人民共和国海关行政处罚实施条例》；
8. 海关总署令第 79 号《〈中华人民共和国海关稽查条例〉实施办法》；
9. 海关总署令第 103 号《中华人民共和国海关进出口货物申报管理规定》；
10. 海关总署令第 111 号《中华人民共和国加工贸易边角料、剩余料件、残次品、副产品和受灾保税货物的管理办法》；
11. 海关总署令第 124 号《中华人民共和国海关进出口货物征税管理办

法》；

12. 海关总署令第 150 号《中华人民共和国海关加工贸易企业联网监管办法》；

13. 海关总署令第 155 号《中华人民共和国加工贸易单耗管理办法》；

14. 海关总署令第 158 号《中华人民共和国海关进出口货物商品归类管理规定》；

15. 海关总署令第 173 号《中华人民共和国海关保税核查办法》；

16. 海关总署令第 179 号《中华人民共和国海关进出口货物减免税管理办法》；

17. 海关总署令第 211 号《中华人民共和国海关审定内销保税货物完税价格办法》；

18. 海关总署令第 213 号《中华人民共和国海关审定进出口货物完税价格办法》；

19. 海关总署令第 219 号《中华人民共和国海关加工贸易货物监管办法》；

20. 海关总署令第 237 号《中华人民共和国海关企业信用管理办法》；

21. 海关总署公告 2007 年第 23 号（关于发布加工贸易单耗管理办法有关问题）；

22. 海关总署公告 2009 年第 51 号（关于加工贸易保税货物外发加工业务有关事项）；

23. 海关总署公告 2009 年第 56 号（关于加工贸易放弃货物有关问题）；

24. 海关总署公告 2010 年第 55 号（关于实施《加工贸易联网监管进出口商品归并规则（试行）》）；

25. 海关总署公告 2011 年第 77 号（关于 H2000 系统 1. 0. 96 版更新后加工贸易单耗申报）；

26. 海关总署公告 2013 年第 70 号（关于加工贸易集中办理内销征税手续的公告）；

27. 海关总署公告 2014 年第 80 号（关于报关差错有关事项的公告）；

28. 海关总署公告 2015 年第 53 号（关于开展加工贸易工单式核销有关事项的公告）；

29. 海关总署公告 2016 年第 20 号（关于修订《中华人民共和国海关进出口货物报关单填制规范》的公告）；

30. 海关总署公告 2017 年第 51 号（关于调整进口减免税货物监管年限的公告）；

31. 海关总署公告 2018 年第 59 号（关于全面推广以企业为单元加工贸易

监管改革)；

32. 海关总署公告2018年第177号（关于公布《海关认证企业标准》的公告)；

33. 海关总署公告2019年第46号（关于公布《海关认证企业标准》财务状况类指标认定标准的公告)。

附 录

附录一 第 1101 号——内部审计基本准则

第一章 总 则

第一条 为了规范内部审计工作，保证内部审计质量，明确内部审计机构和内部审计人员的责任，根据《审计法》及其实施条例，以及其他有关法律、法规和规章，制定本准则。

第二条 本准则所称内部审计，是一种独立、客观的确认和咨询活动，它通过运用系统、规范的方法，审查和评价组织的业务活动、内部控制和风险管理的适当性和有效性，以促进组织完善治理、增加价值和实现目标。

第三条 本准则适用于各类组织的内部审计机构、内部审计人员及其从事的内部审计活动。其他组织或者人员接受委托、聘用，承办或者参与内部审计业务，也应当遵守本准则。

第二章 一般准则

第四条 组织应当设置与其目标、性质、规模、治理结构等相适应的内部审计机构，并配备具有相应资格的内部审计人员。

第五条 内部审计的目标、职责和权限等内容应当在组织的内部审计章程中明确规定。

第六条 内部审计机构和内部审计人员应当保持独立性和客观性，不得负责被审计单位的业务活动、内部控制和风险管理的决策与执行。

第七条 内部审计人员应当遵守职业道德，在实施内部审计业务时保持应有的职业谨慎。

第八条 内部审计人员应当具备相应的专业胜任能力，并通过后续教育加以保持和提高。

第九条 内部审计人员应当履行保密义务，对于实施内部审计业务中所获取的信息保密。

第三章 作业准则

第十条 内部审计机构和内部审计人员应当全面关注组织风险，以风险为基础组织实施内部审计业务。

第十一条 内部审计人员应当充分运用重要性原则，考虑差异或者缺陷的性质、数量等因素，合理确定重要性水平。

第十二条 内部审计机构应当根据组织的风险状况、管理需要及审计资源的配置情况，编制年度审计计划。

第十三条 内部审计人员根据年度审计计划确定的审计项目，编制项目审计方案。

第十四条 内部审计机构应当在实施审计三日前，向被审计单位或者被审计人员送达审计通知书，做好审计准备工作。

第十五条 内部审计人员应当深入了解被审计单位的情况，审查和评价业务活动、内部控制和风险管理的适当性和有效性，关注信息系统对业务活动、内部控制和风险管理的影响。

第十六条 内部审计人员应当关注被审计单位业务活动、内部控制和风险管理中的舞弊风险，对舞弊行为进行检查和报告。

第十七条 内部审计人员可以运用审核、观察、监盘、访谈、调查、函证、计算和分析程序等方法，获取相关、可靠和充分的审计证据，以支持审计结论、意见和建议。

第十八条 内部审计人员应当在审计工作底稿中记录审计程序的执行过程，获取的审计证据，以及作出的审计结论。

第十九条 内部审计人员应当以适当方式提供咨询服务，改善组织的业务活动、内部控制和风险管理。

第四章 报告准则

第二十条 内部审计机构应当在实施必要的审计程序后，及时出具审计报告。

第二十一条 审计报告应当客观、完整、清晰，具有建设性并体现重要性原则。

第二十二条 审计报告应当包括审计概况、审计依据、审计发现、审计结论、审计意见和审计建议。

第二十三条 审计报告应当包含是否遵循内部审计准则的声明。如存在未遵循内部审计准则的情形，应当在审计报告中作出解释和说明。

第五章 内部管理准则

第二十四条 内部审计机构应当接受组织董事会或者最高管理层的领导和监督，并保持与董事会或者最高管理层及时、高效的沟通。

第二十五条 内部审计机构应当建立合理、有效的组织结构，多层级组织的内部审计机构可以实行集中管理或者分级管理。

第二十六条 内部审计机构应当根据内部审计准则及相关规定，结合本组织的实际情况制定内部审计工作手册，指导内部审计人员的工作。

第二十七条 内部审计机构应当对内部审计质量实施有效控制，建立指导、监督、分级复核和内部审计质量评估制度，并接受内部审计质量外部评估。

第二十八条 内部审计机构应当编制中长期审计规划、年度审计计划、本机构人力资源计划和财务预算。

第二十九条 内部审计机构应当建立激励约束机制，对内部审计人员的工作进行考核、评价和奖惩。

第三十条 内部审计机构应当在董事会或者最高管理层的支持和监督下，做好与外部审计的协调工作。

第三十一条 内部审计机构负责人应当对内部审计机构管理的适当性和有效性负主要责任。

第六章　附　则

第三十二条　本准则由中国内部审计协会发布并负责解释。

第三十三条　本准则自 2014 年 1 月 1 日起施行。

附录二 第 1201 号——内部审计人员职业道德规范

第一章 总 则

第一条 为了规范内部审计人员的职业行为，维护内部审计职业声誉，根据《审计法》及其实施条例，以及其他有关法律、法规和规章，制定本规范。

第二条 内部审计人员职业道德是内部审计人员在开展内部审计工作中应当具有的职业品德、应当遵守的职业纪律和应当承担的职业责任的总称。

第三条 内部审计人员从事内部审计活动时，应当遵守本规范，认真履行职责，不得损害国家利益、组织利益和内部审计职业声誉。

第二章 一般原则

第四条 内部审计人员在从事内部审计活动时，应当保持诚信正直。

第五条 内部审计人员应当遵循客观性原则，公正、不偏不倚地作出审计职业判断。

第六条 内部审计人员应当保持并提高专业胜任能力，按照规定参加后续教育。

第七条 内部审计人员应当遵循保密原则，按照规定使用其在履行职责时所获取的信息。

第八条 内部审计人员违反本规范要求的，组织应当批评教育，也可以视情节给予一定的处分。

第三章 诚信正直

第九条 内部审计人员在实施内部审计业务时，应当诚实、守信，不应有下列行为：

（一）歪曲事实；

（二）隐瞒审计发现的问题；

（三）进行缺少证据支持的判断；

（四）做误导性的或者含糊的陈述。

第十条 内部审计人员在实施内部审计业务时，应当廉洁、正直，不应有下列行为：

（一）利用职权谋取私利；

（二）屈从于外部压力，违反原则。

第四章 客观性

第十一条 内部审计人员实施内部审计业务时，应当实事求是，不得由于偏见、利益冲突而影响职业判断。

第十二条 内部审计人员实施内部审计业务前，应当采取下列步骤对客观性进行评估：

（一）识别可能影响客观性的因素；

（二）评估可能影响客观性因素的严重程度；

（三）向审计项目负责人或者内部审计机构负责人报告客观性受损可能造成的影响。

第十三条　内部审计人员应当识别下列可能影响客观性的因素：

（一）审计本人曾经参与过的业务活动；

（二）与被审计单位存在直接利益关系；

（三）与被审计单位存在长期合作关系；

（四）与被审计单位管理层有密切的私人关系；

（五）遭受来自组织内部和外部的压力；

（六）内部审计范围受到限制；

（七）其他。

第十四条　内部审计机构负责人应当采取下列措施保障内部审计的客观性：

（一）提高内部审计人员的职业道德水准；

（二）选派适当的内部审计人员参加审计项目，并进行适当分工；

（三）采用工作轮换的方式安排审计项目及审计组；

（四）建立适当、有效的激励机制；

（五）制定并实施系统、有效的内部审计质量控制制度、程序和方法；

（六）当内部审计人员的客观性受到严重影响，且无法采取适当措施降低影响时，停止实施有关业务，并及时向董事会或者最高管理层报告。

第五章　专业胜任能力

第十五条　内部审计人员应当具备下列履行职责所需的专业知识、职业技能和实践经验：

（一）审计、会计、财务、税务、经济、金融、统计、管理、内部控制、风险管理、法律和信息技术等专业知识，以及与组织业务活动相关的专业知识；

（二）语言文字表达、问题分析、审计技术应用、人际沟通、组织管理等职业技能；

（三）必要的实践经验及相关职业经历。

第十六条　内部审计人员应当通过后续教育和职业实践等途径，了解、学习和掌握相关法律法规、专业知识、技术方法和审计实务的发展变化，保持和提升专业胜任能力。

第十七条　内部审计人员实施内部审计业务时，应当保持职业谨慎，合理运用职业判断。

第六章　保　密

第十八条　内部审计人员应当对实施内部审计业务所获取的信息保密，非因有效授权、法律规定或其他合法事由不得披露。

第十九条　内部审计人员在社会交往中，应当履行保密义务，警惕非故意泄密的可能性。

内部审计人员不得利用其在实施内部审计业务时获取的信息牟取不正当利益，或者以有悖于法律法规、组织规定及职业道德的方式使用信息。

第七章　附　则

第二十条　本规范由中国内部审计协会发布并负责解释。

第二十一条　本规范自 2014 年 1 月 1 日起施行。

附录三 第2101号内部审计具体准则——审计计划

第一章 总 则

第一条 为了规范审计计划的编制与执行，保证有计划、有重点地开展审计业务，提高审计质量和效率，根据《内部审计基本准则》，制定本准则。

第二条 本准则所称审计计划，是指内部审计机构和内部审计人员为完成审计业务，达到预期的审计目的，对审计工作或者具体审计项目作出的安排。

第三条 本准则适用于各类组织的内部审计机构、内部审计人员及其从事的内部审计活动。其他组织或者人员接受委托、聘用，承办或者参与内部审计业务，也应当遵守本准则。

第二章 一般原则

第四条 审计计划一般包括年度审计计划和项目审计方案。

年度审计计划是对年度预期要完成的审计任务所作的工作安排，是组织年度工作计划的重要组成部分。

项目审计方案是对实施具体审计项目所需要的审计内容、审计程序、人员分工、审计时间等作出的安排。

第五条 内部审计机构应当在本年度编制下年度审计计划，并报经组织董事会或者最高管理层批准；审计项目负责人应当在审计项目实施前编制项目审计方案，并报经内部审计机构负责人批准。

第六条 内部审计机构应当根据批准后的审计计划组织开展内部审计活动。在审计计划执行过程中，如有必要，应当按照规定的程序对审计计划进行调整。

第七条 内部审计机构负责人应当定期检查审计计划的执行情况。

第三章 年度审计计划

第八条 内部审计机构负责人负责年度审计计划的编制工作。

第九条 编制年度审计计划应当结合内部审计中长期规划，在对组织风险进行评估的基础上，根据组织的风险状况、管理需要和审计资源的配置情况，确定具体审计项目及时间安排。

第十条 年度审计计划应当包括下列基本内容：

（一）年度审计工作目标；

（二）具体审计项目及实施时间；

（三）各审计项目需要的审计资源；

（四）后续审计安排。

第十一条 内部审计机构在编制年度审计计划前，应当重点调查了解下列情况，以评价具体审计项目的风险：

（一）组织的战略目标、年度目标及业务活动重点；

（二）对相关业务活动有重大影响的法律、法规、政策、计划和合同；

（三）相关内部控制的有效性和风险管理水平；

（四）相关业务活动的复杂性及其近期变化；

（五）相关人员的能力及其岗位的近期变动；

（六）其他与项目有关的重要情况。

第十二条 内部审计机构负责人应当根据具体审计项目的性质、复杂程度及时间要求，合理安排审计资源。

第四章 项目审计方案

第十三条 内部审计机构应当根据年度审计计划确定的审计项目和时间安排，选派内部审计人员开展审计工作。

第十四条 审计项目负责人应当根据被审计单位的下列情况，编制项目审计方案：

（一）业务活动概况；

（二）内部控制、风险管理体系的设计及运行情况；

（三）财务、会计资料；

（四）重要的合同、协议及会议记录；

（五）上次审计结论、建议及后续审计情况；

（六）上次外部审计的审计意见；

（七）其他与项目审计方案有关的重要情况。

第十五条 项目审计方案应当包括下列基本内容：

（一）被审计单位、项目的名称；

（二）审计目标和范围；

（三）审计内容和重点；

（四）审计程序和方法；

（五）审计组成员的组成及分工；

（六）审计起止日期；

（七）对专家和外部审计工作结果的利用；

（八）其他有关内容。

第五章 附 则

第十六条 本准则由中国内部审计协会发布并负责解释。

第十七条 本准则自 2014 年 1 月 1 日起施行。

附录四　第 2102 号内部审计具体准则——审计通知书

第一章　总　则

第一条　为了规范审计通知书的编制与送达，根据《内部审计基本准则》，制定本准则。

第二条　本准则所称审计通知书，是指内部审计机构在实施审计之前，告知被审计单位或者人员接受审计的书面文件。

第三条　本准则适用于各类组织的内部审计机构、内部审计人员及其从事的内部审计活动。其他组织或者人员接受委托、聘用，承办或者参与的内部审计业务，也应当遵守本准则。

第二章　审计通知书的编制与送达

第四条　审计通知书应当包括下列内容：

（一）审计项目名称；

（二）被审计单位名称或者被审计人员姓名；

（三）审计范围和审计内容；

（四）审计时间；

（五）需要被审计单位提供的资料及其他必要的协助要求；

（六）审计组组长及审计组成员名单；

（七）内部审计机构的印章和签发日期。

第五条　内部审计机构应当根据经过批准后的年度审计计划和其他授权或者委托文件编制审计通知书。

第六条　内部审计机构应当在实施审计三日前，向被审计单位或者被审计人员送达审计通知书。特殊审计业务的审计通知书可以在实施审计时送达。

第七条　审计通知书送达被审计单位，必要时可以抄送组织内部相关部门。

经济责任审计项目的审计通知书送达被审计人员及其所在单位，并抄送有关部门。

第三章　附　则

第八条　本准则由中国内部审计协会发布并负责解释。

第九条　本准则自 2014 年 1 月 1 日起施行。

附录五　第2108号内部审计具体准则——审计抽样

第一章　总　则

第一条　为了规范内部审计人员运用审计抽样方法，提高审计质量和效率，根据《内部审计基本准则》，制定本准则。

第二条　本准则所称审计抽样，是指内部审计人员在审计业务实施过程中，从被审查和评价的审计总体中抽取一定数量具有代表性的样本进行测试，以样本审查结果推断总体特征，并作出审计结论的一种审计方法。

第三条　本准则适用于各类组织的内部审计机构、内部审计人员及其从事的内部审计活动。其他组织或者人员接受委托、聘用，承办或者参与内部审计业务，也应当遵守本准则。

第二章　一般原则

第四条　确定抽样总体、选择抽样方法时应当以审计目标为依据，并考虑被审计单位及审计项目的具体情况。

第五条　抽样总体的确定应当遵循相关性、充分性和经济性原则。

相关性是指抽样总体与审计对象及其审计目标相关；充分性是指抽样总体能够在数量上代表审计项目的实际情况；经济性是指抽样总体的确定符合成本效益原则。

第六条　审计抽样方法包括统计抽样和非统计抽样。在审计抽样过程中，可以采用统计抽样方法，也可以采用非统计抽样方法，或者两种方法结合使用。

第七条　选取的样本应当有代表性，具有与审计总体相似的特征。

第八条　内部审计人员在选取样本时，应当对业务活动中存在重大差异或者缺陷的风险以及审计过程中的检查风险进行评估，并充分考虑因抽样引起的抽样风险及其他因素引起的非抽样风险。

第九条　抽样结果的评价应当从定量和定性两个方面进行，并以此为依据合理推断审计总体特征。

第三章　抽样程序和方法

第十条　审计抽样的一般程序包括下列步骤：

（一）根据审计目标及审计对象的特征制定审计抽样方案；

（二）选取样本；

（三）对样本进行审查；

（四）评价抽样结果；

（五）根据抽样结果推断总体特征；

（六）形成审计结论。

第十一条　审计抽样方案包括下列主要内容：

（一）审计总体，是指由审计对象的各个单位组成的整体；

（二）抽样单位，是指从审计总体中抽取并代表总体的各个单位；

（三）样本，是指在抽样过程中从审计总体中抽取的部分单位组成的整体；

（四）误差，是指业务活动、内部控制和风险管理中存在的差异或者缺陷；

（五）可容忍误差，是指内部审计人员可以接受的差异或者缺陷的最大程度；

（六）预计总体误差，是指内部审计人员预先估计的审计总体中存在的差异或者缺陷；

（七）可靠程度，是指预计抽样结果能够代表审计总体质量特征的概率；

（八）抽样风险，是指内部审计人员依据抽样结果得出的结论与总体特征不相符合的可能性；

（九）样本量，是指为了能使内部审计人员对审计总体作出审计结论所抽取样本单位的数量；

（十）其他因素。

第十二条　内部审计人员应当根据审计重要性水平，合理确定预计总体误差、可容忍误差和可靠程度。

第十三条　内部审计人员应当根据审计目标和审计对象的特征，选择确定审计抽样方法。

统计抽样，是指以数理统计方法为基础，按照随机原则从总体中选取样本进行审查，并对总体特征进行推断的审计抽样方法。主要包括发现抽样、连续抽样等属性抽样方法，以及单位均值抽样、差异估计抽样和货币单位抽样等变量抽样方法。

非统计抽样，是指内部审计人员根据自己的专业判断和经验抽取样本进行审查，并对总体特征进行推断的审计抽样方法。

统计抽样和非统计抽样审计方法相互结合使用，可以降低抽样风险。

第十四条　内部审计人员应当根据下列要素确定样本量：

（一）审计总体。审计总体的量越大，所需要的样本量越多；

（二）可容忍误差。可容忍误差越大，所需样本量越少；

（三）预计总体误差。预计总体误差越大，所需样本量越多；

（四）抽样风险。抽样风险越小，所需样本量越多；

（五）可靠程度。可靠程度越大，所需样本量越多。

第十五条　内部审计人员可以运用下列方法选取样本：

（一）随机数表选样法；

（二）系统选样法；

（三）分层选样法；

（四）整群选样法；

（五）任意选样法。

第十六条　内部审计人员在选取样本之后，应当对样本进行审查，获取相关、可靠和充分的审计证据。

第四章　抽样结果的评价

第十七条　内部审计人员应当根据预先确定的误差构成条件，确定存在误差的样本。

第十八条 内部审计人员应当对抽样风险和非抽样风险进行评估，以防止对审计总体作出不恰当的审计结论。

第十九条 抽样风险主要包括两类：

（一）误受风险，是指样本结果表明审计项目不存在重大差异或者缺陷，而实际上却存在着重大差异或者缺陷的可能性；

（二）误拒风险，是指样本结果表明审计项目存在重大差异或者缺陷，而实际上并没有存在重大差异或者缺陷的可能性。

第二十条 非抽样风险是由抽样之外的其他因素造成的风险，一般包括下列原因：

（一）审计程序设计及执行不恰当；

（二）抽样过程没有按照规范程序执行；

（三）样本审查结果解释错误；

（四）审计人员业务能力不足；

（五）其他原因。

第二十一条 内部审计人员应当根据样本误差，采用适当的方法，推断审计总体误差。

第二十二条 内部审计人员应当根据抽样结果的评价，确定审计证据是否足以证实某一审计总体特征。如果推断的总体误差超过可容忍误差，应当增加样本量或者执行替代审计程序。

第二十三条 内部审计人员在上述评价的基础上还应当考虑误差性质、误差产生的原因，以及误差对其他审计项目可能产生的影响等。

第五章　附　则

第二十四条 本准则由中国内部审计协会发布并负责解释。

第二十五条 本准则自 2014 年 1 月 1 日起施行。

附录六　第2109号内部审计具体准则——分析程序

第一章　总　则

第一条　为了规范内部审计人员执行分析程序的行为，提高审计质量和效率，根据《内部审计基本准则》，制定本准则。

第二条　本准则所称分析程序，是指内部审计人员通过分析和比较信息之间的关系或者计算相关的比率，以确定合理性，并发现潜在差异和漏洞的一种审计方法。

第三条　本准则适用于各类组织的内部审计机构、内部审计人员及其从事的内部审计活动。其他组织或者人员接受委托、聘用，承办或者参与内部审计业务，也应当遵守本准则。

第二章　一般原则

第四条　内部审计人员应当合理运用职业判断，根据需要在审计过程中执行分析程序。

第五条　内部审计人员执行分析程序，有助于实现下列目标：

（一）确认业务活动信息的合理性；

（二）发现差异；

（三）分析潜在的差异和漏洞；

（四）发现不合法和不合规行为的线索。

第六条　内部审计人员通过执行分析程序，能够获取与下列事项相关的证据：

（一）被审计单位的持续经营能力；

（二）被审计事项的总体合理性；

（三）业务活动、内部控制和风险管理中差异和漏洞的严重程度；

（四）业务活动的经济性、效率性和效果性；

（五）计划、预算的完成情况；

（六）其他事项。

第七条　分析程序所使用的信息按其存在的形式划分，主要包括下列内容：

（一）财务信息和非财务信息；

（二）实物信息和货币信息；

（三）电子数据信息和非电子数据信息；

（四）绝对数信息和相对数信息。

第八条　执行分析程序时，应当考虑信息之间的相关性，以免得出不恰当的审计结论。

第九条　内部审计人员应当保持应有的职业谨慎，在确定对分析程序结果的依赖程度时，需要考虑下列因素：

（一）分析程序的目标；
（二）被审计单位的性质及其业务活动的复杂程度；
（三）已收集信息资料的相关性、可靠性和充分性；
（四）以往审计中对被审计单位内部控制、风险管理的评价结果；
（五）以往审计中发现的差异和漏洞。

第三章　分析程序的执行

第十条　分析程序一般包括下列基本内容：
（一）将当期信息与历史信息相比较，分析其波动情况及发展趋势；
（二）将当期信息与预测、计划或者预算信息相比较，并作差异分析；
（三）将当期信息与内部审计人员预期信息相比较，分析差异；
（四）将被审计单位信息与组织其他部门类似信息相比较，分析差异；
（五）将被审计单位信息与行业相关信息相比较，分析差异；
（六）对财务信息与非财务信息之间的关系、比率的计算与分析；
（七）对重要信息内部组成因素的关系、比率的计算与分析。
第十一条　分析程序主要包括下列具体方法：
（一）比较分析；
（二）比率分析；
（三）结构分析；
（四）趋势分析；
（五）回归分析；
（六）其他技术方法。
内部审计人员可以根据审计目标和审计事项单独或者综合运用以上方法。

第十二条　内部审计人员需要在审计计划阶段执行分析程序，以了解被审计事项的基本情况，确定审计重点。

第十三条　内部审计人员需要在审计实施阶段执行分析程序，对业务活动、内部控制和风险管理进行审查，以获取审计证据。

第十四条　内部审计人员需要在审计终结阶段执行分析程序，验证其他审计程序所得结论的合理性，以保证审计质量。

第四章　对分析程序结果的利用

第十五条　内部审计人员应当考虑下列影响分析程序效率和效果的因素：
（一）被审计事项的重要性；
（二）内部控制、风险管理的适当性和有效性；
（三）获取信息的便捷性和可靠性；
（四）分析程序执行人员的专业素质；
（五）分析程序操作的规范性。

第十六条　内部审计人员执行分析程序发现差异时，应当采用下列方法对其进行调查和评价：

（一）询问管理层获取其解释和答复；

（二）实施必要的审计程序，确认管理层解释和答复的合理性与可靠性；

（三）如果管理层没有作出恰当解释，应当扩大审计范围，执行其他审计程序，实施进一步审查，以便得出审计结论。

第五章 附 则

第十七条 本准则由中国内部审计协会发布并负责解释。

第十八条 本准则自 2014 年 1 月 1 日起施行。

附录七　第2103号内部审计具体准则——审计证据

第一章　总　则

第一条　为了规范审计证据的获取及处理，保证审计证据的相关性、可靠性和充分性，根据《内部审计基本准则》，制定本准则。

第二条　本准则所称审计证据，是指内部审计人员在实施内部审计业务中，通过实施审计程序所获取的，用以证实审计事项，支持审计结论、意见和建议的各种事实依据。

第三条　本准则适用于各类组织的内部审计机构、内部审计人员及其从事的内部审计活动。其他组织或者人员接受委托、聘用，承办或者参与内部审计业务，也应当遵守本准则。

第二章　一般原则

第四条　内部审计人员应当依据不同的审计事项及其审计目标，获取不同种类的审计证据。

审计证据主要包括下列种类：

（一）书面证据；

（二）实物证据；

（三）视听证据；

（四）电子证据；

（五）口头证据；

（六）环境证据。

第五条　内部审计人员获取的审计证据应当具备相关性、可靠性和充分性。

相关性，即审计证据与审计事项及其具体审计目标之间具有实质性联系。

可靠性，即审计证据真实、可信。

充分性，即审计证据在数量上足以支持审计结论、意见和建议。

第六条　审计项目的各级复核人员应当在各自职责范围内对审计证据的相关性、可靠性和充分性予以复核。

第七条　内部审计人员在获取审计证据时，应当考虑下列基本因素：

（一）具体审计事项的重要性。内部审计人员应当从数量和性质两个方面判断审计事项的重要性，以做出获取审计证据的决策。

（二）可以接受的审计风险水平。证据的充分性与审计风险水平密切相关。可以接受的审计风险水平越低，所需证据的数量越多。

（三）成本与效益的合理程度。获取审计证据应当考虑成本与效益的对比，但对于重要审计事项，不应当将审计成本的高低作为减少必要审计程序的理由。

（四）适当的抽样方法。

第三章　审计证据的获取与处理

第八条　内部审计人员向有关单位和个人获取审计证据时，可以采用（但不限于）下列方法：

（一）审核；

（二）观察；

（三）监盘；

（四）访谈；

（五）调查；

（六）函证；

（七）计算；

（八）分析程序。

第九条　内部审计人员应当将获取的审计证据名称、来源、内容、时间等完整、清晰地记录于审计工作底稿中。

采集被审计单位电子数据作为审计证据的，内部审计人员应当记录电子数据的采集和处理过程。

第十条　内部审计机构可以聘请其他专业机构或者人员对审计项目的某些特殊问题进行鉴定，并将鉴定结论作为审计证据。内部审计人员应当对所引用鉴定结论的可靠性负责。

第十一条　对于被审计单位有异议的审计证据，内部审计人员应当进一步核实。

第十二条　内部审计人员获取的审计证据，如有必要，应当由证据提供者签名或者盖章。如果证据提供者拒绝签名或者盖章，内部审计人员应当注明原因和日期。

第十三条　内部审计人员应当对获取的审计证据进行分类、筛选和汇总，保证审计证据的相关性、可靠性和充分性。

第十四条　在评价审计证据时，应当考虑审计证据之间的相互印证关系及证据来源的可靠程度。

第四章　附　则

第十五条　本准则由中国内部审计协会发布并负责解释。

第十六条　本准则自 2014 年 1 月 1 日起施行。

附录八　第2104号内部审计具体准则——审计工作底稿

第一章　总　则

第一条　为了规范审计工作底稿的编制和使用，根据《内部审计基本准则》，制定本准则。

第二条　本准则所称审计工作底稿，是指内部审计人员在审计过程中所形成的工作记录。

第三条　本准则适用于各类组织的内部审计机构、内部审计人员及其从事的内部审计活动。其他组织或者人员接受委托、聘用，承办或者参与内部审计业务，也应当遵守本准则。

第二章　一般原则

第四条　内部审计人员在审计工作中应当编制审计工作底稿，以达到下列目的：

（一）为编制审计报告提供依据；

（二）证明审计目标的实现程度；

（三）为检查和评价内部审计工作质量提供依据；

（四）证明内部审计机构和内部审计人员是否遵循内部审计 准则；

（五）为以后的审计工作提供参考。

第五条　审计工作底稿应当内容完整、记录清晰、结论明确，客观地反映项目审计方案的编制及实施情况，以及与形成审计结论、意见和建议有关的所有重要事项。

第六条　内部审计机构应当建立审计工作底稿的分级复核制度，明确规定各级复核人员的要求和责任。

第三章　审计工作底稿的编制与复核

第七条　审计工作底稿主要包括下列要素：

（一）被审计单位的名称；

（二）审计事项及其期间或者截止日期；

（三）审计程序的执行过程及结果记录；

（四）审计结论、意见及建议；

（五）审计人员姓名和审计日期；

（六）复核人员姓名、复核日期和复核意见；

（七）索引号及页次；

（八）审计标识与其他符号及其说明等。

第八条　项目审计方案的编制及调整情况应当编制审计工作底稿。

第九条　审计工作底稿中可以使用各种审计标识，但应当注明含义并保持前后一致。

第十条 审计工作底稿应当注明索引编号和顺序编号。相关审计工作底稿之间如存在勾稽关系，应当予以清晰反映，相互引用时应当交叉注明索引编号。

第十一条 审计工作底稿的复核工作应当由比审计工作底稿编制人员职位更高或者经验更为丰富的人员承担。

第十二条 如果发现审计工作底稿存在问题，复核人员应当在复核意见中加以说明，并要求相关人员补充或者修改审计工作底稿。

第十三条 在审计业务执行过程中，审计项目负责人应当加强对审计工作底稿的现场复核。

第四章 审计工作底稿的归档与保管

第十四条 内部审计人员在审计项目完成后，应当及时对审计工作底稿进行分类整理，按照审计工作底稿相关规定进行归档、保管和使用。

第十五条 审计工作底稿归组织所有，由内部审计机构或者组织内部有关部门具体负责保管。

第十六条 内部审计机构应当建立审计工作底稿保管制度。如果内部审计机构以外的组织或者个人要求查阅审计工作底稿，必须经内部审计机构负责人或者其主管领导批准，但国家有关部门依法进行查阅的除外。

第五章 附 则

第十七条 本准则由中国内部审计协会发布并负责解释。

第十八条 本准则自 2014 年 1 月 1 日起实行。

附录九　第2105号内部审计具体准则——结果沟通

第一章　总　则

第一条　为了规范内部审计的结果沟通，保证审计工作质量，根据《内部审计基本准则》，制定本准则。

第二条　本准则所称结果沟通，是指内部审计机构与被审计单位、组织适当管理层就审计概况、审计依据、审计发现、审计结论、审计意见和审计建议进行的讨论和交流。

第三条　本准则适用于各类组织的内部审计机构、内部审计人员及其从事的内部审计活动。其他组织或者人员接受委托、聘用，承办或者参与内部审计业务，也应当遵守本准则。

第二章　一般原则

第四条　结果沟通的目的，是提高审计结果的客观性、公正性，并取得被审计单位、组织适当管理层的理解和认同。

第五条　内部审计机构应当建立审计结果沟通制度，明确各级人员的责任，进行积极有效的沟通。

第六条　内部审计机构应当与被审计单位、组织适当管理层进行认真、充分的沟通，听取其意见。

第七条　结果沟通一般采取书面或者口头方式。

第八条　内部审计机构应当在审计报告正式提交之前进行审计结果的沟通。

第九条　内部审计机构应当将结果沟通的有关书面材料作为审计工作底稿归档保存。

第三章　结果沟通的内容

第十条　结果沟通主要包括下列内容：

（一）审计概况；

（二）审计依据；

（三）审计发现；

（四）审计结论；

（五）审计意见；

（六）审计建议。

第十一条　如果被审计单位对审计结果有异议，审计项目负责人及相关人员应当进行核实和答复。

第十二条　内部审计机构负责人应当与组织适当管理层就审计过程中发现的重大问题及时进行沟通。

第十三条　内部审计机构与被审计单位进行结果沟通时，应当注意沟通技巧。

第四章 附 则

第十四条 本准则由中国内部审计协会发布并负责解释。

第十五条 本准则自 2014 年 1 月 1 日起施行。

附录十 第2106号内部审计具体准则——审计报告

第一章 总 则

第一条 为了规范审计报告的编制、复核和报送，根据《内部审计基本准则》，制定本准则。

第二条 本准则所称审计报告，是指内部审计人员根据审计计划对被审计单位实施必要的审计程序后，就被审计事项作出审计结论，提出审计意见和审计建议的书面文件。

第三条 本准则适用于各类组织的内部审计机构、内部审计人员及其从事的内部审计活动。其他组织或者人员接受委托、聘用，承办或者参与内部审计业务，也应当遵守本准则。

第二章 一般原则

第四条 内部审计人员应当在审计实施结束后，以经过核实的审计证据为依据，形成审计结论、意见和建议，出具审计报告。如有必要，内部审计人员可以在审计过程中提交期中报告，以便及时采取有效的纠正措施改善业务活动、内部控制和风险管理。

第五条 审计报告的编制应当符合下列要求：

（一）实事求是、不偏不倚地反映被审计事项的事实；

（二）要素齐全、格式规范，完整反映审计中发现的重要问题；

（三）逻辑清晰、用词准确、简明扼要、易于理解；

（四）充分考虑审计项目的重要性和风险水平，对于重要事项应当重点说明；

（五）针对被审计单位业务活动、内部控制和风险管理中存在的主要问题或者缺陷提出可行的改进建议，以促进组织实现目标。

第六条 内部审计机构应当建立健全审计报告分级复核制度，明确规定各级复核人员的要求和责任。

第三章 审计报告的内容

第七条 审计报告主要包括下列要素：

（一）标题；

（二）收件人；

（三）正文；

（四）附件；

（五）签章；

（六）报告日期；

（七）其他。

第八条 审计报告的正文主要包括下列内容：

（一）审计概况，包括审计目标、审计范围、审计内容及重点、审计方法、审计程序及审计时间等；

（二）审计依据，即实施审计所依据的相关法律法规、内部审计准则等规定；

（三）审计发现，即对被审计单位的业务活动、内部控制和风险管理实施审计过程中所发现的主要问题的事实；

（四）审计结论，即根据已查明的事实，对被审计单位业务活动、内部控制和风险管理所作的评价；

（五）审计意见，即针对审计发现的主要问题提出的处理意见；

（六）审计建议，即针对审计发现的主要问题，提出的改善业务活动、内部控制和风险管理的建议。

第九条 审计报告的附件应当包括针对审计过程、审计中发现问题所作出的具体说明，以及被审计单位的反馈意见等内容。

第四章 审计报告的编制、复核与报送

第十条 审计组应当在实施必要的审计程序后，及时编制审计报告，并征求被审计对象的意见。

第十一条 被审计单位对审计报告有异议的，审计项目负责人及相关人员应当核实，必要时应当修改审计报告。

第十二条 审计报告经过必要的修改后，应当连同被审计单位的反馈意见及时报送内部审计机构负责人复核。

第十三条 内部审计机构应当将审计报告提交被审计单位和组织适当管理层，并要求被审计单位在规定的期限内落实纠正措施。

第十四条 已经出具的审计报告如果存在重要错误或者遗漏，内部审计机构应当及时更正，并将更正后的审计报告提交给原审计报告接收者。

第十五条 内部审计机构应当将审计报告及时归入审计档案，妥善保存。

第五章 附 则

第十六条 本准则由中国内部审计协会发布并负责解释。

第十七条 本准则自 2014 年 1 月 1 日起施行。

附录十一　第 2306 号内部审计具体准则——内部审计质量控制

第一章　总　则

第一条　为了规范内部审计质量控制工作，保证内部审计质量，根据《内部审计基本准则》，制定本准则。

第二条　本准则所称内部审计质量控制，是指内部审计机构为保证其审计质量符合内部审计准则的要求而制定和执行的制度、程序和方法。

第三条　本准则适用于各类组织的内部审计机构和内部审计人员。

第二章　一般原则

第四条　内部审计机构负责人对制定并实施系统、有效的质量控制制度与程序负主要责任。

第五条　内部审计质量控制主要包括下列目标：

（一）保证内部审计活动遵循内部审计准则和本组织内部审计工作手册的要求；

（二）保证内部审计活动的效率和效果达到既定要求；

（三）保证内部审计活动能够增加组织的价值，促进组织实现目标。

第六条　内部审计质量控制分为内部审计机构质量控制和内部审计项目质量控制。

第七条　内部审计机构负责人和审计项目负责人通过督导、分级复核、质量评估等方式对内部审计质量进行控制。

第三章　内部审计机构质量控制

第八条　内部审计机构负责人对内部审计机构质量负责。

第九条　内部审计机构质量控制需要考虑下列因素：

（一）内部审计机构的组织形式及授权状况；

（二）内部审计人员的素质与专业结构；

（三）内部审计业务的范围与特点；

（四）成本效益原则的要求；

（五）其他。

第十条　内部审计机构质量控制主要包括下列措施：

（一）确保内部审计人员遵守职业道德规范；

（二）保持并不断提升内部审计人员的专业胜任能力；

（三）依据内部审计准则制定内部审计工作手册；

（四）编制年度审计计划及项目审计方案；

（五）合理配置内部审计资源；

（六）建立审计项目督导和复核机制；
（七）开展审计质量评估；
（八）评估审计报告的使用效果；
（九）对审计质量进行考核与评价。

第四章 内部审计项目质量控制

第十一条 内部审计项目负责人对审计项目质量负责。
第十二条 内部审计项目质量控制应当考虑下列因素：
（一）审计项目的性质及复杂程度；
（二）参与项目审计的内部审计人员的专业胜任能力；
（三）其他。
第十三条 内部审计项目质量控制主要包括下列措施：
（一）指导内部审计人员执行项目审计方案；
（二）监督审计实施过程；
（三）检查已实施的审计工作。
第十四条 内部审计项目负责人在指导内部审计人员开展项目审计时，应当告知项目组成员下列事项：
（一）项目组成员各自的责任；
（二）被审计项目或者业务的性质；
（三）与风险相关的事项；
（四）可能出现的问题；
（五）其他。
第十五条 内部审计项目负责人监督内部审计实施过程时，应当履行下列职责：
（一）追踪业务的过程；
（二）解决审计过程中出现的重大问题，根据需要修改原项目审计方案；
（三）识别在审计过程中需要咨询的事项；
（四）其他。
第十六条 内部审计项目负责人在检查已实施的审计工作时，应当关注下列内容：
（一）审计工作是否已按照审计准则和职业道德规范的规定执行；
（二）审计证据是否相关、可靠和充分；
（三）审计工作是否实现了审计目标。

第五章 附 则

第十七条 本准则由中国内部审计协会发布并负责解释。
第十八条 本准则自 2014 年 1 月 1 日起施行。

附录十二　第2308号内部审计具体准则——审计档案工作

第一章　总　则

第一条　为了规范审计档案工作，提高审计档案质量，发挥审计档案作用，根据《中华人民共和国档案法》和《内部审计基本准则》，制定本准则。

第二条　本准则所称审计档案，是指内部审计机构和内部审计人员在审计项目实施过程中形成的、具有保存价值的历史记录。

第三条　本准则所称审计档案工作，是指内部审计机构对应纳入审计档案的材料（以下简称审计档案材料）进行收集、整理、立卷、移交、保管和利用的活动。

第四条　本准则适用于各类组织的内部审计机构、内部审计人员及其从事的内部审计活动。其他单位或人员接受委托、聘用，承办或者参与内部审计项目，形成的审计档案材料应当交回组织，并遵守本准则。

第二章　一般原则

第五条　内部审计人员在审计项目实施结束后，应当及时收集审计档案材料，按照立卷原则和方法进行归类整理、编目装订、组合成卷和定期归档。

第六条　内部审计人员立卷时，应当遵循按性质分类、按单元排列、按项目组卷原则。

第七条　内部审计人员应当坚持谁审计、谁立卷的原则，做到审结卷成、定期归档。

第八条　内部审计人员应当按审计项目立卷，不同审计项目不得合并立卷。跨年度的审计项目，在审计终结的年度立卷。

第九条　审计档案质量的基本要求是：审计档案材料应当真实、完整、有效、规范，并做到遵循档案材料的形成规律和特点，保持档案材料之间的有机联系，区别档案材料的重要程度，便于保管和利用。

第十条　内部审计机构应当建立审计档案工作管理制度，明确规定审计档案管理人员的要求和责任。

第十一条　内部审计项目负责人应当对审计档案的质量负主要责任。

第三章　审计档案的范围与排列

第十二条　内部审计人员应当及时收集在审计项目实施过程中直接形成的文件材料和与审计项目有关的其他审计档案材料。

第十三条　内部审计人员应当根据审计档案材料的保存价值和相互之间的关联度，以审计报告相关内容的需要为标准，整理鉴别和选用需要立卷的审计档案材料，并归集形成审计档案。

第十四条　审计档案材料主要包括以下几类：

（一）立项类材料：审计委托书、审计通知书、审前调查记录、项目审计方案等；

（二）证明类材料：审计承诺书、审计工作底稿及相应的审计取证单、审计证据等；

（三）结论类材料：审计报告、审计报告征求意见单、被审计对象的反馈意见等；

（四）备查类材料：审计项目回访单、被审计对象整改反馈意见、与审计项目联系紧密且不属于前三类的其他材料等。

第十五条 审计档案材料应当按下列四个单元排列：

（一）结论类材料，按逆审计程序、结合其重要程度予以排列；

（二）证明类材料，按与项目审计方案所列审计事项对应的顺序、结合其重要程度予以排列；

（三）立项类材料，按形成的时间顺序、结合其重要程度予以排列；

（四）备查类材料，按形成的时间顺序、结合其重要程度予以排列。

第十六条 审计档案内每组材料之间的排列要求：

（一）正件在前，附件在后；

（二）定稿在前，修改稿在后；

（三）批复在前，请示在后；

（四）批示在前，报告在后；

（五）重要文件在前，次要文件在后；

（六）汇总性文件在前，原始性文件在后。

第四章 纸质审计档案的编目、装订与移交

第十七条 纸质审计档案主要包括下列要素：

（一）案卷封面；

（二）卷内材料目录；

（三）卷内材料；

（四）案卷备考表。

第十八条 案卷封面应当采用硬卷皮封装。

第十九条 卷内材料目录应当按卷内材料的排列顺序和内容编制。

第二十条 卷内材料应当逐页注明顺序编号。

第二十一条 案卷备考表应当填写立卷人、项目负责人、检查人、立卷时间以及情况说明。

第二十二条 纸质审计档案的装订应当符合下列要求：

（一）拆除卷内材料上的金属物；

（二）破损和褪色的材料应当修补或复制；

（三）卷内材料装订部分过窄或有文字的，用纸加宽装订；

（四）卷内材料字迹难以辨认的，应附抄件加以说明；

（五）卷内材料一般不超过200页装订。

第二十三条 内部审计人员（立卷人）应当将获取的电子证据的名称、来源、内容、时间等完整、清晰地记录于纸质材料中，其证物装入卷内或物品袋内附卷保存。

第二十四条 内部审计人员（立卷人）完成归类整理，经项目负责人审核、档案管理

人员检查后，按规定进行编目和归档，向组织内部档案管理部门（以下简称档案管理部门）办理移交手续。

第五章　电子审计档案的建立、移交与接收

第二十五条　内部审计机构在条件允许的情况下，可以为审计项目建立电子审计档案。

第二十六条　内部审计机构应当确保电子审计档案的真实、完整、可用和安全。

第二十七条　电子审计档案应当采用符合国家标准的文件存储格式，确保能够长期有效读取。主要包括以下内容：

（一）用文字处理技术形成的文字型电子文件；

（二）用扫描仪、数码相机等设备获得的图像电子文件；

（三）用视频或多媒体设备获得的多媒体电子文件；

（四）用音频设备获得的声音电子文件；

（五）其他电子文件。

第二十八条　内部审计机构在审计项目完成后，应当以审计项目为单位，按照归档要求，向档案管理部门办理电子审计档案的移交手续，并符合以下基本要求：

（一）元数据应当与电子审计档案一起移交，一般采用基于 XML 的封装方式组织档案数据；

（二）电子审计档案的文件有相应纸质、缩微制品等载体的，应当在元数据中著录相关信息；

（三）采用技术手段加密的电子审计档案应当解密后移交，压缩的电子审计档案应当解压缩后移交；特殊格式的电子审计档案应当与其读取平台一起移交；

（四）内部审计机构应当将已移交的电子审计档案在本部门至少保存 5 年，其中的涉密信息必须符合保密存储要求。

第二十九条　电子审计档案移交的主要流程包括：组织和迁移转换电子审计档案数据、检验电子审计档案数据和移交电子审计档案数据等步骤。

第三十条　电子审计档案的移交可采用离线或在线方式进行。离线方式是指内部审计机构一般采用光盘移交电子审计档案；在线方式是指内部审计机构通过与管理要求相适应的网络传输电子审计档案。

第三十一条　档案管理部门可以建立电子审计档案接收平台，进行电子审计档案数据的接收、检验、迁移、转换、存储等工作。

第三十二条　电子审计档案检验合格后办理交接手续，由交接双方签字；也可采用电子形式并以电子签名方式予以确认。

第六章　审计档案的保管和利用

第三十三条　审计档案应当归组织所有，一般情况下，由档案管理部门负责保管，档案管理部门应当安排对审计档案业务熟悉的人员对接收的纸质和电子审计档案进行必要的检查。

第三十四条　归档与纸质文件相同的电子文件时，应当在彼此之间建立准确、可靠的

标识关系，并注明含义、保持一致。

第三十五条 内部审计机构和档案管理部门应当按照国家法律法规和组织内部管理规定，结合自身实际需要合理确定审计档案的保管期限。

第三十六条 审计档案的密级和保密期限应当根据审计工作保密事项范围和有关部门保密事项范围合理确定。

第三十七条 内部审计机构和档案管理部门应当定期开展保管期满审计档案的鉴定工作，对不具有保存价值的审计档案进行登记造册，经双方负责人签字，并报组织负责人批准后，予以销毁。

第三十八条 内部审计机构应当建立健全审计档案利用制度。借阅审计档案，一般限定在内部审计机构内部。

内部审计机构以外或组织以外的单位查阅或者要求出具审计档案证明的，必须经内部审计机构负责人或者组织的主管领导批准，国家有关部门依法进行查阅的除外。

第三十九条 损毁、丢失、涂改、伪造、出卖、转卖、擅自提供审计档案的，由组织依照有关规定追究相关人员的责任；构成犯罪的，移送司法机关依法追究刑事责任。

第七章 附 则

第四十条 本准则由中国内部审计协会发布并负责解释。

第四十一条 本准则自 2016 年 3 月 1 日起施行。

参考文献

［1］中审网校．内部审计基础［M］．北京：中国财政经济出版社，2014.

［2］关务通·稽查系列编委会．小王在海关稽查的日子——企业如何配合海关稽查［M］．北京：中国海关出版社，2013.

［3］中国内部审计协会官方网站．http：//www. ciaa. com. cn.